Lernbereich

Auf einigen Seiten im Buch findest du **Online-Links zum Hörverstehen**
Über diesen Link gelangst du zu Hörbeispielen und zu Seiten mit Aufgaben zum Hörverstehen.
Gehe einfach auf **www.klett.de/online** und gib in das Suchfeld den entsprechenden Link ein.

Online-Link
Hörverstehen
313312-0014

Tipps und Verweispfeile
In den Tipps am Rand findest du Hinweise zu Texten und Aufgaben. Pfeile verweisen auf andere Seiten im Buch, die für dich interessant sein könnten.

TIPP!
Notiere in ein oder zwei Sätzen, worum es in dem Gedicht geht.

→ Seite 38,
Präteritum

Extra-Aufgaben
Auf vielen Seiten findest du Extra-Aufgaben. Wenn du schon etwas schneller und selbstständiger arbeitest, probiere aus, ob du auch diese Aufgaben lösen kannst.

5 EXTRA

In diesen Kästen findest du **Arbeitstechniken** und **Merkwissen**.

Arbeitstechnik

Interessant und spannend
1. Denkt daran, dass die Le:

Merke

Das **Perfekt** verwendet ma
Beim Bilden des Perfekts h

Für Lehrerinnen und Lehrer:

Über diesen Link gelangen Sie zu unserem **kostenlosen** Online-Service **Testen und Fördern** mit individuellen Diagnose- und Fördermaterialien.

Online-Link
313312-0000

deutsch.kombi plus 2

Sprach- und Lesebuch für die 6. Klasse
Ausgabe für Bayern (Haupt- und Mittelschulen)

Herausgegeben von:
Sabine Utheß

Erarbeitet von:
Susanne Greving, Hans-Werner Huneke,
Josef Käuper, Manfred Litz, Petra Middelmann,
Gerd Schemel, Horst Schierhorn,
Christa Schürmann, Susanne van Treeck,
Sabine Utheß, Burkhard Vollmers

Unter Beratung von:
Thomas Stöger (Geretsried)
Christiane Vatter-Wittl (Parsberg)

Ernst Klett Verlag
Stuttgart · Leipzig

1. Auflage   1 ^{6} ^{5} ^{4} ^{3} ^{2} | 17 16 15 14 13

Herausgeberin: Sabine Utheß
Autorinnen und Autoren: Susanne Greving, Hans-Werner Huneke, Josef Käuper, Manfred Litz, Petra Middelmann, Gerd Schemel, Horst Schierhorn, Christa Schürmann, Susanne van Treeck, Sabine Utheß, Burkhard Vollmers
Beratung: Thomas Stöger, Geretsried; Christiane Vatter-Wittl, Parsberg

Redaktion: Karin Pohle, Leipzig
Herstellung: Dea Hädicke

Gestaltung: normal design, Schwäbisch Gmünd
Umschlaggestaltung: normal design, Schwäbisch Gmünd
Illustrationen: Andrea Dölling, Augsburg; Cornelia Haas, Münster; Cornelia Kurtz, Boppard; Cleo-Petra Kurze, Berlin; Inge Voets, Berlin; Katja Wehner, Leipzig; Joachim Zwick, Gießen
Satz: SOFAROBOTNIK, München und Augsburg
Reproduktion: Meyle+Müller GmbH + Co. KG, Pforzheim
Druck: Himmer AG, Augsburg

Printed in Germany
ISBN 978-3-12-313312-1

Inhalt

Basis   Plus

Inhalt

Basis

 Basis-Seiten: Sprechen, Zuhören,
Spielen 🔄; Schreiben ✎;
Lesen und Literatur – Umgang mit
Texten und Medien 👁

R, G, S **Basis-Seiten:** Rechtschreibung,
Grammatik, Sprachbetrachtung

Plus

EXTRA **Plus-Seiten:** zum Weiterarbeiten
und Ausbauen

TRAINING **Plus-Seiten:** zum Wiederholen
und Festigen

Ausführliche Themenübersicht

Basis   Plus

Ausführliche Themenübersicht

Teste dich! ☑

Schlaue Seiten

Basis

 Basis-Seiten: Sprechen, Zuhören, Spielen ⬱ ; Schreiben ✎ ; Lesen und Literatur – Umgang mit Texten und Medien 👁

R, G, S   **Basis-Seiten:** Rechtschreibung, Grammatik, Sprachbetrachtung

Plus

   Plus-Seiten: zum Weiterarbeiten und Ausbauen

TRAINING   **Plus-Seiten:** zum Wiederholen und Festigen

1 Unterwegs zum Zuhören

1 Ankunft Setzt euch bequem hin, schließt die Augen und entspannt euch. Atmet tief und ruhig ein. Der Spielleiter führt euch jetzt durch euren heutigen Tag. Dabei erlebt jeder den Tag ruhig in Gedanken noch einmal:

- Wann bist du heute aufgestanden?
- Wie hast du dich beim Aufstehen gefühlt?
- Wem bist du zuerst begegnet?
- Was ging dir beim Frühstück durch den Kopf?
- Welche Sorgen möchtest du für eine Weile zur Seite legen?
  Packe sie in eine Kiste, die jemand aus dem Raum trägt.

2 Regentropfen Nimm in jede Hand einen Stift. Setze dich ganz entspannt hin und schließe die Augen. Der Spielleiter geht leise herum und tippt nacheinander jedem auf die Schulter. Wenn du berührt worden bist, sprichst du in Gedanken immer wieder das Wort „Regentropfen". Dabei schlägst du die beiden Stifte leicht gegeneinander in dem Rhythmus, in dem du das Wort „Regentropfen" sprichst. Wenn jeder seinen Rhythmus gefunden hat, berührt der Spielleiter nacheinander wieder jeden an der Schulter. Du sitzt dann wieder ganz ruhig, bis alle aufgehört haben. Beschreibe, was du während der Übung gedacht und empfunden hast.

Sich konzentrieren; Vorlesen und Zuhören

3 Rhythmuswechsel Der Spielleiter beginnt einen einfachen Rhythmus zu klatschen. Alle machen mit. Wenn alle gleichmäßig klatschen, wechselt der Spielleiter den Rhythmus. Sogleich versuchen alle, den neuen Rhythmus mitzuklatschen. Macht viele „Klatschrunden", jeder soll einmal Spielleiter sein.

4 Energiekreis Setzt oder legt euch in einen Kreis und gebt euch die Hände. Du spürst nun, wie die Wärme und die Energie deines rechten Nachbarn in deine rechte Hand strömt. Diese Energie fließt jetzt durch deinen ganzen Körper und du gibst sie an deinen linken Nachbarn weiter. Immer wieder bekommst du Wärme und Energie von rechts und gibst sie nach links weiter. Du spürst, wie ein Energiekreis durch alle hindurchströmt. Berichte nach der Übung, wie du dich gefühlt hast.

5 Fantasie-Reise Setze dich ganz bequem hin. Schließe die Augen. Der Spielleiter spricht leise und sehr langsam den folgenden Text. Er macht beim Sprechen Pausen zwischen den Sätzen.

> **TIPP!**
> Mit sanfter Musik geht die Fantasie-Reise noch mal so gut.

Du sitzt ganz entspannt. – Du fühlst, wie deine Füße fest auf dem Boden stehen. – Du atmest ganz ruhig. – Du verlässt jetzt das Klassenzimmer, die Schule, den Ort und kommst auf eine Wiese. – Du fühlst dich sehr wohl. – Eine Blume auf der Wiese gefällt dir besonders gut. – Sieh dir deine Blume genau an, ihre Form, ihre Farbe. – Wenn sie Blätter hat, sieh dir auch deren Form und Farbe an. – Du riechst jetzt an deiner Blume. – Sieh dir die Umgebung der Blume an. – Du läufst los. – Du triffst jemanden. – Du fühlst dich entspannt und ruhig. – Du gehst auf ihn zu und siehst ihn an. – Du drehst dich langsam um, du kehrst zurück in den Ort, in die Schule, in das Klassenzimmer …
Du atmest ganz ruhig ein und aus. – Du öffnest jetzt die Augen.

Vorlesen und Zuhören

1 Lasst euch den folgenden Text vorlesen oder nutzt den Online-Link. Schließt die Bücher und hört konzentriert zu.

Wolfdietrich Schnurre

Mein Umgang mit Geistern

Anton – So mit das netteste Gespenst, das ich kannte, ist Anton gewesen. Anton war ein Schwebegeist.

Er ist immer gekommen, wenn ich was ausgefressen hatte. Er trug ein langes wallendes[1] Hemd und hatte einen Stehkragen um, der mit Blumen
5 verziert war. Füße hatte er nicht, Arme auch nicht, sein Gesicht war sehr alt und maßlos vergrämt[2]. Er sprach nicht, er summte nur. Es klang wie das Brummen einer heiseren Hummel.

Einmal hatte ich vergessen, dem Karnickel zu fressen zu geben. Kaum war ich eingeschlafen am Abend, ist Anton gekommen. Ich muss hier einfügen,
10 er konnte den Kopf wechseln. An jenem Abend trug er den Kopf eines verdursteten Kaninchens.

Ich schrie so laut, dass Vater kam und mich weckte. Ich rannte gleich raus, weil ich dachte, dem Kaninchen wäre etwas passiert. Da sah ich, ich hatte nur vergessen, ihm zu trinken zu geben.
15 Vater fand Anton sehr nützlich. Ich weiß nicht so recht; ich hatte zwar nichts gegen Anton, aber direkt nützlich fand ich ihn eigentlich nicht.

2 Beantwortet folgende Fragen zum Text:
- Wie sieht der Geist Anton aus?
- Wann ist Anton immer gekommen?
- Was ist diesmal passiert?

3 Du sollst nun den Text selbst laut vorlesen. So kannst du dich darauf vorbereiten:

[1] ein wallendes Hemd: ein weites Hemd, das Falten wirft

[2] maßlos vergrämt: sehr sorgenvoll

TIPP!
Kopiere den Text und kennzeichne darin Pausen und Betonung. Verwende geeignete Zeichen dafür.

Arbeitstechnik

Das Vorlesen eines Textes vorbereiten

1. Lies den Text einige Male halblaut.

2. Mache bei jedem Satzzeichen eine Pause.

3. Senke bei einem Punkt die Stimme.

4. Entscheide, wo du laut und wo du eher leise sprichst.

5. Überlege dir, welche Stellen du besonders betonst.

4 Bereite dich auch auf das Vorlesen der folgenden Texte vor.
- Arbeite mit einem Partner.
- Sprecht ab, wer welchen Text zum Vorlesen vorbereitet.
- Überlegt euch zwei Fragen, die ihr eurem Partner nach dem Vorlesen zu eurem Text stellen wollt.
- Lest euch dann gegenseitig die Texte vor, stellt anschließend eure Fragen.

→ Seite 257,
Arbeitstechnik
„Das Vorlesen eines
Textes vorbereiten"

Pflopp – Ich kannte auch einen, dessen Aufgabe mir heute noch schleierhaft ist. Ich vermute beinah, er sollte nichts weiter tun als einfach bloß spuken. Wir nannten ihn Pflopp. Nachts, wenn wir im Bett lagen, hörten wir, wie er in der Küche seufzend dem Ausguss
5 entstieg. Er war sehr lang und sehr dürr, er musste seine Glieder immer erst einzeln durch die Siebmaschen ziehen. Zuletzt kam der Kopf dran; man hörte deutlich, wie er dran zerrte. Hatte er ihn endlich heraus, machte es „pflopp", und nun wussten wir, Pflopp ging in der Küche herum, aß die Vierfrucht-
10 marmelade auf, ließ die Mausefalle zuklappen, biss Würste an und klebte die Abendzeitung an den Fliegenfänger. Punkt eins ging auf dem Klo der Wasserzug. Dann wussten wir, Pflopp hatte sich runtergespült. Frieda hatte für Pflopps Existenz gar
15 kein Verständnis; sie behauptete jedes Mal, wir hätten die Wurst angebissen; es gab oft Streit deswegen.

Der Zeugnisgeist – Als wir in die Schule kamen, gab es den Zeugnisgeist. Er wohnte im Holzschuppen auf dem Schulhof, und hatten wir einen Aufsatz geschrieben, und es rumpelte drin, war der Fall klar: Es gab eine Fünf. Auch auf Versetzungsfragen reagierte er prompt. Am Vortag der Konferenz
5 brauchte, wer mutig war, nur sein Ohr an die Schuppenwand zu legen. War es still drin, konnte man durchkommen; fiel Holz runter, musste man damit rechnen, sitzen zu bleiben. Es stimmte fast immer. Einige behaupteten, den Zeugnisgeist auch gesehen zu haben. Er habe eine glutrote Glatze, bösartige Schweinsaugen, ein Beil und einen blutigen
10 Schnurrbart gehabt. Ich war arg enttäuscht; das erinnerte doch sehr an unsern Pedell[3]. Geistern, fand ich, war man mehr Fantasie schuldig.

[3] der Pedell: früher die Bezeichnung für den Hausmeister

5 Gib deinem Vorlesepartner eine Rückmeldung.
- Was war gut am Vorlesen?
- Was ist dir aufgefallen?
- Welche Tipps kannst du deinem Partner oder deiner Partnerin geben?
- Konntet ihr die Fragen beantworten?

→ Seite 256,
Arbeitstechnik
„Eine Rückmeldung
geben"

Kriminell!

→ **Seite 257,**
Arbeitstechnik
„Das Vorlesen eines
Textes vorbereiten"

1 Stelle fest, wie gut du zuhören kannst.
– Suche dir zwei Vorlesepartner.
– Jeder übernimmt einen Text zum Vorlesen.
– Jeder notiert Fragen zum Inhalt seines Textes, die die Zuhörer nach
  dem Vorlesen beantworten sollen.

2 Lest euch jetzt die Texte gegenseitig vor. Stellt anschließend eure
Fragen und lasst sie von den Zuhörern beantworten.

Vorsicht Einbrecher!

Schon fünf Tage hatten Edwin und Hugo das Haus in der Parkstraße
beobachtet. Von einem Hund, einem wachsamen Nachbarn oder gar einer
5 Alarmanlage war nichts zu sehen. Die Besitzer schienen länger verreist zu
sein. Nur das große Wohnzimmerfenster führte auf die Straße, sonst war
das Haus gut getarnt.
„Wenn wir die Rollladen im Wohnzimmer herunterlassen, können wir
uns ungestört bei Licht im Haus umsehen. So eine günstige Gelegen-
10 heit kommt so schnell nicht wieder", freute sich Hugo und rieb sich die
juckenden Langfinger.
Gesagt, getan. Wie es sich für Profis gehört, waren sie schnell und lautlos
im Haus.
So viele wunderbare Sachen! Bestimmt gab es auch einen Safe. „Los, den
15 suchen wir und knacken ihn, darin bin ich Spezialist", rief Edwin. Er sah
sich schon Geld und Schmuck herausschleppen.
Aber was war das? Den beiden feinen Herren stellten sich beim Ton der
Polizeisirenen die Nackenhaare auf. Wer oder was hatte sie verraten? Als sie
in Handschellen vor dem Haus standen, konnten sie den „Verräter" sehen!
20 Die verreisten Hausbesitzer hatten von außen auf die Rollladen geschrieben: „Vorsicht Einbrecher. Polizei verständigen!"
Mit so einer cleveren Hausversicherung hatten die beiden nicht gerechnet.
Hugo seufzte, als sich die Tür des Polizeiwagens hinter ihm schloss.

Die gestohlene Armbanduhr

Ein Freund erzählte mir von seiner ersten Reise nach New York: Er kam
in seinem Hotel am Broadway an und entschloss sich, nachdem er sich
geduscht und zu Abend gegessen hatte, noch zu einem kleinen Spaziergang
durch die nächtlichen Straßen. Es waren viele Leute unterwegs. Plötzlich
5 fühlte er sich von hinten am Handgelenk berührt. Er drehte sich um und
sah einen jungen Mann hinter sich. Im gleichen Augenblick entdeckte er,
dass seine Armbanduhr fehlte. Er hielt den Mann mit beiden Armen fest
und herrschte ihn an[1]: „Give me that watch!" Der junge Mann war vollkommen überrascht und gab bereitwillig die Uhr heraus.
10 Als er kurze Zeit später in sein Hotelzimmer zurückkam, bemerkte er, dass
er seine Armbanduhr im Bad abgelegt hatte.

[1] jemanden anherrschen: jemanden anschreien

3 Lass dir den folgenden Text zwei- oder dreimal vorlesen. Achte auf alle
Einzelheiten. Kannst du die Frage am Ende beantworten?

Ein Fall für Inspektor Meyersberger

„Eddi Schlichtig wartete vor der Wohnung seiner Tante auf mich, als ich
eintraf", sagte Polizeiwachtmeister Müller. „Nach dem, was er mir erzählte,
hielt ich es für angebracht, die Tür aufzubrechen."
Inspektor Meyersberger registrierte, wie ein Kollege von der Spurensiche-
5 rung das Mobilteil des Telefons von der Basisstation nahm, um es zu
untersuchen. „Hat Schlichtig irgendetwas berührt, als Sie beide hier
hereinkamen? Vielleicht aus Versehen?" Der Wachtmeister schüttelte den
Kopf. „Okay, dann holen Sie ihn jetzt wieder herein!" Der junge Mann
schien ziemlich betroffen zu sein. Unentwegt starrte er auf den Sessel, in
10 dem sich vor Kurzem noch die Leiche seiner Tante befand. Er sagte: „Sie
hat mich vor zwei Stunden angerufen, war vollkommen niedergeschlagen,
meinte, ihr Leben sei sinnlos geworden."
Der Inspektor zeigte auf ein Schriftstück in einer Klarsichthülle und sagte:
„In ihrem Testament vererbt Ihre Tante Ihnen alles. Und das ist viel, sehr
15 viel. Allerdings fehlt die Unterschrift." „Davon wusste ich nichts", murmelte der Neffe, „sie kam bestimmt nicht mehr dazu. Ich habe am Telefon
den Pistolenschuss gehört und bin sofort hierhergekommen. Doch da
stand ich vor der verschlossenen Tür. Sofort habe ich die Polizei gerufen."
Der Inspektor entgegnete: „Ich glaube Ihnen kein Wort. Ich denke, Sie ha-
20 ben Ihre Tante erschossen und legten dann das gefälschte Testament hin."
– Wie kam der Inspektor zu dieser Vermutung?

Der Inspektor registrierte, wie ein Kollege von der Spurensicherung das Mobilteil des Telefons von der Basisstation nahm, um es zu untersuchen. Hätte sich die Tante während des Telefonats erschossen, hätte sie es nicht mehr zurücklegen können.

Rechtschreibstrategie: Mitsprechen

An vielen Stellen dieses Buches findest du Texte zu verschiedenen Rechtschreibbesonderheiten. Es gibt mehrere Möglichkeiten, mit den Texten zu arbeiten. Du findest sie auf den Seiten 18 – 21.

> **Merke**
>
> **Rechtschreibstrategie: Beim Schreiben mitsprechen**
> 1. Achte darauf, langsam und deutlich zu schreiben.
> 2. Gliedere dabei die Wörter in Silben und sprich Silbe für Silbe wie ein Roboter mit.
> 3. Lies nach jedem Wort noch einmal genau, was du geschrieben hast.
> 4. Berichtige die Wörter, die du falsch oder undeutlich geschrieben hast.

1 Diktiert euch gegenseitig folgende Bandwurmwörter in der Robotersprache:

Einbruchsbeobachtungsprotokolle
Gespenstergeschichtenschreiber
Hundestaffelleiterin

2 Ro-bo-ter-dik-tat Arbeitet mit einer Partnerin oder einem Partner. Diktiert euch gegenseitig den Text übertrieben deutlich, sodass der andere möglichst keine Fehler macht. Wenn trotzdem Fehler gemacht werden, werden sie dem angerechnet, der diktiert hat.

Sommerferien
Die Sommerferien haben begonnen. Alle Schülerinnen und Schüler freuen sich auf die freien Tage. Mit meiner Schwester liege ich auf einer Luftmatratze. Unsere Augen sind geschlossen. Wir bewegen uns auf dem Wasser. Die Wellen schaukeln uns ganz leise. Wir denken an die Ferien. Es ist wunderschönes Wetter. Die Sonne scheint. Nur kleine Wölkchen ziehen dahin.

Rechtschreibstrategie: Ableiten

> **Merke**
>
> **Rechtschreibstrategie: Ableiten**
>
> 1. Wenn du wissen willst, ob am Ende ein *b, d, g* oder *p, t, k* geschrieben wird, verlängere das Wort (**Verlängerungsprobe**). Bilde:
>   - bei Verben den Infinitiv (die Grundform): *er folgt?* → *fol-gen.*
>   - bei Nomen den Plural (die Mehrzahl): *Kind?* → *Kin-der;*
>   - bei Adjektiven die 1. Vergleichsstufe (Komparativ): *klug?* → *klü-ger.*
> 2. **t-Signal:** Bilde bei Verben den Infinitiv (die Grundform) und sprich dann in Silben: *kippt* → *kippen; schreibt* → *schrei-ben.*
> 3. Um festzustellen, ob du *ä oder e* bzw. *äu oder eu* schreiben musst: Suche dir ein Wort aus der Wortfamilie, das dir weiterhilft: *täglich* → *der Tag; häufig* → *der Haufen.*
> 4. Wird ein *h* geschrieben? – Mach das **h am Silbenanfang hörbar**, indem du das Wort verlängerst: *flieht* → *flie-hen; dreht* → *dre-hen.*

1 Überlege, wie man folgende Wörter schreibt. Sprich: Strand – Strände, also mit d. **Schreibe:** Strand – d – Strände
Stran? – Ber? – Wal? – Kin? – Ta? – Betru? – star? – kal? – er ho? – sie flo?

> **TIPP!**
> Bei den Nomen hilft dir die Pluralform (die Mehrzahl) und bei den Verben der Infinitiv (die Grundform).

2 Auch das *tz* kann man durch Verlängern und Silbensprechen hörbar machen, z. B. Bli? – Blit-ze – Blitz. Suche Beispielwörter. Ergänze die Tabelle.

atz	etz	itz	utz
Satz: Sät-ze	hetzt: het-zen	spitz: spit-ze	Putz: put-zen

3 Statt eines doppelten *k* steht *ck*. Ergänze das fehlende *ck*. Verwende die Wörter in erfundenen Sätzen, z. B. Julia hat heute einen dicken Pullover an.
di? – Dre? – Fle? – Glü? – er bä?t – du schlu?st – Stü? – zurü?

> **TIPP!**
> Bei der Worttrennung am Zeilenende schreibe so:
> *schme-cken, pa-cken, Fle-cken.*

4 Suche verwandte Wörter mit *a* oder *au* im Wortstamm, z. B.
täglich – Tag; Bäume - Baum
täglich – Wälder - Nähe – ängstlich – er fällt – kräftig – sie fängt –
Bäume – Häuser – Mäuse – bläulich – sie läuft – er träumt

5 Überlege, wie du die richtige Schreibung ableiten kannst. Schreibe:
sie sagt – sa-gen; er geht – ge-hen; ...
es bleibt – es gibt – sie dreht – er schreibt – es fliegt – er gräbt – er mäht

> **TIPP!**
> Nach *l, m, n, r* und *au, äu, ei* das merke ja, steht nie *-tz* und nie *-ck*.

Rechtschreibstrategie: Großschreibung

1 In dem folgenden Textausschnitt sind einzelne Wörter markiert. Prüfe, welche Tests der Großschreibung zu welchen Wörtern passen.

Erinnerungen

„Weißt du noch", begann Helena zu erzählen, „unser Fußballturnier in der letzten Ferienwoche? Oh, war das toll!" Sie sah dabei fröhlich auf ihr verbundenes Knie. Trotz der kleinen Verletzung hatten alle viel Spaß gehabt. Leider konnte Toni, der beste Stürmer der Mannschaft, wegen einer
5 Krankheit nicht mitspielen. Trotzdem hatten sie durch zwei tolle Schüsse von Emre gewonnen. Das Spiel war für alle ein unvergessliches Erlebnis.

> **Merke**
>
> **Rechtschreibstrategie: Die Großschreibung testen**
>
> 1. Kann man das Benannte sehen und anfassen?
> 2. Gibt es einen Begleiter, wie *der, die, das; eine; mein* …? (Artikelprobe)
> 3. Hat das Wort am Ende eine der folgenden Nachsilben (Endbausteine): *-ung, -heit, -keit, -nis, -schaft, -tum?*
> 4. Lässt sich unmittelbar vor das Wort ein Adjektiv setzen, das sich dabei verändert (Einfügetest)?

2 Schreibe den Text in normaler Schreibweise auf.

EIN TOLLES GEFÜHL

IHR LEHNT EUCH ENTSPANNT ZURÜCK: EURE AUGEN SIND GESCHLOSSEN. ERINNERUNGEN WERDEN WACH. IHR DENKT AN EINEN SEHR SCHÖNEN TAG. IHR HABT EIN ERFOLGSERLEBNIS ODER EINE LANG ERSEHNTE BEGEGNUNG. IHR BEKOMMT EIN
5 WUNDERSCHÖNES GESCHENK ODER EIN GEHEIMER WUNSCH GEHT IN ERFÜLLUNG. IHR FÜHLT EUCH SEHR WOHL. IHR EMPFINDET DANKBARKEIT UND FREUDE.

3 Vergleicht eure Texte in Partnerarbeit. Begründet, warum ihr Wörter großgeschrieben habt.

4 Bilde Nomen von folgenden Verben und schreibe diese mit Artikel auf, z. B. *die Verletzung*.

verletzen – wohnen – bilden – erkranken – begegnen – erfüllen – begleiten – erleben – ereignen – geschehen – zeugen – wagen – bilden – ergeben

Rechtschreibstrategie: Merken

→ Seite 251,
Rechtschreib-
strategie „Merken"

1 Tauscht euch darüber aus, welche der folgenden Übungsformen ihr kennt und welche ihr am liebsten nutzt.

Fehlerwörterheft, Rechtschreibkartei, Selbstdiktat, wiederholtes Aufschreiben, Laufdiktat, Partnerdiktat, Klappdiktat, Markieren …

2 Schreibe die folgenden Merkwörter ab. Stelle fest, an welchen Stellen du mit dem „Mitsprechen" und „Ableiten" nicht weiterkommst. Markiere diese Stellen, z. B. Rhythmuswechsel.

Rhythmuswechsel – Konzentration – Vierkampf – Disziplin – Gefühl – mehr – Erzählung – Draht – Maibowle – Meeresrauschen – wohnen – vielleicht – Großstadt – Erwachsene – Schreibstil – Novembertag – Orchester – Rahmen – Violine – Ähnlichkeit – sehr – Klaviermusik – Vorwärtsbewegung – Lexikon – Hochzeitspaar – Glückskind – Blumenvase – Siegerehrung – Bootssteg

3 Vergleicht eure Markierungen in den Merkwörtern von Aufgabe 2 und besprecht, wie ihr euch diese Wörter einprägen könnt. Übt die Wörter und diktiert sie euch anschließend gegenseitig.

> **TIPP!**
> So kannst du auch üben: Gestalte schwierige Wörter mit unterschiedlicher Schrift und mit Farben oder benutze bei diesen Wörtern für jede Silbe eine andere Farbe. Du kannst auch Wörter zum Üben immer wieder in die Luft schreiben oder ein Lernplakat für dich selber oder die Klasse gestalten.

4 EXTRA Finde heraus, was die folgenden Wörter bedeuten und aus welcher Sprache sie stammen. Du kannst dazu ein Wörterbuch nutzen.

Talkshow	Fan	Display	Chatroom
Smile	Computerfreak		Ticket
Layout	User	E-Book	Video

5 EXTRA Sammle weitere Fremdwörter.

> **Merke**
>
> **Rechtschreibstrategie: Merken**
>
> Bei manchen Wörtern lassen sich die Rechtschreibstrategien *Mitsprechen*, *Großschreibung* und *Ableiten* nicht anwenden. Die Schreibung dieser Wörter muss man sich einprägen. Das gelingt durch regelmäßiges Üben oder Eselsbrücken (siehe auch: Merke-Kästen auf Seite 109 und Seite 157).

Zur Wiederholung

1 Diktiert euch gegenseitig den Text als „Ro-bo-ter-dik-tat". Sprecht dabei sehr deutlich und trennt die Silben, damit euer Partner oder eure Partnerin möglichst keine Fehler macht.

> **TIPP!**
> Nach *l, m, n, r* und *au, äu, ei* das merke ja, steht nie *-tz* und nie *-ck.*

Ratten sind keine dummen Tiere

Ratten sind besonders schlau. Diese Tiere haben sich über die ganze Welt verbreitet. Sie klettern auf Schiffe und schaffen es, in weit entfernte Länder zu kommen. Rate einmal, wie sie dort ohne Futter überleben können? Sie knabbern einfach alles an und finden dabei immer etwas, was sie sich
5 dann schmecken lassen. Auf manchen Schiffen werden deshalb Katzen mitgenommen. Mit etwas Glück können sie einige Ratten fangen. Wenn die Katzen keine guten Jäger sind, dann müssen sie hungern und sind am Ende der Reise dünner als die Ratten.

2 tz oder z? Schreibe den folgenden Text ab. Setze dabei die fehlenden Buchstaben ein.

Le✎te Woche he✎te Fri✎i bli✎ schnell über die Kreu✎ung. Plö✎lich passierte es: In der Mitte des Pla✎es stür✎te er. Er schrie auf, denn sein Fuß schmer✎te. Ein Polizist stoppte die Autos und fragte: „Bist du verle✎t?" Nein, Fri✎i war nichts passiert. Er hob seine Mü✎e auf, bedankte sich her✎lich beim Polizisten und ging auf die andere Seite. Dort pu✎te er seine Jacke ab und wischte den Schmu✎ von seiner Hose. Nanu, der Schmer✎ in seinem Fuß war jetzt wieder da. Sollte er vielleicht doch zum Ar✎t gehen?

3 Ein d oder t, b oder p, g oder k? Übernimm die Tabelle in dein Heft und ergänze sie wie im Beispiel.

Plural (Mehrzahl)	Infinitiv (Grundform)	1. Vergleichsstufe (Komparativ)
Zwerg – Zwerge	*er trägt – tragen*	*klug – klüger*
Gel?	er trin?t	star?
Wel?	er lü?t	gro?
Wer?	er gi?t	schrä?
Flu?	er glau?t	kal?
Die?	er grä?t	lie?
Gra?	er hu?t	mil?

4 Schreibe aus dem Text alle Wörter mit ä und äu heraus und ergänze jeweils ein verwandtes Wort mit a oder au, z. B. *Nächte – Nacht*.

Herbst

Ben ist umgezogen und wohnt jetzt mit seiner Familie in einem neuen Haus. In den ersten **Nächten** schläft er schwer ein und hat merkwürdige Träume:
Einmal fegt ein Sturm um die Häuser und reißt die Dachziegel von den
5 Dächern. Es regnet in die Räume des neuen Hauses. Ben und seine Schwester verteilen auf dem Fußboden Töpfe, Näpfe und Gläser, um den Regen aufzufangen.
In einem anderen Traum pfeift wieder ein kräftiger Sturm um die Häuser. Er vernichtet in dem Gärtchen der Kinder alle Blumen und Kräuter, auch
10 die Bäume und Sträucher bei den Nachbarn.
Am folgenden Tag berichtet Ben beim Frühstück von seinen Träumen.

5 Schreibe zu jedem Wort möglichst viele Wörter auf, z. B.
Gruß – Grüße – grüßen – Grußwort – Begrüßung – gegrüßt

Gruß	Fuß	schließen	außen

weiß	Straße	stoßen	groß	Spaß

6 Schreibe die Sätze ab und setze dabei jeweils das passende Wort ein.

1. **Meer** oder **mehr**? → Sie hatten keine Lust ✎, jedes Jahr ans ✎ zu fahren.
2. **fast** oder **fasst**? → Er ✎ den Jungen so hart an, dass dieser ✎ schreien muss.
3. **fiel** oder **viel**? → Sie sah nicht ✎ und ✎ beinahe hinunter.
4. **ist** oder **isst**? → Er ✎ immer wenig, wenn er krank ✎.
5. **seid** oder **seit**? → ✎ dem Herbst ✎ ihr nicht mehr hier gewesen.
6. **Bad** oder **bat**? → Sie ✎ ihn, das ✎ zu säubern.

7 Bilde selbst Sätze mit folgenden Wortpaaren, z. B. *1. Der Postbote konnte den Namen nicht entziffern. Deshalb nahm er das Paket wieder mit.*

1. Namen – nahmen
2. Boot – bot
3. See – seh
4. Rat – Rad
5. Feld – fällt
6. Held – hält

2 Erzähl mal!

Zum Geschichtenerzählen könnt ihr euch in einem Erzählkreis zusammensetzen. Wenn ihr die folgenden Hinweise beachtet, werden euch alle aufmerksam zuhören.

Arbeitstechnik

¹ die Mimik: Gesichtsausdruck
² die Gestik: mit dem Körper und den Händen „sprechen"

Von Erlebnissen erzählen

1. Wähle ein Erlebnis aus, das für andere interessant ist.
2. Denke daran, dass die Zuhörer von dem, was du erzählen willst, noch nichts wissen.
3. Mache deine Geschichte spannend. Versuche, die Spannung langsam zu steigern, und komme nach dem Höhepunkt zügig zum Ende.
4. Gestalte deine Erzählung durch passende und auch ungewöhnliche Wörter. Bilde verständliche Sätze, die nicht zu lang sind.
5. Achte auf Mimik¹ und Gestik²; mit deiner Körpersprache kannst du die Erzählung eindringlicher gestalten.
6. Beachte die Reaktionen deiner Zuhörer: Komme zur Sache oder steigere die Spannung, wenn das Interesse nachlässt. An manchen Stellen kannst du auch eine Frage stellen, auf die du aber gar keine Antwort erwartest. Das erhöht die Aufmerksamkeit deiner Zuhörer.

1 In der 6c wurden folgende Geschichten für den Erzählkreis angekündigt:

**Schock bei der Bootsfahrt – Eingeschneit – Gefährlicher Scherz –
Kleine Katze gefunden – Verhext! – Hilfe, eine Spinne! – Eigentor**

Stellt Vermutungen darüber an, wovon hier erzählt werden wird.

2 Lies die folgende Geschichte.

Plötzlich entdeckte ich die Spinne. Sie war mindestens so groß wie meine
Hand und sie kroch langsam die Zimmerdecke entlang, bis sie genau über
meinem Gesicht verharrte. Ich wollte schreien und ich konnte nicht. Ich
wollte aufspringen und ich konnte nicht. [...]

5 Die Spinne hatte glänzende tote Augen, die etwas vorgewölbt auf ihrem
Kopf saßen. An ihren Beinen wuchsen feine schwarze Härchen. Sie saß
ganz reglos und starrte mich an. Es war wirklich die größte Spinne, die ich
je gesehen hatte. Es war die größte Spinne der
Welt. Jetzt presste sie langsam einen schleimigen

10 Silberfaden aus sich heraus und begann sich
abzuseilen.
Ich konnte mich immer noch nicht bewegen.
Ich stellte mir vor, wie sie mich einspinnen
würde, so wie es mit den Fliegen passiert

15 war, die im frühen Herbst in den Spinnen-
netzen an Hansi Pfeifers Jägerzaun[1] hingen.
Ich hatte Schweißtropfen auf der Stirn
und einen Kloß im Hals[2], an dem ich fast
erstickte. Die Spinne kam immer näher.

20 Dabei wurde sie immer größer. Und als sie
fast mein Gesicht berührte, konnte ich plötzlich schreien.
Ich schrie und sprang auf und zog am grauen Gurt
des Rollladens, der mit Schwung nach oben sauste. Gleichzeitig riss ich

25 das Fenster auf, zerriss dabei die Gardine, und plötzlich hörte ich auch,
was ich schrie, nämlich: „Rainer!" Er zögerte nicht eine Sekunde, nahm
kurz Anlauf und schwang sich über das Fensterbrett ins Zimmer. Ich
zeigte auf die Spinne.

[1] der Jägerzaun: ein
Holzzaun aus schrägen
Latten
[2] einen Kloß im Hals haben: vor Aufregung oder
Angst fühlt sich der Hals
sehr eng an

3 Wie gelingt es der Erzählerin, spannend zu erzählen?
Tauscht euch darüber aus.

4 EXTRA Erfinde eine Fortsetzung zu der Geschichte aus Aufgabe 2 und
erzähle sie im Erzählkreis.

> **TIPP!**
> Kopiere den Text.
> Markiere darin die
> Stellen, die Spannung
> erzeugen.

Geburtstagspartys

→ **Seite 257,**
Arbeitstechnik
„Von Erlebnissen
erzählen"

1 Drei Kinder erzählen von ihrem Geburtstag.
Lies die Erzählanfänge zuerst leise.
Lies sie dann laut, sodass du merkst,
wie unterschiedlich hier
erzählt wird.

**Am Freitag hatte ich Geburtstag. Beim Mittagessen hat meine Mutter
gesagt:** „Ich bin gespannt, was deine Freunde zu deiner selbst gebackenen
Geburtstagtorte sagen." Mein Vater hat schon wieder nach seinem Mantel
gegriffen: „Ich muss ins Büro", hat er beim Hinausgehen gesagt. „Viel Spaß
5 beim Feiern! Übrigens hoffe ich, dass du jetzt mit deinen zwölf Jahren
etwas vernünftiger wirst! Also dann, bis heute Abend." Das war mal wieder
typisch mein Vater! Ihr kennt ja seine Art. Wirklich typisch. – Dann war es
erst Viertel nach eins. Ich bin in mein Zimmer gegangen und habe schon
einmal die Musik für später herausgesucht …

Gestern hab ich Geburtstag gehabt. Endlich zwölf! Mann, ich war vielleicht aufgeregt. Schon die Nacht vorher war schrecklich.
Aufgewacht – erst 3 Uhr! Wieder eingeschlafen, wieder wach geworden.
Und so ging's weiter. Was für eine Nacht! Beim Frühstück hab ich mir na-
5 türlich voll den Kakao über meinen neuen Pulli gekippt. Typisch! Ich war
vielleicht sauer. Geschenke, ja klar, die gab's auch. Aber egal, nachmittags
die Fete, die hat's gebracht.

**Vor fünf Tagen bin ich zwölf Jahre alt geworden. Endlich wieder ein Jahr
älter!** In letzter Zeit geht mir die Kleinkinderbehandlung ziemlich auf die
Nerven. Von meinem Vater hab ich diese Ohrringe bekommen, schön,
nicht? Am Nachmittag hab ich dann mein neues Top angezogen, ihr wisst
5 schon, das mit dem Pferdefoto vorne drauf. David wollte auch zu meiner
Geburtstagsparty kommen und hat versprochen, seine CDs mitzubringen.
In der Schule bin ich ziemlich erschrocken: Der Hofmann hat mich beim
Träumen erwischt …

2 Beschreibe, wie du dir die drei Erzähler vorstellst:
- Wie sprechen sie wohl?
- Wie verhalten sie sich dabei?
- Wie bewegen sie sich und was für ein Gesicht machen sie beim Erzählen?

3 Versuche einmal, die Erzähler zu spielen.
Überlege dazu, in welchem Tonfall sie sprechen und wie sie ihre Worte mit Gestik und Mimik unterstreichen könnten.
Du darfst beim Erzählen die Sätze und Worte auch verändern.

> **TIPP!**
> Manchmal hilft es, wenn man etwas übertreibt.

4 Setzt euch in Gruppen zusammen. Jeder erzählt nun ein eigenes Erlebnis. Die Zuhörerinnen und Zuhörer notieren, was ihnen an dem Erzähler auffällt, z. B.

→ **Seite 257,**
Arbeitstechnik „Von Erlebnissen erzählen"

Olga
- hat die Augen weit aufgerissen, als sie erzählte, wie erstaunt sie über ihr Geschenk war
- hat die Stimme ihres Vaters nachgeahmt
- hat vorgemacht, wie sie das riesige Geschenk ausgepackt hat
- hat mit den Händen gezeigt, wie groß das Geschenk war

Paul
- hat vorgeführt, wie er über den Zaun geklettert ist
- hat geflüstert, als er erzählte, wie unheimlich es in der Hütte war
- hat beim Erzählen vorgespielt, wie er gebückt gelaufen ist und vorsichtig nach links und rechts geschaut hat
- hat gezeigt, wie überrascht er war

5 Gebt euch gegenseitig Rückmeldungen. Besprecht nach jeder Erzählung,
- was euch an den einzelnen Erzählern gut gefallen hat,
- an welchen Stellen euch Mimik, Gestik und das Verändern der Stimme besonders passend erschien.
Nutzt dazu eure Notizen aus Aufgabe 4.

→ **Seite 24,**
Erklärungen zu Mimik und Gestik

6.00 Uhr – Ein letzter Traum

1 In dem folgenden Text werden verschiedene Träume erzählt. Lies oder höre dir an, um welche Träume es geht. Mache dir dazu Notizen.

Susanne Kilian

Träumen

Es gibt Tage, da wache ich morgens auf und bin fröhlich. Warum, weiß ich nicht. Es kommt mir so vor, als hätte ich die ganze Nacht gelacht. Oft kann ich mich nicht erinnern, was ich geträumt habe. Manchmal sind es wunderbare lustige, märchenhafte Träume. Überhaupt geht es in den
5 Träumen so zu wie im Märchen. Sind Träume bunt? Haben sie Farben, solche, wie ich sie normal sehe, oder sind es ganz andere Farben? Vielleicht sind sie nur schwarz-weiß, wie Zeitungsbilder? Rede ich, wenn ich träume, lache ich? Weine ich richtig? Einmal bin ich aufgewacht, mitten in der Nacht, und meine Augen waren nass. Wo war ich? Ich war an einem
10 wüsten einsamen Ort, und mir sind furchtbare Sachen geschehen. Welche, wusste ich nicht, es war eben so. Da waren Leute. Eine riesige Menge, und sie rannten hinter mir her, und ich lief wie in Sirup[1], kriegte die Füße nicht hoch und hörte sie schreien … Ich hoffte im Traum, ich weiß das noch genau, ich hoffte, dass es ein Traum wäre. Nur ein Traum! Aber es war
15 schreckliche Wirklichkeit: Ich fiel und fiel in diesen Sirupweg und weinte und schrie … da wachte ich auf. Langsam wurde ich unvorstellbar glücklich – es war doch nur ein Traum! Nichts davon war geschehen. Nichts war wirklich. Mein Kopfkissen kam mir weicher als sonst vor, meine Decke wärmer. Ich war geborgen und in Sicherheit.

Online-Link
Hörverstehen
313312-0028

[1] der Sirup: dickflüssiger, klebriger Saft

20 Am allerliebsten mag ich Träume, in denen ich ...
Also, es fängt meistens so an, dass ich auf einem Turm stehe oder einem
Dach, hoch über allem. Ich weiß, ich werde sofort runterfallen. Davor
habe ich Angst und zittere. Aber von einem Moment auf den anderen bin
ich ganz sicher, dass mir nichts geschehen wird: Ich kann doch fliegen!
25 Ich lasse mich einfach fallen und fliege. Sehe die Häuser unter mir. Die
Häuserdächer. Fliege über Wälder und große Wasserflächen, so sicher und
leicht wie ein Vogel.
Solche Träume müssten Wirklichkeit sein. Warum kann ich im Traum
etwas, was ich sonst nicht kann?

2 Tauscht euch über eure Erfahrungen mit Träumen aus:
Habt ihr ähnliche oder andere Träume? Manche Träume kommen immer
wieder.

3 Beratet euch gegenseitig, welcher Traum für eine Erzählung geeignet
sein könnte.

4 Schreibe deine Erzählung in Stichworten auf, sodass du in der nächsten
Erzählstunde spannend davon erzählen kannst.
Suche dafür passende Wörter zu schönen, wunderbaren, fantastischen,
Angst einflößenden oder unverständlichen Träumen, z. B.

- wunderschön
- eine duftende,
  bunte Blumenwiese
- herrlicher, heller Tag

- fröhliches Vogelgezwitscher
- lautes Summen
- dunkler, endloser, tiefer Wald
- strahlende Sonne

5 Bereite dich auf das Erzählen deiner Geschichte vor und probiere aus,
an welchen Stellen du lauter oder leiser sprechen solltest und wann du
deine Stimme heben oder senken könntest.

> **TIPP!**
> Du kannst dein Traum-
> erlebnis vorher deinen
> Eltern, Geschwistern
> oder Freunden erzäh-
> len, um zu sehen, wie
> deine Erzählung wirkt.

Aufregung im Ferienlager

Heulgeräusche rauben Nachtruhe

Altrum. Seit einer Woche schrecken die Teilnehmer des Ferien-lagers auf der winzigen Insel Altrum Nacht für Nacht aus dem Schlaf auf. Furchtbare Heulgeräusche rauben ihnen die Nacht-ruhe. Alle rätseln. Was ist die Ursache? Der Wind, der durch die alten Bäume pfeift? Ein wildes Tier, das schrecklich heult? Ein Schiff, das sich in Seenot befindet? Ein Detektivteam unter dem Vorsitz der Sprecherin des Zeltlagers, Johanna, soll gebildet werden und versuchen, der Sache auf die Spur zu kommen.

Sachdienliche Hinweise bitte mündlich oder schriftlich an:
Zelt Nr. 14

Wer macht mit?
Ein Detektivteam soll gebildet werden. Inter-essierte können sich in Zelt 14 bei Johanna melden oder eine kurze Bewerbung abgeben.

Bewerbung
Ich bewerbe mich um einen Platz im Detektivteam. Ich bin zwölf
Jahre alt und komme aus Hagen. Dort gehe ich in die 6. Klasse. Ich
wohne hier mit meinen Freundinnen in Zelt Nr. 8. Ich mache gern
beim Untersuchungsausschuss mit, weil ich die Suche nach dem
Heulton spannend finde. Außerdem kann ich Karate.

Paloma

1 Schreibe die Verben aus der Bewerbung heraus. Sie stehen alle in der-
selben Zeitform. Wie heißt die Zeitform?

2 Versetze dich in Christian, Debora oder Andrej. Überlege, wie sie sich
bei Johanna vorstellen. Du kannst aber auch eine andere Person erfinden
oder dich selbst darstellen. Spielt die Szenen in der Klasse vor.

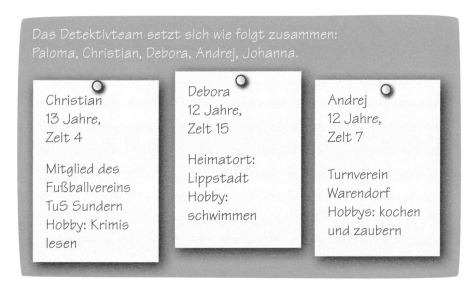

Das Detektivteam setzt sich wie folgt zusammen:
Paloma, Christian, Debora, Andrej, Johanna.

Christian
13 Jahre,
Zelt 4

Mitglied des
Fußballvereins
TuS Sundern
Hobby: Krimis
lesen

Debora
12 Jahre,
Zelt 15

Heimatort:
Lippstadt
Hobby:
schwimmen

Andrej
12 Jahre,
Zelt 7

Turnverein
Warendorf
Hobbys: kochen
und zaubern

Merke

Das **Präsens** verwendet man,
- wenn man über etwas informiert, das gerade geschieht: *Er geht
  allein nach Hause.*
- wenn man über etwas Vergangenes informiert: *Der Fürst gründet
  die Stadt im 15. Jahrhundert.*
- wenn man über etwas informiert, das immer gilt: *Ich heiße Lenka
  Schneider.*
- wenn man über etwas informiert, das in der Zukunft geschieht:
  Morgen fahre ich nach Altrum.

Das Detektivteam nimmt die Arbeit auf

Hallo Johanna! Hier Tobias. Gestern bin ich mit meiner Freundin zum Leuchtturm gegangen. Nicht weit vom Leuchtturm haben wir entsetzliche Laute gehört. Wir sind furchtbar erschrocken. Ich bin sofort zum Leuchtturm gelaufen, habe aber nichts entdecken können.

1 Schreibe alle Verbformen aus der Sprechblase heraus, z. B.
ich bin gegangen
Wie heißt diese Zeitform? Erkläre, wie sie gebildet wird.

2 EXTRA   Johanna hat über ihr Handy viele Anrufe bekommen. Erfinde mit deiner Partnerin oder deinem Partner ein Erlebnis mit den Heulgeräuschen. Bereitet zu zweit ein Telefongespräch vor und spielt es in der Klasse.

3 Johanna hat auch einige Briefe erhalten, in denen besonders merkwürdige Erlebnisse erzählt werden. Lies den Brief von Hülya durch und untersuche, welche Zeitform sie verwendet hat.

> **TIPP!**
> Wenn du wissen willst, was das Detektivteam herausgefunden hat, schau dir die Seiten 44 bis 47 an.

Hülya   Altrum, 3. Juli
Zelt 7

Liebe Johanna,
gestern Abend hörte ich wieder die komischen Geräusche. Und das kam so: Ich las gerade einen spannenden Krimi. Plötzlich erschrak ich fürchterlich. Vor meinem Zelt huschte ein großer Schatten vorbei. Ich rannte sofort raus, entdeckte aber niemanden. Ich wartete lange und auf einmal hörte ich, wie der Heulton einsetzte. Hinter dem Küchenzelt ...

4 Schreibe den Brief von Hülya zu Ende. Versuche dabei, in der Zeitform zu bleiben, in der ihr Brief beginnt.

5 Unterstreiche alle Verbformen in deinem Brief.
Tausche anschließend den Brief mit einem Partner oder einer Partnerin.
Überprüfe, ob die richtige Zeitform eingehalten wurde.
Korrigiere die Rechtschreibung, wenn du Fehler findest.

6 Lest einige Briefe in der Klasse vor.

7 Vergleiche die Verbformen aus der Bewerbung von Paloma (Seite 31 oben), aus dem Telefonanruf von Tobias (Seite 32 oben) und aus dem Brief von Hülya (Seite 32 unten).
– Übernimm die folgende Tabelle in dein Heft.
– Überlege, wie die drei Zeitformen heißen.
– Ersetze die Fragezeichen durch die Begriffe.
– Trage die Verbformen aus den Texten in die Spalten ein.

?	?	?
(ich) bewerbe (mich)	(ich) bin gegangen	(ich) hörte

8 Bilde von den folgenden Verben die Perfekt- und die Präteritumsform und schreibe sie in dein Heft, z. B. *verlieren – ich habe verloren – ich verlor*

→ Seite 254 f.,
Liste unregelmäßiger Verben

verlieren	verraten	lügen	sehen
wissen	schreien	erkennen	rennen

Merke

Das **Perfekt** und das **Präteritum** verwendet man, wenn man von etwas Vergangenem oder über Vergangenes informiert *(ich bin gelaufen, ich habe gehört; ich lief, ich hörte)*. In der mündlichen Rede wird eher das Perfekt als das Präteritum verwendet, z. B.: *Ich bin Fahrrad gefahren.* statt: *Ich fuhr Fahrrad.*

→ Seite 244 f.,
Zeitformen des Verbs

9 EXTRA Bilde Sätze. Verwende darin die Verben aus Aufgabe 8.
Du kannst auch eine kleine Geschichte über die Ereignisse im Ferienlager schreiben, in der die Verbformen vorkommen.

TIPP!
Lies dir dazu noch einmal die Texte auf den Seiten 30 – 32 durch.

Erlebnisse

1 Lies, was Olaf erzählt hat.

Zum Glück nur ein Traum

Oft habe ich morgens vergessen, was ich geträumt habe. Aber an diesen Traum erinnere ich mich gut:

Mein kleiner Bruder und ich spielen am Fluss. Eisschollen treiben an uns vorüber, viele kleine, aber auch ganz große. Auf einmal kommt da eine
5 Riesenscholle direkt auf uns zu. Da gibt es kein Halten. Flori und ich springen hinauf. Christian, der aus der Zehnten, kommt gerade ans Ufer. Er hebt die Arme und schreit: „Nein, halt …!" Doch wir fühlen uns so stark und rufen: „Feigling!"

Wir sehen, wie Hunderte von Eisschollen an uns vorbeiziehen. Aber dann
10 beginnt auch unsere Scholle zu treiben und plötzlich sind wir viele Meter vom Ufer entfernt. Mich packt jetzt eine schreckliche Angst. Wir treiben weiter und immer weiter, schneller und immer schneller. Es wird dunkler und immer dunkler. Das Grauen ergreift mich.

Wohin geht die Reise? Flori fängt jetzt auch noch an zu weinen. Ich
15 schimpfe hilflos: „Hör auf zu heulen!" Das Ufer ist menschenleer. Ich schreie trotzdem, aber keiner hört uns, keiner bemerkt uns. Jetzt sehe ich am Ufer Christian, er fährt auf dem Fahrrad. Ich will wieder schreien, bekomme aber keinen Ton heraus. Hilfe, wir ertrinken!

Und da bin ich aufgewacht, schweißgebadet. Flori schlief ganz ruhig in
20 seinem Bett.

> **TIPP!**
> Kopiere zuerst den Text und markiere darin die Verben im Präsens. Dann fällt dir das Umschreiben leichter.

2 Olaf erzählt seinen Traum im Präsens. Schreibe den Text in der Vergangenheit auf. Verwende das Perfekt, z. B.

Mein kleiner Bruder und ich haben am Fluss gespielt …

> **Merke**
>
> Beim Bilden des Perfekts helfen die Verben *haben* und *sein*. Sie heißen deshalb **Hilfsverben**.
> Die Verben der Fortbewegung *(fahren, fliegen, gehen, laufen, reiten, schwimmen, …)* und die Verben *sein, werden, bleiben, kommen, geschehen* bilden das Perfekt mit *sein (z. B. ich bin gegangen, ich bin gewesen, ich bin geblieben, ich bin gekommen)*. Die anderen Verben bilden das Perfekt mit *haben (ich habe geschrieben, ich habe erzählt)*.

3 Schreibe Lisas Erzählung ab. Ergänze jeweils *sein* oder *haben* in der richtigen Form.

So ein Schreck!

Neulich habe ich einen ganz schönen Schreck bekommen. Ich ✎ mit meiner Schwester im Wald gewesen. Wir ✎ Beeren gesammelt. Plötzlich ✎ es neben mir seltsam geraschelt. Was glaubt ihr, was ich da an meinem Fuß gesehen ✎? Eine echte Schlange! Ihr könnt euch denken,
5 wie erschrocken ich gewesen ✎. Ich ✎ vor Schreck die Luft angehalten. Aber dann ✎ die Schlange ihren Kopf zur Seite gedreht. Da ✎ ich gesehen, dass es nur eine harmlose Ringelnatter gewesen ✎. Und wisst ihr, woran ich das erkannt ✎? Natürlich an dem Halbmond, den sie am Kopf gehabt ✎!

4 Lies Deboras Brief aus dem Ferienlager.

Liebe Eltern!
Hier im Ferienlager gefällt es mir sehr gut. Bis jetzt haben wir jeden Tag etwas Interessantes unternommen. Seit Freitag geschieht hier etwas Unheimliches. Jede Nacht schrecken wir aus dem Schlaf auf. Komische Heulgeräusche geben allen Rätsel auf. Was ist die Ursache? Wir haben schon an Wölfe gedacht. Gestern Abend ist Folgendes passiert: Ich las gerade einen Krimi, als ein Schatten an meinem Zelt „vorbeiflog". Ich rannte sofort raus, sah aber nichts. Etwas später begann wieder das seltsame Heulen. Jetzt haben wir ein Detektivteam gebildet. Ich denke, wir kommen dem Rätsel auf die Spur. Ich finde die Sache unheimlich spannend. Ich schreibe Euch, sobald es etwas Neues gibt.

Eure Debora

5 Übernimm die Tabelle in dein Heft. Trage alle Verbformen aus Deboras Brief ein. Vervollständige die Eintragungen wie im Beispiel.

→ Seite 254 f., Liste unregelmäßiger Verben

Präsens	Präteritum	Perfekt	Infinitiv (Grundform)
(es) gefällt (mir)	(es) gefiel (mir)	(es) hat (mir) gefallen	gefallen
✎ ✎ ✎	✎ ✎ ✎	(es) ist (etwas) geschehen	✎ ✎ ✎ ✎ ✎

3 Was geschah dann?

1 Lies den Anfang der folgenden Geschichte.

Online-Link
Hörverstehen
313312-0036

Anthony Browne

Der Tunnel

Einst lebten zwei Geschwister, die waren sich gar nicht ähnlich. Sie waren in allem verschieden.

Die Schwester saß allein zu Hause, las und träumte, der Bruder spielte draußen mit seinen Freunden, schrie und lachte und raufte sich mit den
5 anderen Jungens.

Nachts schlief er friedlich in seinem Zimmer. Sie aber lag wach und lauschte den Geräuschen der Nacht. Manchmal schlich er sich in ihr Zimmer, um sie zu erschrecken, denn er wusste, dass sie sich im Dunkeln fürchtete.
10 Immer wenn sie zusammen waren, stritten und zankten sie sich lautstark. Die ganze Zeit.

2 Besprecht,
- worum es in dem Geschichtenanfang geht,
- wie das Mädchen darin beschrieben wird und
- wie der Junge darin beschrieben wird.

Lest die Textstellen vor, in denen darüber etwas gesagt wird.

3 Tauscht euch darüber aus, wie Jungen und Mädchen eurer Meinung nach sind. Lest dann, wie die Geschichte weitergeht.

Eines Morgens wurde es ihrer Mutter zu bunt.

„Raus mit euch", sagte sie, „und versucht wenigstens dieses eine Mal, nett zueinander zu sein. Und kommt pünktlich zum Mittagessen zurück."

15 Aber der Junge wollte nicht, dass seine kleine Schwester mit ihm ging. Sie gingen zu einem Schuttabladeplatz.

„Warum musst du bloß mitkommen?", murrte er.

„Es ist nicht meine Schuld", sagte sie. „Ich wollte nicht an diesen schrecklichen Ort kommen. Er macht mir Angst."

20 „Ach, du Baby", sagte der Bruder. „Du fürchtest dich vor allem." Er ging auf Entdeckungsreise.

„He! Komm her!", schrie er nach einer Weile. Sie ging zu ihm hinüber.

„Schau mal!", sagte er. „Ein Tunnel! Komm, lass uns nachsehen, was am anderen Ende ist."

25 „N-nein, das darfst du nicht", sagte sie. „Vielleicht gibt es Hexen … oder Geister … oder irgendwas dort unten."

„Sei nicht albern", sagte der Bruder. „Das ist doch Kinderzeug."

„Wir müssen zum Mittagessen zurück sein …", sagte sie.

Seine Schwester fürchtete sich vor dem Tunnel. Deshalb wartete sie, bis er

30 wieder herauskäme. Sie wartete und wartete. Aber er kam nicht. Sie war den Tränen nahe. Was konnte sie tun? …

4 Sprecht über das Verhältnis der Geschwister zueinander:
- Wie geht der Junge mit seiner Schwester um?
- Warum benimmt er sich so?
- Wie reagiert das Mädchen darauf?

5 Setzt euch in Gruppen zusammen und überlegt gemeinsam, wie die Geschichte weitergehen könnte:
- Was tut das Mädchen wohl als Nächstes?
- Was ist dem Jungen passiert?
- Wie geht die Geschichte zu Ende?

Einen Erzählplan entwerfen

1 Erfinde zu der Geschichte „Der Tunnel" von Seite 36/37 ein Ende zum Aufschreiben. Dazu entwirfst du zunächst einen Erzählplan. Gehe so vor:
- Entscheide zuerst, welchen Erzählweg du wählen willst.
  Was tut das Mädchen in deiner Geschichte:
  Geht es in den Tunnel oder nicht?
- Schreibe deine Entscheidung auf.
- Gehe dann in Gedanken durch, was weiter geschieht.
- Beim Durchdenken kommst du immer wieder an Entscheidungspunkte.
  Schreibe sie auf und entscheide dich jeweils für eine Möglichkeit, z. B.:

TIPP!
Du kannst deine Entscheidungen auch auf Kärtchen festhalten, die du dann zu einem Erzählplan zusammenlegst.

→ **Seite 258,**
Arbeitstechnik „Interessant und spannend schreiben"

TIPP!
Verwende Vergleiche, um deine Geschichte anschaulicher zu machen.

2 Schreibe alle Erzählschritte bis zum Ende der Geschichte auf.

3 Schreibe nun deine Geschichte mithilfe deines Erzählplans auf.
- Überlege dabei, was das Mädchen tat, rief, dachte und fühlte.
- Beschreibe auch die Orte, zu denen es ging.
Du kannst dazu die Formulierungen auf der nächsten Seite nutzen:

Was dachte das Mädchen?

„Was soll ich bloß machen?", „Ob Mama uns schon sucht?",
„Warum hilft mir denn keiner?", „Ob ich weiter hier warte?",
„Das ist so gemein!", „Wie eklig!", „Wo ist er nur?", „Hoffentlich ist
nichts passiert!", „Igitt, was ist das?"…

Was tat und fühlte das Mädchen?

tastete sich vorwärts, rutschte aus, erschrak, kroch auf dem Boden, stieß sich den Kopf, flüsterte leise vor sich hin, weinte, dachte
nach, schrie auf, fror, hatte Angst…

Was rief das Mädchen?

„Hallo!", „Wo bist du?", „Melde dich doch!", „Lass mich nicht allein!",
„Ich gehe jetzt alleine nach Hause, wenn du nicht kommst!", „Ist dir
etwas passiert?!"…

Wie war es an dem Ort?

stockdunkel; kalt wie am Nordpol; unheimlich; glitschig; eklig; nass;
mit Moos bewachsen; Fledermäuse hingen wie Gespenster an der
Decke; Ratten krochen aus Löchern; Spinnwebfäden überall…

> **TIPP!**
> Verwende die wört-
> liche Rede, wenn du
> schreibst, was das
> Mädchen dachte oder
> sagte.

→ **Seite 254 f.,**
Liste unregelmäßi-
ger Verben

4 Lies deine Geschichte noch einmal durch. Prüfe, ob die Erzählschritte
richtig angeordnet sind oder ob du noch etwas ergänzen musst, damit
keine „Erzähllöcher" entstehen.

Arbeitstechnik

Eine Geschichte mithilfe eines Erzählplans weiterschreiben

1. Überlege, welche Möglichkeiten es für den Fortgang der Geschichte gibt (z. B. wie die Personen handeln könnten). Entscheide
   dich für eine Möglichkeit. Schreibe deine Entscheidung auf.

2. Überlege, was dann passieren könnte. Dabei kommst du wieder
   an einen Entscheidungspunkt. Notiere deine Entscheidung.

3. Durchdenke auf diese Weise die gesamte Geschichte. Halte die
   einzelnen Erzählschritte fest und entwirf so deinen Erzählplan.

4. Gehe am Schluss mithilfe des Erzählplans deine Geschichte in
   Gedanken durch: Passt alles zusammen? Fehlt etwas?

5. Schreibe die Geschichte nun anhand deines Plans auf.

5 Stellt eure Geschichten in der Klasse vor:
– Wer hat die spannendste/traurigste/fantastischste Geschichte erfunden?
– Wer hat am anschaulichsten erzählt?
– In welcher Geschichte werden die Gefühle am besten wiedergegeben?

Den Text überarbeiten

Die erste Fassung eines Textes ist meist nicht die beste. Deshalb ist es gut, wenn du den Text später noch einmal in Ruhe durchliest und dabei auf bestimmte Punkte achtest.

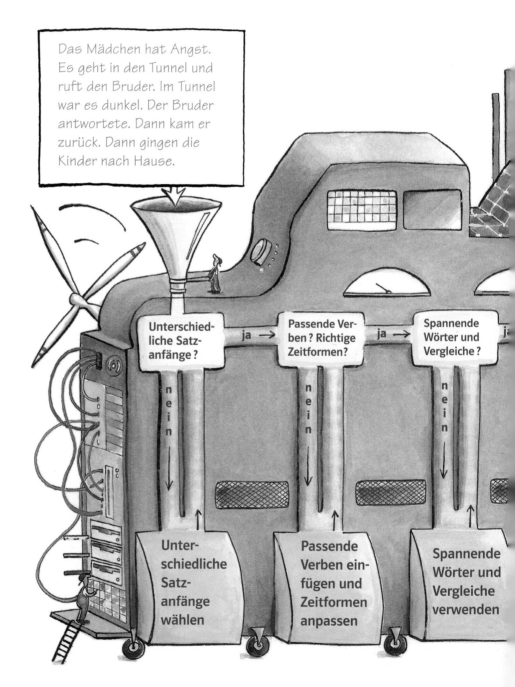

Das Mädchen hat Angst. Es geht in den Tunnel und ruft den Bruder. Im Tunnel war es dunkel. Der Bruder antwortete. Dann kam er zurück. Dann gingen die Kinder nach Hause.

Unterschiedliche Satzanfänge? — ja → Passende Verben? Richtige Zeitformen? — ja → Spannende Wörter und Vergleiche?

nein ↓   nein ↓   nein ↓

Unterschiedliche Satzanfänge wählen

Passende Verben einfügen und Zeitformen anpassen

Spannende Wörter und Vergleiche verwenden

Eine Geschichte mithilfe eines Erzählplans weiterschreiben

1 Schaut euch die Text-Überarbeitungsmaschine an. Erklärt, was genau in der Maschine ergänzt und verbessert wird.

2 Lies die überarbeitete Fassung des Textes, die gerade aus der Maschine kommt. Untersuche mit deiner Partnerin oder deinem Partner, was alles geändert wurde.

3 Überarbeite nun mithilfe der Maschine deinen eigenen Text von Seite 38f.

4 Stellt eure überarbeiteten Geschichten in der Klasse vor. Überprüft, ob die Geschichten besser geworden sind.

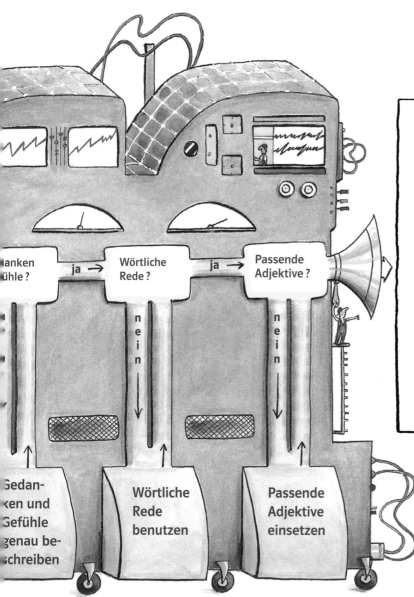

Das Mädchen hatte schreckliche Angst. Es dachte: Was mache ich nur? Bloß nicht in den Tunnel! Aber ich muss nach ihm sehen! Entschlossen kroch die Kleine in das unheimliche Dunkel. Sie konnte nicht erkennen, wohin sie rutschte. Da, was war das für ein seltsames Geräusch? Mit zittriger Stimme rief die Schwester: „Tobias!" Plötzlich hörte sie die leise Stimme des Bruders: „Warte, ich komme zurück!"
Bald gingen beide Kinder, ohne ein Wort zu sagen, nach Hause.

Wie geht es weiter?

1 Lies den folgenden Geschichtenanfang.

Der kleine Hund

Elfi war gerade zwölf Jahre geworden. Kurz nach Weihnachten strampelte sie auf ihrem Fahrrad gegen einen eisigen Ostwind an, um ihre Freundin Julia zu besuchen. Ein Stück des Weges musste sie auf einem Fahrradweg an der Landstraße entlangfahren. Schon von weitem sah sie am Straßenrand ein
5 zusammengekauertes schwarz-weißes Knäuel liegen. Vorsichtig näherte sie sich. Da hob ein kleiner, unglaublich süßer Hund seinen Kopf und blinzelte sie Hilfe suchend an. Elfi überlegte, was sie tun sollte. Sollte sie …

2 Wie soll die Geschichte weitergehen? **Wähle A, B, C, oder D:**
A: … den Hund mitnehmen? Was würden ihre Eltern dazu sagen?
B: … erst einmal mit Julia alles besprechen?
C: … die Polizei benachrichtigen? Würde die wissen, was zu tun ist?
D: … einfach wegfahren und darauf hoffen, dass sich schon irgendwer um den Hund kümmern wird?

A Elfi nahm das Hündchen unter den Arm und strampelte sofort weiter. Das war ganz schön schwierig mit einem Hund unter dem Arm. Völlig außer Puste kam sie zu Hause an. Ihre Mutter wollte ihren Augen nicht trauen. Elfi erzählte ihr, wie sie das Tier gefunden hatte: „Ich konnte ihn
5 doch nicht einfach dort liegen lassen!" Ihre Mutter musste das doch einsehen! Auch der kleine Hund schaute die Mutter flehend an. Die Mutter …

B Elfi packte das hilflose Bündel ein und radelte zu Julia. War das süß! Julia war begeistert, sie wollte sofort ihre Eltern fragen, ob sie den Hund behalten dürfte. Gemeinsam überlegten sie, wie sie Julias Eltern überzeu-
10 gen könnten. Julia ging zuerst allein ins Haus und fragte …

C Sofort drehte sie um und fuhr wieder nach Hause. Dort war zwar niemand, aber sie wusste auch so, was sie zu tun hatte. Sie holte das Telefonbuch heraus und rief bei der Polizei an. Die Beamten hatten zwar noch nichts von einem verschwundenen Hund gehört, aber …

> **TIPP!**
> Schreibe auch auf, was die verschiedenen Personen denken, sagen und fühlen.

15 **D** Sie fuhr schnell weiter. Ihrer Freundin Julia erzählte sie zunächst nichts von ihrem Fund, denn irgendwie hatte sie ein schlechtes Gewissen …

3 Verfasse nun einen Schluss zu der Geschichte, die du ausgewählt hast. Versuche dabei, das Geschehen möglichst anschaulich zu beschreiben.

4 Lies, wie Annika, Nico und Fatma die Geschichte von dem kleinen Hund beendet haben.

Annika: Die Mutter überlegte einen Moment. „Du bist ja wirklich ein ganz Süßer!", sagte sie und drückte das frierende Hündchen fest an sich. Dann entschied sie, den Hund erst einmal zu versorgen. „Und was machen wir, wenn er sich nicht mit Findus versteht?", fragte sie. Findus war der nied-
5 liche schwarze Kater, den sie schon vor Jahren gefunden hatten. Und tatsächlich fauchte der anfangs fürchterlich, wenn der kleine Hund auch nur in seine Nähe kam. Tagelang versuchte Elfis Vater vergeblich, den Besitzer des Hundes ausfindig zu machen. In dieser Zeit aber war der drollige Kerl der ganzen Familie ans Herz gewachsen. Und so konnte Findus II, wie sie
10 ihn nannten, für immer in Elfis Familie bleiben.

Nico: Julia fragte ihren Vater: „Papa, was würdest du tun, wenn du einen kleinen, hilflosen Hund im Wald finden würdest?" Der Vater schaute erstaunt auf. „Julia, was ist los? Wo ist dieser Hund?" Julia gab ihrer Freundin ein Zeichen, mit dem gefundenen Tier hereinzukommen. Der Hund
5 wurde gefüttert. In der Zwischenzeit rief der Vater verschiedene Stellen an und erfuhr, dass im Fundbüro schon eine Vermisstenmeldung eingegangen war. Schon bald wurde Bello, so hieß der Kleine nämlich, von seinem Besitzer abgeholt.

Fatma: Julia freute sich über Elfis Besuch. Endlich konnte sie jemandem ihre Weihnachtsgeschenke zeigen. „Ich habe das schönste Weihnachtsgeschenk der Welt bekommen!", schwärmte sie. „Du errätst es nicht, niemals!" Sie verdrehte ihre Augen geheimnisvoll. Dann führte sie Elfi die
5 Treppe hinauf. „Pst!", ganz vorsichtig öffnete sie ihr Zimmer. Hinten in der Ecke, in einem Körbchen, schlief Charlie, ein winziger weißer Pudel. War der süß! „Gefällt er dir nicht?", fragte Julia erstaunt, als sie Elfis erschrockenes Gesicht sah. Elfi konnte sich gar nicht mit Julia über den süßen Winzling freuen. Sie dachte nur noch an eines: Sie hatte den kleinen Hund an
10 der Straße im Stich gelassen! Sie erzählte Julia von ihrem Kummer. Sofort machten sich beide Mädchen auf den Weg, um den Hund zu suchen. Der aber war verschwunden. Sie suchten noch lange, aber vergeblich: Der Hund war weg. Noch lange Zeit blieb in Elfis Herz eine kleine Wunde, die immer dann aufbrach, wenn sie einen niedlichen kleinen Hund sah.

5 Welche Geschichte gefällt dir am besten? Begründe schriftlich deine Meinung.

6 Schreibe auf, wie du an Elfis Stelle gehandelt hättest.

Wachen nach Mitternacht: Streng geheim!

TIPP!
Wenn ihr wissen wollt, was im Ferienlager geschehen ist, lest auf den Seiten 30–32 nach.

Seit einer Woche schrecken die Teilnehmer des Ferienlagers auf der Insel Altrum jede Nacht aus dem Schlaf auf. Unheimliche Heulgeräusche rauben ihnen die Nachtruhe. Alle rätseln. Johanna hat ein kleines Detektivteam gebildet, das die geheimnisvollen Vorgänge aufklären soll. Sie berichtet:

„Nachdem ich schon gestern den ganzen Tag ..., kam mir jetzt endlich der rettende Gedanke. Wie ihr wisst, setzte sich unser Team letzte Woche zusammen, weil die Bewohner des Zeltlagers Beschwerden ... Immer wieder hörte man nachts diesen Heulton, obwohl wir uns alle erdenkliche Mühe ..., das
5 Geheimnis zu lüften. Nachdem wir trotz der Mithilfe aller Bewohner dem Geräusch noch immer nicht auf die Spur ..., beschloss ich gestern Nacht, ab sofort Wachen von Mitternacht bis drei Uhr morgens aufzustellen."

1 Schreibe Johannas Bericht ab und setze die folgenden Verben richtig ein.

| gekommen sind | nachgedacht hatte | eingereicht hatten |

| gegeben hatten |

→ **Seite 244 f.,**
Zeitformen des Verbs

2 Die Zeitformen, die Johanna in ihrem Bericht verwendet hat, heißen Perfekt und Plusquamperfekt. Schreibe die Plusquamperfektformen aus dem Text zusammen mit der Perfektform auf, z.B.
ich hatte nachgedacht – ich habe nachgedacht; sie hatten – ...

→ **Seite 254 f.,**
Liste unregelmäßiger Verben

3 Bilde das Plusquamperfekt von folgenden Verben, z.B.:
ich höre – ich hatte gehört, ...

| ich höre | ich komme | ich renne | ich weiß |

| ich schreie | ich erkenne | ich bleibe | ich liege |

> **Merke**
>
> Das **Plusquamperfekt** verwendet man, wenn man von einem Geschehen berichtet, das noch vor dem geschehen ist, was man im Präteritum ausdrückt, z.B.
> *Nachdem die Wächter den Heulton **gehört hatten**, **rannten** sie los.*
> Um das Plusquamperfekt zu bilden, braucht man die Hilfsverben **haben** und **sein** im Präteritum: *Wir **hatten** nichts geahnt. Ich **war** allein gekommen.*

Eine Nachtwache wird organisiert

Wachplan von Mitternacht bis 3 Uhr

Nacht	Personen	Ort/Wache	Heulton während der Wachzeit	Heulton außerhalb der Wachzeit
1.	Johanna/Paloma	Bootswerft	1.15 Uhr Leuchtturm	
2.	Debora/Christian	Leuchtturm	2.30 Uhr Kirche	
3.	Andrej/Johanna	Kirche		3.30 Uhr Leuchtturm
4.	Debora/Paloma	Leuchtturm	2.00 Uhr Bootswerft	
5.	Christian/Andrej	Bootswerft		3.15 Uhr Kirche
6.	Debora/Paloma	Kirche	0.20 Uhr Leuchtturm	
7.	Christian/Andrej	Bootswerft		3.05 Uhr Kirche
8.	Johanna/Paloma	Leuchtturm	24.00 Uhr Kirche	

> **TIPP!**
> Überlegt, wer vom Detektivteam überhaupt Gelegenheit hatte, den Heulton zu verursachen.

1 Nach acht Nächten mit Wachen gehen Johanna die folgenden Gedanken durch den Kopf. Setze sie richtig zusammen und ergänze dabei die fehlenden Verbformen im Plusquamperfekt.

2 Wenn du jetzt den Wachplan noch einmal genau überprüfst, kommst du auf die Lösung des Geheimnisses: Der Inselschreck ist ein Mitglied des Detektivteams!

Als Andrej und ich in der dritten Nacht bei der Kirche Wache ... (halten),

ertönte das Geräusch kurz nach 3 Uhr an der Kirche.

Auch gestern Nacht fanden wir das Geheimnis nicht heraus,

heulte es anschließend um 3.30 Uhr am Leuchtturm.

Immer wenn Christian und Andrej zusammen an der Bootswerft ... (sein),

Nachdem Petra und Paloma in der sechsten Nacht an der Kirche ... (einnicken),

denn ich ... mit Paloma am Leuchtturm ... (sich verstecken).

wachten sie durch das Heulen am Leuchtturm auf.

Wir werden ihn überlisten!

1 Johanna ist wütend. Sie wird es dem Inselschreck zeigen! Sie greift zum Handy und spricht sofort mit einem Mitglied des Detektivteams.
Versetzt euch in Johannas Lage. Überlegt, wie sie weiter vorgehen wird.

> Wir werden dem Inselschreck eine Falle stellen. Die Wachen werden wir wie immer auslosen. Aber der Zettel mit seinem Namen wird diesmal nicht dabei sein. Stattdessen werden zwei von uns den Inselschreck beschatten. So werden wir ihn enttarnen.

2 Schreibe das Gespräch weiter, bleibe dabei in der Zeitform, die Johanna verwendet, z. B.

Mitglied des Detektivteams: Du hast recht, wir werden ihn schnappen ...

→ **Seite 244 f.,** Zeitformen des Verbs

→ **Seite 254 f.,** Liste unregelmäßiger Verben

3 Besprecht: Warum wählt Johanna diese Zeitform?

4 Arbeitet zu zweit: Einer liest seine Sätze aus Aufgabe 2 vor.
Der andere wandelt Satz für Satz ins Präsens um und ergänzt dabei die passenden Zeitangaben wie _heute Abend_, z. B.

Wir werden dem Inselschreck eine Falle stellen. →
Heute Abend _stellen wir dem Inselschreck eine Falle._

Verwendet dabei passende Zeitangaben:
heute Nacht, während der Nachtwache, morgen, bald, in zwei Stunden, heute Nachmittag ...

> **Merke**
>
> Das **Futur** bezeichnet das, was in der Zukunft geschehen wird.
> Es wird mit dem Hilfsverb _werden_ und dem Infinitiv des Verbs gebildet, z. B. _Morgen_ _werde_ _ich alle_ _anrufen._
> Oft wird das Futur durch das Präsens ersetzt, z. B. _Morgen rufe ich alle an._

5 In der Zeitung des Ferienlagers soll ein Artikel über die Enttarnung des Täters erscheinen. Schreibe diesen Artikel und verwende dabei folgende Verbformen und Ausdrücke:

fand die Lösung – hat enttarnt – hatte genau nachgedacht – werden feiern – findet statt

Heulgeräusche aufgeklärt

Altrum. Seit gestern schlafen die Bewohner des Zeltlagers auf Altrum wieder ruhig, denn …

6 Arbeitet zu zweit: Lest den Zeitungsartikel eures Partners. Prüft, ob die verschiedenen Zeitformen richtig verwendet wurden. Kontrolliert auch die Rechtschreibung.

7 Übernimm die Tabelle in dein Heft. Suche alle Zeitformen aus deinem Zeitungsartikel und aus dem folgenden Bericht über das Fest im Ferienlager heraus. Trage sie in die Tabelle ein.

Präsens	Perfekt	Präteritum	Plusquamperfekt	Futur
✎ ✎ ✎	✎ ✎ ✎	✎ ✎ ✎	✎ ✎ ✎ ✎	✎ ✎

Teilnehmer des Ferienlagers feierten Enttarnung des „Täters"

Gestern feierten die Teilnehmer des Ferienlagers ein großes Fest, nachdem der „Inselschreck" enttarnt worden war. Der Wachplan hatte das Detektivteam auf die richtige Spur geführt, denn nur während Andrejs Wachzeiten war kein Heulton zu hören gewesen.

Herr Waldvogel, der Lagerleiter, dankte allen für die gute Arbeit – den Detektiven und auch Andrej! „Er hatte von uns den Auftrag dazu erhalten!", erklärte Herr Waldvogel lachend. „Wir wollten ein ‚Räuber-und-Gendarm-Spiel' einmal anders gestalten. Wir hoffen, dass ihr alle viel Spaß dabei gehabt habt und im nächsten Jahr wieder unser Ferienlager besuchen werdet."

Die Ereignisse im Ferienlager

1 Schreibe die Sätze ab und setze die richtigen Zeitformen in die Lücken.

1. Nachdem die Kinder einige Nächte am Leuchtturm ein entsetzliches Heulen gehört (*hören*) hatten, beschlossen sie, die Sache genau zu untersuchen.
2. Es wurde ein Detektivteam gebildet. Vorher … (*bewerben*) sich fünf interessierte Kinder bei Johanna um einen Platz im Team.
3. Das Detektivteam beschloss, Wachen aufzustellen, nachdem man die seltsamen Geräusche trotz der Mithilfe der Bewohner immer noch nicht … (*aufklären*).
4. Bevor die Kinder die Nachtwachen durchführten, … sie einen Wachplan … (*aufstellen*).
5. Als das Team acht Nächte … (*wachen*), kam Johanna auf die Lösung des Rätsels.
6. Johanna erkannte, dass ein Mitglied aus dem Team das Heulen … (*verursachen*).
7. Immer wenn Andrej mit Wache … (*halten*), ertönte ein Heulton nach der Wache.
8. Nachdem die Detektive den Täter … (*enttarnen*), wurde ein Fest im Ferienlager gefeiert.
9. Es stellte sich heraus, dass Andrej von der Leitung des Ferienlagers den Auftrag … (*erhalten*), die Teilnehmer durch die Heulgeräusche zu erschrecken.
10. Die Teilnehmer des Ferienlagers … (*erzählen*) noch lange von den aufregenden Erlebnissen in diesem Sommer.

2 Schreibe in diesen Sätzen anstelle der markierten Präsensformen die Futurformen auf, z. B.
Morgen wird Andrej einen Bericht verfassen.

Was geschieht nach der Aufklärung der Vorgänge?
1. Morgen verfasst Andrej einen Erlebnisbericht für die Zeitung des Ferienlagers.
2. In der nächsten Woche berichten einige Teilnehmer über die Ereignisse in der Regionalzeitung.
3. Viele Mädchen und Jungen schicken in den nächsten Tagen Briefe an ihre Freunde.
4. Zu Hause erzählen die Kinder ihren Eltern von ihren Erlebnissen im Ferienlager.
5. In der Schule schreiben sie Aufsätze über die Geschehnisse.
6. Keiner vergisst das unheimliche nächtliche „Heulen".

3 Lies den Brief, den Debora im Ferienlager von ihren Eltern bekommen hat.

Lippstadt, 22.08.2010

Liebe Debora,

wir <u>haben</u> uns sehr über deinen Brief <u>gefreut</u>. Was <u>meinst</u> du, wie froh wir sind, dass es dir in dem Ferienlager auf der Insel so gut <u>gefällt</u>. Wir hatten ein richtig schlechtes Gewissen, weil wir dich doch dazu <u>überredet hatten</u>, dorthin zu fahren.

<u>Hast</u> du denn tatsächlich die Nachtwache mit Christian <u>durchge-halten</u>? Das <u>war</u> doch bestimmt sehr aufregend! Wir <u>stellen</u> uns <u>vor</u>, dass man da immer wieder irgendwelche Geräusche <u>hört</u>, von denen man gar nicht <u>weiß</u>, woher sie <u>kommen</u>.

Wir <u>freuen</u> uns auf den nächsten Brief von dir, aus dem wir sicher-lich <u>erfahren werden</u>, wie es dir <u>ergangen</u> <u>ist</u>. Aber es <u>interessiert</u> uns natürlich auch, woher denn diese komischen Heulgeräusche <u>kommen</u>.

Wir <u>sollen</u> dich auch ganz herzlich von Oma grüßen, die uns im nächsten Monat <u>besuchen wird</u>.

Viel Spaß weiterhin,
deine Eltern

4 Schreibe die unterstrichenen Verbformen ab. Schreibe dazu, in welcher Zeitform sie stehen, z. B.

→ Seite 244 f.,
Zeitformen des Verbs

haben (uns) gefreut – Perfekt
meinst – Präsens

4 Es geht auch anders

1 Überlege mit deinem Tischnachbarn oder deiner Tischnachbarin, in welcher der abgebildeten Situationen welcher Satz gefallen sein könnte.

[1] der Konflikt: der Streit, die Auseinandersetzung

2 Tauscht euch darüber aus, wie es zu den Konflikten[1] gekommen sein könnte.

3 Wie geht ihr mit solchen Konflikten um? Erzählt.

Konflikte im Gespräch lösen: Argumente formulieren; ein Rollenspiel durchführen

Ich möchte gerne ...

Lilli hätte gerne einen kleinen Hund. Sie trägt ihren Wunsch beim Abendessen ihren Eltern und Geschwistern vor.

1 Bereitet euch darauf vor, die Situation in der Klasse zu spielen, ohne vorher zu proben:
- Bildet Gruppen mit jeweils fünf Schülern.
- Einigt euch darauf, wer in der Gruppe welche Rolle übernimmt.
- Achtet beim Spiel darauf, dass sich ein Elternteil gegen den Wunsch ausspricht.

2 Jede Gruppe spielt die Situation einmal vor.

Lilli Ich möchte gerne einen kleinen Hund haben.
Florian *(großer Bruder)* ...
Vater ...
Mutter ...
Sascha *(kleiner Bruder)* ...

3 Die Schülerinnen und Schüler, die gerade nicht mitspielen, sind die Beobachter. Achtet besonders auf die Personen, für deren Rolle ihr euch selbst auch entschieden habt:
- Welches Ziel verfolgt die Person im Gespräch?
- Wie versucht die Person ihr Ziel zu erreichen?

4 Sammelt eure Beobachtungen und schreibt sie in eine Tabelle, z. B.

> **TIPP!**
> Ihr könnt die Tabelle auch gemeinsam an der Tafel ausfüllen.

Personen	Gruppe A	Gruppe B	Gruppe C
Vater	regt sich auf, wird laut	will seine Ruhe haben, will erst später darüber sprechen	findet die Idee gut, erzählt gleich von tollen Rassen
Mutter			
Sascha			
Florian			
Lilli			

Konflikte einmal anders

Ihr habt herausgefunden, dass sich die Familienmitglieder in einem Gespräch sehr unterschiedlich verhalten können, um ihre Ziele zu erreichen. Bereitet euch darauf vor, die Szene von Seite 51 noch einmal zu spielen.

1 Es gibt verschiedene Verhaltensweisen und Formulierungen, mit denen man seine Ziele in einem Gespräch erreichen kann.
Lest sie euch gemeinsam durch und sprecht darüber:

1. Begründe deinen Wunsch, wenn du ihn in einem Gespräch durchsetzen willst:
   – Das ist gar nicht so teuer, weil …, obwohl …, … deshalb …

[1] Argument, das:
Begründung für eine
Meinung

2. Gehe auch auf die Argumente[1] der anderen ein:
   – Ich verstehe, dass du dich nicht mit dem Gedanken anfreunden kannst,
     … weil …, … aber …
   – Du hast recht, denn …, … aber …

3. Zeige deutlich, wenn etwas für dich besonders wichtig ist:
   – Für mich ist das wichtig, weil …
   – Vor allem könnt ihr euch darauf verlassen, dass …

4. Zeige deutlich, wie du dich fühlst:
   – Darüber bin ich sehr traurig, weil …
   – Das macht mich wütend, denn …

Vielleicht fallen euch noch weitere Verhaltensweisen und Formulierungen ein. Schreibt sie auf.

2 Spielt die Szene von Seite 51, Aufgabe 2, noch einmal vor und benutzt die passenden Formulierungen. Dabei sollen sich die Personen wie folgt verhalten:
- Lilli begründet ihren Wunsch.
- Der Vater hört sich alles in Ruhe an, ist aber grundsätzlich dagegen.
- Die Mutter äußert ihre Bedenken, lässt sich aber von Lillis Argumenten überzeugen.
- Sascha unterstützt seine Schwester.
- Florian ist begeistert, weil er selbst auch gern ein Tier hätte.

Die Beobachter machen sich Notizen dazu, ob sich die Personen entsprechend verhalten haben und ob sie die richtigen Worte fanden.

3 Probiert die Verhaltensweisen und Formulierungen in einem neuen Spiel aus.

Bevor ihr mit dem Spiel beginnt, überlegt:

- Was für einen Konflikt möchtet ihr darstellen?
- Welche Personen sind beteiligt? Wer übernimmt die Rollen?
- Welche Ziele verfolgen die Personen?

Ihr könnt die folgenden Anregungen nutzen:

Wieso muss ich immer die Spülmaschine ausräumen?

Die anderen dürfen auch bis 24.00 Uhr auf der Fete bleiben.

Ich möchte aber nicht mit zum Wandern in die Berge!

Du spielst nicht in unserer Mannschaft!

Wenn die zu deinem Fest kommt, bleibe ich zu Hause!

4 Die Zuschauer sprechen ab, wer wen beobachtet. Sie machen sich Notizen zu folgenden Fragen:

- Halten sich die Spieler an die Vorgaben?
- Gehen die Spieler aufeinander ein?
- An welchen Stellen könnten sie anders reagieren?

TIPP!
Haltet eure Beobachtungsergebnisse in einer Tabelle fest.

5 Spielt jetzt die Szene vor. Tauscht euch anschließend darüber aus, wie der Konflikt gelöst wurde oder warum es zu keiner Lösung gekommen ist.

6 Die Beobachter stellen nach dem Rollenspiel ihre Ergebnisse vor.

Arbeitstechnik

Ein Rollenspiel durchführen

In einem Rollenspiel lernen alle: Spieler und Beobachter.

Die Spieler übernehmen eine Rolle. Ihr Verhalten wird vorher abgesprochen. Sie spielen nicht sich selbst, bringen aber ihre Erfahrungen mit ein.

Die Beobachter beobachten und beurteilen die angebotenen Lösungen. Sie beurteilen aber nicht die schauspielerische Leistung.

Sich streiten und sich einigen

Manche Verhaltensweisen verstärken einen Streit, andere Verhaltensweisen helfen dabei, eine Lösung zu finden.

1 Schau dir das Bild genau an.
- Beschreibe, warum die vier wohl streiten.
- Schreibe zu jeder Person mindestens einen Satz auf, den sie in dieser Situation sagen könnte.

[1] der Kompromiss: eine Lösung, bei der jeder dem anderen etwas entgegenkommt

2 Überlege dir einen Kompromiss[1]. Schreibe einen Vorschlag auf, wie man den Streit beenden könnte.

3 Besprecht in Gruppenarbeit eure Arbeitsergebnisse und einigt euch auf einen Vorschlag.

TIPP!
Bemühe dich um eine Lösung, die für beide Seiten fair ist.

→ **Seite 257,** Arbeitstechnik „Ein Rollenspiel durchführen"

4 Spielt den Streit und die Lösung in einem Rollenspiel nach. Ihr könnt auch verschiedene Lösungen durchspielen.
Die Zuschauer beobachten, wodurch sich der Streit verstärkt und wie eine Lösung gefunden wird.

5 Besprecht das Rollenspiel in der Klasse. Wertet eure Beobachtungen aus:
- Welche Sätze und welches Verhalten haben den Streit verstärkt?
- Welche Sätze und welches Verhalten haben zur Lösung geführt?
- War die gefundene Lösung fair?

Konflikte im Gespräch lösen: Argumente formulieren; ein Rollenspiel durchführen

6 Setze die Lückenwörter richtig ein und schreibe den Text in dein Heft. Wenn dir noch weitere Verhaltensweisen einfallen, die zu einer Lösung führen können, ergänze sie.

ausreden   beleidigen   gute Gründe   Kompromiss   faire Lösung

Ich lasse den anderen ✎ . Ich ✎ den anderen nicht. Ich nenne ✎ für meinen Wunsch oder Vorschlag.
Bei einem Streit bin ich bereit, dem anderen entgegenzukommen und einen ✎ zu finden. Ich mache Vorschläge für eine ✎ .

7 Besprecht, in welchen Situationen es in der Klasse öfter Streit gibt. Wählt eine Situation aus und stellt sie in einem Rollenspiel dar. Probiert verschiedene Möglichkeiten aus, um den Konflikt zu lösen.

→ **Seite 257,**
Arbeitstechnik
„Ein Rollenspiel
durchführen"

8 Wenn zwei sich streiten, kann nicht selten ein Dritter helfen, den Streit zu schlichten. Stell dir vor, du wärst in dem Streit der Fußball- und Basketballspieler dieser Dritte (siehe die Illustration auf Seite 54). Was würdest du sagen und tun? Notiere deine Überlegungen.

9 EXTRA Lies dir den Kasten unten und den Lückentext in Aufgabe 6 durch. Welche drei Regeln findest du am wichtigsten, damit ein Konflikt gelöst werden kann? Begründe deine Auswahl.

Was dich stark macht

Arbeitstechnik: Sich streiten und sich einigen

1. Setze dich nur mit Worten und nicht mit Fäusten auseinander.
2. Erkenne an, dass andere Menschen eine andere Sicht und andere Interessen haben können.
3. Entschuldige dich, wenn du jemanden gekränkt hast.
4. Gehe kritisch mit Gerüchten um.
5. Beachte die Gesprächsregeln. Beleidige niemanden und nenne gute Gründe für deine Vorschläge.
6. Bemühe dich bei einem Streit um eine faire Lösung für beide Seiten.

10 EXTRA Schreibe eine Geschichte zum Thema „Neulich hatten wir heftigen Streit". Du kannst erzählen, was du wirklich erlebt hast, oder alles erfinden.

Wie sich ein Streit entwickelt

1 Zwei Jungen begegnen sich zum ersten Mal. Lest den Text oder hört ihn euch an. Findet heraus, warum sie in Streit geraten.

Hörspiel von Leander Petzoldt
Tom und der Neue

Personen *Huck als Erzähler, Tom, der Neue*

Huck Tom hatte keinen guten Tag heute. Er war auf dem Heimweg und überlegte, was er seiner Tante Polly sagen sollte, weshalb er so spät dran war, als plötzlich dieser Fremde vor ihm stand. Und wie der aussah, ge-bügelt und geschniegelt[1], mit einer affigen Mütze auf dem Kopf und mit
5 einer feinen blauen Jacke. Er hatte sogar Schuhe an, und es war doch Werktag heute …
(Schritte. Man hört Tom pfeifen und sich nähern. Die Schritte hören im selben Moment auf wie das Pfeifen.)
10 **Tom** Du bist der Neue!
Der Neue Na und?
(Schritte, die gestoppt werden, weil der Neue nach der gleichen Seite ausweicht wie Tom.)
15 **Tom** Geh mir aus dem Weg!
Der Neue Geh du doch!
Tom Soll ich dir eine schmieren?
Der Neue Versuch's doch mal!
Tom Kannste gleich haben.
20 **Der Neue** Du gibst ja nur an.
(Kleine Pause, dann wieder Schritte, die gestoppt werden.)
Tom Wie heißt'n du?
Der Neue Das geht dich einen Dreck an.
25 **Tom** Ich werd's dir schon zeigen, dass mich's was angeht.
Der Neue Na, dann zeig's doch!
Tom Du meinst wohl, du wärst was Besonderes. Wenn ich wollte, könnt ich dich mit einer Hand umhauen.
Der Neue Warum tust du's nicht, du gibst doch nur an und redest.
30 **Tom** Werd nicht frech, sonst tu ich's!
Der Neue Tu's doch!
Tom Was für einen blöden Hut du aufhast.
Der Neue Kannst ja mal versuchen, ihn anzufassen.

¹ gebügelt und geschnie-gelt: fein angezogen

Online-Link
Hörverstehen
313312-0056

Tom Angeber!

35 **Der Neue** Selber Angeber.

Tom Hau ab!

Der Neue Hau du doch ab!

Tom Wenn du nicht gehst, schmeiß ich dir 'nen Stein an den Kopf.

Der Neue Warum tust du's denn nicht, du redest immer nur, du bist ja zu feige.

40 **Tom** Ich bin nicht feige.

Der Neue Natürlich bist du feige.

Tom Nicht wahr!

Der Neue Doch wahr!

(Kleine Pause, man hört Atmen, dann Schritte und Ausrutscher, weil sie sich
45 *anrempeln.)*

Tom *(mit erhobener Stimme)* Hau jetzt ab!

Der Neue Fällt mir gar nicht ein.

(Man hört wieder knirschenden Sand, Ausrutscher und Keuchen.)

Tom Du bist doch ein Feigling und ein Idiot. Ich sag's meinem großen Bru-
50 der. Wenn der dich mit dem kleinen Finger antippt, fällste um.

Der Neue *(höhnisch lachend)* Ha, ha, dein Bruder. Meiner ist viel stärker, der
schmeißt deinen einfach über den Zaun da.

Huck Natürlich existieren beide
Brüder nur in der Einbildung. Aber jetzt
55 werden sie sich bald prügeln. Es ist immer
dasselbe. Es dauert eine ganze Zeit, bis sie
so wütend sind, dass sie übereinander
herfallen.

(Man hört ein kratzendes
60 *Geräusch, als Tom mit dem Fuß eine Linie*
auf dem Boden zieht.)

Tom So, wenn du über diese Linie gehst, dann
kriegst du Prügel, wie du sie noch nie bekommen
hast ...

65

2 Bildet Gruppen und besprecht:
- Wie geht die Begegnung eurer Meinung nach aus?
- An welcher Stelle hätten sich die Jungen anders verhalten müssen,
  um den Streit zu vermeiden?

3 Bereitet euch darauf vor, die Szene in der Klasse vorzuspielen.

4 Schreibe die Szene so um, dass der Streit vermieden wird.

Ich wünsche mir ...

1 Formuliere die Wünsche der Kinder und begründe sie, z. B.
Ich hätte gerne mehr Taschengeld, weil alles teurer geworden ist.

Wünsche und Bitten	Begründungen
1. Vivian hätte gerne mehr Taschengeld. Sie sagt zu ihren Eltern: „..."	– Alles ist teurer geworden.
2. Ardan wünscht sich ein Handy. Er sagt zu seinen Eltern: „..."	– Alle Kinder in meiner Klasse haben ein Handy und können miteinander telefonieren.
3. Tanja möchte gerne Inline-Skates haben. Sie sagt zu ihren Eltern: „..."	– Ich könnte dann mit Emilia zusammen jeden Nachmittag skaten.
4. Tobias hätte gerne einen eigenen Computer. Er sagt zu seinen Eltern: „..."	– Es ist umständlich, dass ich jetzt den Computer nur benutzen darf, wenn Tim nicht da ist.
5. Lara wünscht sich neue Jeans. Sie sagt zu ihren Eltern: „..."	– Meine alten Jeans sind wirklich nicht mehr schick.
6. Christoph möchte gerne neue Joggingschuhe einer besonders teuren Marke. Er sagt zu seinen Eltern: „..."	– In allen anderen Schuhen tun mir die Füße weh.

2 Was haltet ihr von den Begründungen?
Besprecht, wie man noch überzeugender begründen könnte.

3 Wie formulierst und begründest du deine Wünsche? Schreibe drei Beispiele auf.

Wünsche, Bitten, Ratschläge und Vorschläge formulieren; Argumentieren

4 Spielt die Gespräche zwischen Eltern und Kindern. Beginnt die Gegen-
argumente mit einer passenden Einleitung, z. B.

– *Mehr Taschengeld? – Lerne erst einmal sparsamer mit Geld umzuge-*
  hen. Juri und Laura kommen ja auch mit dieser Summe zurecht.
– *Das stimmt, aber die beiden sind jünger …*

Antworten der Eltern	Gegenargumente der Kinder
1. Mehr Taschengeld? – Lerne erst einmal sparsamer mit Geld umzugehen. Juri und Laura kommen ja auch mit dieser Summe zurecht.	– …, … die beiden sind jünger und brauchen viel weniger Sachen für die Schule.
2. Ein Handy? – Kommt nicht in Frage. Ihr könnt doch in der Schule genug miteinander sprechen.	– …, … ich könnte euch auch anrufen, wenn ich mal später nach Hause komme, da ihr euch doch immer Sorgen macht.
3. Inline-Skates? – Weißt du, wie gefährlich das Skaten ist? Ich habe gerade gelesen, wie viele Unfälle da passieren.	– …, … auch das Fallen kann man lernen. Bei Emilia ist noch nie etwas passiert!
4. Einen eigenen Computer? – Nein, du sitzt doch so schon zu viel vor der Kiste. Wie wäre es, wenn du ein bisschen mehr Sport treiben würdest?	– …, … ich verspreche auch, dass ich dann regelmäßig zum Training gehen würde.
5. Neue Jeans? – Na ja, es muss ja nicht sofort sein.	– …, … ich würde mich freuen, wenn ich zum Schulfest in neuen Jeans gehen könnte.
6. Teure Markenschuhe? – Das muss doch wirklich nicht sein! Die kannst du dir kaufen, wenn du mal selbst Geld verdienst.	– …, … die Hälfte würde ich von meinem gesparten Geld bezahlen.

5 Was haltet ihr von den Gegenargumenten? Besprecht, an welchen Stellen man noch überzeugender formulieren könnte.

Darf ich . . . ?

Anna will bei ihrer Freundin übernachten. Sie versucht, ihre Mutter zu überzeugen.

1 Lies das Gespräch zwischen Anna und ihrer Mutter. Setze dabei die Modalverben in der richtigen Personalform ein.

Anna Du, Mama, **darf** ich am Freitag bei Jenny übernachten?
Mutter Das ✎ ich nicht allein entscheiden. Darüber ✎ ich erst mit Papa reden.
Anna Aber wir ✎ für die Schule einen Vortrag vorbereiten. Dafür brauchen
5 wir viel Zeit! Das ✎ wir nicht an einem Nachmittag schaffen!
Mutter Anna, ich habe gesagt, ich ✎ erst mit Papa reden!
Anna Aber Mama! ✎ du nicht mal eine Ausnahme machen?
Mutter Anna, du ✎ mir nicht auf die Nerven gehen!
Anna ✎ du Papa nicht gleich mal anrufen und ihn fragen?
10 **Mutter** Ich ✎ Papa jetzt nicht anrufen, er ist auf einer Dienstreise.
Anna Mama, aber ich ✎ ihm doch eine SMS schicken, oder?
Mutter Anna, wenn du weiter so quengelst, ✎ du nirgendwo hingehen.

2 Übernimm die folgende Tabelle in dein Heft und fülle sie aus.

→ **Seite 254 f.,**
Liste unregelmäßiger
Verben

	können	mögen	dürfen	müssen	wollen	sollen
ich	kann	✎✎✎	✎✎✎	✎✎✎	✎✎✎	✎✎✎
du	✎✎✎	✎✎✎	✎✎✎	✎✎✎	✎✎✎	✎✎✎
er/sie/es	✎✎✎	✎✎✎	✎✎✎	✎✎✎	✎✎✎	✎✎✎
wir	✎✎✎	✎✎✎	✎✎✎	✎✎✎	✎✎✎	✎✎✎
ihr	✎✎✎	✎✎✎	✎✎✎	✎✎✎	✎✎✎	✎✎✎
sie	✎✎✎	✎✎✎	✎✎✎	✎✎✎	✎✎✎	✎✎✎

Merke

Können, mögen, dürfen, müssen, wollen und *sollen* sind **Modalverben.**
Meist werden sie zusammen mit anderen Verben benutzt: *Ich **soll**
schlafen. Wir **müssen** gehen.*

Sie sollte . . .

In Samiras Schule gibt es einen Sorgenbriefkasten. Hier schreiben Schülerinnen und Schüler über ihre schulischen Probleme und ihren persönlichen Kummer.

1 Lies die beiden Briefe aus dem Sorgenbriefkasten.

In meiner Klasse ist ein Junge, der von allen verspottet und geärgert wird. Er tut mir so leid! In der Hofpause steht er meistens ganz alleine in einer Ecke. Wenn ihm jemand helfen will, ist der bei den anderen auch unbeliebt. So ging es auch mir, als ich versucht habe, mit ihm zu sprechen. Was kann man da machen? Was sollte ich tun?

Max

Ich schreibe diesen Brief, weil es mir in meiner Klasse schlecht geht. Alle schließen mich aus, weil ich die beste Schülerin bin und fast immer Einsen bekomme. Ein Beispiel: Wir sollten ein Kurzreferat halten. Ich habe fast eine halbe Stunde über Erdbeben gesprochen. Es war superspannend. Aber alle haben nur gestört und blöde Sachen gesagt. Was kann ich tun, damit die anderen netter zu mir sind?

Alissa

2 Welche Probleme werden in den Briefen angesprochen?
Besprecht in der Gruppe, wie sie gelöst werden könnten.
So könnt ihr eure Vorschläge beginnen:

Er dürfte nicht ...   Sie müsste zuerst ...

Sie sollte sofort ...   Er könnte aber auch ...

3 EXTRA Welche Ratschläge würdest du Max und Alissa geben?
Schreibe mindestens fünf Empfehlungen auf, z. B.

Max sollte zunächst mit seinen Freunden über die Situation sprechen.
Er könnte ...
Alissa müsste darüber nachdenken ... Sie dürfte nicht ...

Wünsche, Bitten, Ratschläge und Vorschläge formulieren; Argumentieren

Können Sie bitte ...?

1 Was sagst du in diesen Situationen?

1. Du fragst im Supermarkt eine Verkäuferin, wo die Glühlampen liegen.
2. Du fragst jemanden auf der Straße nach der Uhrzeit.
3. Du suchst die nächste Straßenbahnhaltestelle.
4. Du rufst im Restaurant den Kellner, um ein Glas Apfelschorle zu bestellen.
5. Du sitzt in der Bahn und siehst, dass jemand von den Aussteigenden seinen Schirm liegen gelassen hat.
6. Du erkundigst dich telefonisch nach der Anfangszeit des Filmes „Krabat".

Formuliere deine Äußerungen möglichst höflich, z. B.
Entschuldigung, können Sie mir bitte sagen, wo die Glühlampen liegen?

2 Formuliere deine Vorschläge gegenüber Freunden, z. B.
Was haltet ihr davon, heute Abend ins Kino zu gehen?

1. heute Abend ins Kino gehen
2. morgen nach der Schule Fußball spielen
3. am Wochenende eine Radtour machen
4. jetzt gemeinsam Mathe lernen
5. heute Nachmittag das neue Computerspiel ausprobieren
6. am Sonntag eine Runde skaten

Wünsche, Bitten, Ratschläge und Vorschläge formulieren; Argumentieren

3 Lehne die Vorschläge aus Aufgabe 2 ab. Denke dir Gründe aus.
Du kannst auch Gegenvorschläge formulieren, z. B.
Ins Kino? Dazu hätte ich schon Lust, aber ich habe kein Taschengeld mehr.

4 Bitte eine Freundin oder einen Freund um einen Gefallen.

Du bittest darum,

1. dir die Matheaufgabe zu erklären, weil du sie nicht verstanden hast.
2. morgen im Unterricht alles Wichtige für dich mitzuschreiben, weil du einen Arzttermin hast und fehlen wirst.
3. dich heute beim Training zu entschuldigen, weil es dir nicht gut geht.
4. im Unterricht für dich mitzuschreiben, weil du krank bist, aber nichts versäumen willst.
5. dir an dem neuen Computer zu erklären, wie die Rechtschreibkontrolle funktioniert.
6. dir bei den Einstellungen deines Handys zu helfen, weil du damit nicht zurechtkommst.

Formuliert z. B. so:
Sag mal, hast du nachher vielleicht etwas Zeit? Ich habe die Matheaufgabe nicht verstanden. Kannst du sie mir erklären?

5 Szenen aus dem Schulalltag

1 Lest die Texte mit verteilten Rollen.

TIPP!
Besetzt die Rollen mit jeweils zwei Personen: Die eine Person liest, die andere spielt die Rolle pantomimisch (ohne Worte).

Lehrer und Schüler während der Pause

Herr Fischer *(droht einem Schüler)* Bursche, ich werde demnächst mal deinen Vater besuchen!
Leon Das geht nicht, er ist krank.
Herr Fischer *(schaut verwundert)* So? Tatsäch-
5 lich, immer noch? Etwas Ansteckendes?
Leon *(fasst sich an den Kopf)* Das will ich doch nicht hoffen.
Herr Fischer *(mitfühlend)* Was fehlt ihm denn?
Leon *(langsam)* Er ist überarbeitet.
10 **Herr Fischer** Da kann ich dich beruhigen! So wie du derzeit mitarbeitest, handelt es sich wohl nicht um eine ansteckende Krankheit!

Die Lehrerin betritt den Raum. Nach der Begrüßung lächelt sie der Klasse zu und beginnt mit dem Deutschunterricht.

Frau Bergmann Wir beschäftigen uns heute mit den Vorsilben. Die Vorsilbe un- bedeutet selten etwas Gutes. Könnt ihr Wörter nennen, die mit un- beginnen?
Schülerinnen/Schüler *(melden sich sehr eifrig)*
5 **Frau Bergmann** *(ruft einige auf)*
Larissa Ungeheuer.
Frau Bergmann Richtig.
Jan Unheil.
Frau Bergmann Toll!
10 **Anna** Ungerecht.
Frau Bergmann Gut! Weiter so!
Simon Unterricht.
Alle *(lachen)*
Frau Bergmann Unterricht ist eine Ausnahme.

Der Lehrer betritt am Montagmorgen das Klassenzimmer,
die Kinder sind fröhlich, er lacht mit.

Herr Klein Wer kennt denn einen lustigen Tagesspruch?
Einige Schülerinnen und Schüler *(melden sich sofort)*
Svenja Lieber Sport am Sonntag, als Deutsch am Montag!
Simon Alle Schüler fürchten Mathe, nur nicht die Renate, denn die kann
5 Karate.
Anna Mathe ist wie eine verschmutzte Brille: Keiner blickt durch.
Herr Klein Gut so, aber jetzt beginnen wir mit Mathe! Michael, wie viel ist
8 mal 7?
Michael Keine Ahnung, die Batterien in meinem Taschenrechner sind leer.

2 Einige von euch haben vielleicht schon einmal Theater gespielt. Erzählt
davon.

3 EXTRA Besprecht, bei welchen Gelegenheiten ihr kleine Szenen vor
Zuschauern spielen könntet.

4 EXTRA Entwerft kleine Spielszenen. Wenn ihr eine Aufführung plant,
könnt ihr sie einüben und vorspielen.

> **TIPP!**
> Erinnert euch an
> lustige Situationen an
> eurer Schule.

Arbeitstechnik

Einen Dialogtext[1] auswendig lernen

1. Lies einen Satz, decke ihn ab und wiederhole ihn auswendig.
2. Lerne zuerst nur einen Satz, danach zwei, dann drei usw.
3. Bitte einen Partner, den Text der anderen Darsteller zu lesen, oder
   nimm ihn mit einem Aufnahmegerät auf.
4. Präge dir für deinen Einsatz jeweils das letzte Wort deines Vorredners ein.

[1] der Dialog: Gespräch
zwischen zwei oder
mehreren Personen

Ein Dialog mit dem Sams

1 Lest den Text oder hört ihn euch an.

Online-Link
Hörverstehen
313312-0066

Paul Maar
Eine Woche voller Samstage (Ausschnitt)

Wer kennt nicht das Sams: Am Montag bekam Herr Taschenbier Besuch von Herrn Mon, – am Dienstag hatte er Dienst. Am Mittwoch war die Mitte der Woche, am Donnerstag donnerte es und am Freitag 5 *hatte Herr Taschenbier frei. Am Samstag nun kam das Sams, ein ungewöhnliches und ungewöhnlich freches Wesen. Und: Wann immer Herr Taschenbier sich etwas wünscht, geht es in Erfüllung. Das liegt an den Wunschpunkten in Sams' Gesicht. Diesmal hat Herr Taschenbier sich gewünscht, das Sams sollte doch mal in der Schule* 10 *lernen, wie man sich richtig benimmt.*

Als Herr Studienrat Groll in die Klasse kam, herrschte dort große Aufregung. „Ruhe!", donnerte er und schlug mit dem Buch auf die erste Bank. Schlagartig verstummten alle Schüler, rannten zu ihren Plätzen und stellten sich auf. „Was soll der Lärm?", fragte er barsch¹.

15 „Da ist ein Neuer!", sagte ein Schüler.

„Der sieht komisch aus", ein anderer.

„Er hat einen Anzug wie ein Froschmann", rief ein dritter.

„Und das ganze Gesicht voller Tintenflecken", fügte ein vierter hinzu.

„Ruhe!", schrie Herr Groll noch einmal. „Redet doch nicht alle durcheinander!"

20

Streng sah er von einem Schüler zum anderen, ging durch den Mittelgang nach hinten, drehte sich ruckartig um, kam langsam wieder nach vorn, setzte sich hinter sein Pult und legte seine Bücher vor sich hin.

„Setzen!", befahl er dann, und die Schüler setzten sich aufatmend nieder.

25 Jetzt wandte er sich dem Neuen zu. Der hatte während der ganzen Zeit seelenruhig in der ersten Bank gesessen.

„Kannst du nicht aufstehen?", fragte er.

„Doch", sagte der Neue freundlich und stand auf.

„Warum sitzt du hier in der ersten Bank?", fragte Groll weiter.

30 „Ich sitze nicht in der ersten Bank", antwortete der Neue.

„Wieso?", fragte Groll.

„Weil ich stehe", erklärte der Neue ernst.

„Keine Frechheiten. Setzen!", schrie Studienrat Groll.

„Ich meine, wer dich da hingesetzt hat."

35 „Ich hab mich ganz allein hingesetzt."

¹ barsch: unfreundlich

Gestaltendes Lesen; Szenisches Spiel

„Hier setzt sich keiner allein irgendwo hin. Hier bestimme ich, wer sich wo hinsetzt", sagte Groll schneidend. „Sofort kommst du aus der Bank!"
Der Neue erhob sich wieder und stellte sich in den Mittelgang.
„Klaus-Friedrich Ochs, wo sind noch Plätze frei?", fragte darauf Herr Groll
40 und schaute über seinen Brillenrand.
Klaus-Friedrich Ochs, der Klassenbeste, sprang auf: „Es ist nur noch ein Platz frei, Herr Studienrat", meldete er sich. „Der in der ersten Reihe."
„Gut", sagte Herr Groll. „Dann darf er sich in die erste Bank setzen." Und der Neue setzte sich wieder auf den Platz, auf dem er schon vorher geses-
45 sen hatte.
Studienrat Groll stellte sich vor ihm auf.
„Wie heißt du?", fragte er.
„Robinson", sagte der neue Schüler und lachte. Es war natürlich das Sams.
„Du sollst hier nicht lachen!", befahl Herr Studienrat Groll und runzelte
50 die Stirn.
„Warum nicht?", fragte das Sams.
„Weil man hier nicht lacht", erklärte Herr Groll.
„Doch, man lacht hier", stellte das Sams richtig. „Schau her!" Und es lachte, dass sein Mund von einem Ohr zum anderen zu reichen schien. Die
55 Kinder lachten mit, so ansteckend wirkte das.
Herr Studienrat Groll sah verzweifelt an die Decke.
„Du heißt doch nicht nur Robinson", sagte er, als er sich etwas beruhigt hatte. „Wie heißt du denn noch?"
„Taschenbier", sagte das Sams stolz.
60 „Und warum hast du einen so komischen Anzug an?"
„Weil alle anderen immer platzen."
„Platzen?", fragte Herr Studienrat Groll. „Wie denn?"
„So!", sagte das Sams, fasste Herrn Grolls Jackenärmel und zog daran, bis er platzte. „Genau so!"
65 „Raus!", schrie Herr Studienrat Groll mit hochrotem Kopf. „Stell dich sofort vor die Tür! Du kannst von Glück reden, dass man die Schüler nicht mehr verhauen darf. Früher hätte ich den Rohrstock geholt." „Au fein", freute sich das Sams. „Rohrstock schmeckt gut." […]

2 Besprich mit deiner Partnerin oder deinem Partner, welche Personen in dem Text vorkommen. Schreibe sie in dein Heft.
ein Erzähler, Studienrat Groll …

3 Arbeitet zu zweit und lest euch den Text gegenseitig vor. Lest dabei die wörtliche Rede so, dass deutlich wird, *wie* etwas gesagt wird.

→ Seite 248 f.,
wörtliche Rede

4 EXTRA Sucht euch einen Abschnitt aus, den ihr vorspielen wollt. Ihr könnt die Länge des Abschnitts selbst bestimmen.

Szenen schreiben und spielen

Auf dem Schulhof

Auf dem Schulhof ist während der Pause mal wieder viel los. Einige spielen Fangen, andere Tischtennis, wieder andere essen ihr Pausenbrot oder stehen wie Meike, John, Pia, Philipp und Eren zusammen.

Meike erzählt den anderen, dass sie im Biologieunterricht gerade Kroko-
5 dile durchnehmen, und fragt, wie lange Krokodile leben.

Pia antwortet ihr mit ernster Miene, dass sie genauso leben würden wie kurze.

Philipp grinst und schlägt sich mit der Hand an die Stirn.

Eren fragt Philipp, warum er bei der Klassenfahrt in London in den Bussen
10 eigentlich nie oben gefahren sei.

Philipp guckt entsetzt und meint, dass es oben ja nie einen Fahrer gegeben hätte. Die anderen verdrehen die Augen.

Pia tritt die ganze Zeit schon von einem Fuß auf den anderen. Die anderen fragen, was denn los sei. Schon leicht verzweifelt flüstert sie, sie müsse mal.
15 Die anderen verstehen nicht, warum sie dann nicht geht.

Sie erklärt, sie sei doch nicht so blöd und gehe in der Pause. Es gongt und alle strömen ins
20 Schulhaus.

1 Entwickle aus dem Text eine kleine Szene. Überlege zuerst:
- Welche Personen spielen mit?
- Wie soll die Szene beginnen?
- Wie soll sie enden?
- Wie muss der Spielort aussehen?

2 Die Szene auf dem Schulhof kommt dir bestimmt bekannt vor.
Was haben die Schülerinnen und Schüler wohl gesagt?
Lies die einzelnen Abschnitte noch einmal und schreibe den Text in einen Dialogtext um, z. B.

Meike: Wir nehmen in Biologie gerade Krokodile durch.
Wisst ihr eigentlich, wie lange Krokodile leben?
Pia (mit ernster Miene): ...

3 Bildet Gruppen und verteilt die Rollen. Spielt die Szene nach euren Dialogtexten. Beobachtet beim Proben, wie sich die Personen bewegen und wie sie reden. Besprecht, was euch schon gut gefällt und was noch geändert werden sollte. Überarbeitet euren Text entsprechend, z. B.

Philipp (guckt entsetzt) ...

So soll die Szene dann immer gespielt werden.

4 Jetzt könnt ihr ein eigenes Textbuch zusammenstellen, in dem ihr sofort seht,
- welche Person gerade spricht,
- wie und was sie spricht,
- wie sie sich bewegt,
- welche Gegenstände die Personen bei sich haben,
- wie die Personen gekleidet sind,
- was auf der Bühne gerade passiert und
- welche Gegenstände für die „Bühne" gebraucht werden, z. B. Tisch, Stuhl, ...

Beispiel für ein Textbuch:

Personen	Spielanweisungen	Dialogtext
	Es klingelt zur Pause. Kinder kommen auf die Bühne; einige spielen, andere essen ihr Pausenbrot.	
Meike, John, Philipp, Pia, Eren	stehen zusammen	
Meike	✎ ✎ ✎ ✎ ✎ ✎	Wir nehmen in Bio ...
Pia	mit ernster Miene	Die leben ...
✎ ✎ ✎ ✎	✎ ✎ ✎ ✎ ✎ ✎	✎ ✎ ✎ ✎ ✎

5 Spielt eure Szenen in der Klasse vor.
Die Zuschauer achten auf bestimmte Punkte, damit sie hinterher eine Rückmeldung geben können, z. B.
- Haben die Spieler deutlich und laut genug gesprochen?
- Haben sie sich den Zuschauern zugewandt?
- Haben sie die passende Mimik und Gestik eingesetzt?
- Wurde die Szene so gespielt, dass man über die Pointe[2] lachen konnte?

→ Seite 256, Arbeitstechnik „Eine Rückmeldung geben"

[2] die Pointe: überraschender, oft auch witziger Schluss

Groß und Klein

1 Lies den Text, der nur aus Großbuchstaben besteht.

DAS SCHULFEST

LANGE HATTE DIE KLASSE 6A GEGRÜBELT, WAS SIE AUF DEM
SCHULFEST MACHEN KÖNNE. WORAN KÖNNTEN BESUCHER
WOHL FREUDE HABEN? SIE HAT SICH DANN ENTSCHLOSSEN,
ZU EINER FRÖHLICHEN TURNSTUNDE EINZULADEN: ALLE,
5 DIE MUT HABEN, SOLLEN VORTURNEN. JEDER DARF SICH EINE
TURNÜBUNG SELBER AUSSUCHEN, ALLERDINGS SOLLTE SIE
WITZIG SEIN. DIE ERWARTUNGEN WERDEN SOFORT ÜBERTROF-
FEN. FRAU GELLERT, SCHON ÜBER FÜNFZIG UND GAR NICHT
SCHLANK, KLETTERT VOLL SELBSTVERTRAUEN AUF DEN STU-
10 FENBARREN. ALLE LACHEN ZUERST. DANN ABER MACHT SIE
PLÖTZLICH EINEN RASANTEN UMSCHWUNG, DANN NOCH EI-
NEN UND ZUM GUTEN SCHLUSS SPRINGT SIE MIT EINEM SALTO
HERUNTER. ALLE ZUSCHAUER ERSTARREN, DANN ERTÖNT
LAUTER JUBEL. INZWISCHEN HAT HERR ROT BEGONNEN. ER
15 TURNT PERFEKT, DENN ER HAT FRÜHER EINMAL DIE LANDES-
MEISTERSCHAFT GEWONNEN. MIT EINER GEKONNTEN FLANKE
ÜBERWINDET ER DAS HINDERNIS UND LANDET MIT LAUTEM
HILFERUF AUF DEM BAUCH. ABER EHE ES ALLE BEGREIFEN, IST
ER AUFGESPRUNGEN UND VERABSCHIEDET SICH ZUR VERBLÜF-
20 FUNG ALLER MIT EINEM ÜBERSCHLAG.

2 Schreibe den Text in normaler Schreibung ins Heft. Unterstreiche alle
Nomen.

3 Wiederholt in Partnerarbeit, woran man die Nomen jeweils erkennt.
Nutzt dazu die Stichworte im Merkkasten.

Merke

Test zum Erkennen von Nomen
Ein Wort wird großgeschrieben, wenn du eine dieser Fragen mit „ja"
beantworten kannst:
1. Könnte man das, was das Wort bezeichnet, sehen oder anfassen?
2. Kann man das Wort mit einem der Artikel *der, die, das* kombinie-
   ren (Artikelprobe): *DAS? ESSEN?* ➔ *das Essen.*
3. Endet das Wort auf *-ung, -heit, -keit, -nis, -schaft, -tum?*
4. Lässt sich direkt vor das Wort ein Adjektiv setzen, das sich dabei
   verändert (Einfügetest): *ESSEN + GUT* ➔ *gutes Essen.*

4 Immer ein Wort auf der linken Karte und ein Wort auf der rechten Karte gehören zusammen. Schreibe sie zusammen auf, z. B.

prüfen → die Prüfung, rechnen → die ...

prüfen – rechnen – wissen – erlauben – melden – selbständig – selten – zielstrebig – vertraut – irren – schlau – lesen – erzählen – bereit – freundlich

Rechnung – Meldung – Seltenheit – Schlauheit – Lesung – Wissenschaft – Zielstrebigkeit – Irrtum – Selbständigkeit – Vertrautheit – Prüfung – Erzählung – Bereitschaft – Erlaubnis – Freundlichkeit

5 Bestimme die Wortart der Wörter auf der linken Karte. Warum werden die Wörter auf der rechten Karte großgeschrieben?

→ **Seite 244 ff.,** Wortarten

6 Überlege, welche Eigenschaften deine Freunde haben sollten. Schreibe die Adjektive auf.

→ **Seite 246,** Adjektive

höflich   frech   faul   schön   sportlich   bescheiden   ehrlich

pünktlich   großzügig   ordentlich   zuverlässig   empfindlich

fröhlich   zielstrebig   gewissenhaft   schlau   raffiniert

hilfsbereit   schwatzhaft   klug   freundlich

7 Leite von den Wörtern aus Aufgabe 6 die Nomen ab.
- Übernimm dazu die Tabelle in dein Heft und trage die Nomen in die entsprechende Spalte ein.
- Unterstreiche jeweils den Endbaustein, z. B.

meine Freunde sollten diese Eigenschaften haben	meine Freunde sollten diese Eigenschaften nicht haben	diese Eigenschaft ist mir egal
Höflich<u>keit</u>	Frech<u>heit</u>	✎ ✎ ✎ ✎ ✎
✎ ✎ ✎ ✎ ✎	✎ ✎ ✎ ✎ ✎ ✎	✎ ✎ ✎ ✎ ✎

8 Tauscht euch darüber aus, wie ihr die Tabelle gefüllt habt.

9 EXTRA Bilde Sätze mit den Wörtern aus der Aufgabe 7, z. B.

Höflichkeit hilft uns, mit anderen Menschen gut auszukommen.

Verben werden Nomen

1 Aus Verben werden Nomen. Verändere die folgenden Sätze, z. B.

Das Abladen von Müll hinter dem Schulgelände ist verboten.

Das ist verboten

1. Man darf hinter dem Schulgelände keinen Müll abladen.
2. Man darf die Fahrräder nicht vor der Schule abstellen.
3. Man darf auf den Schulfluren nicht rennen.
4. Man darf auf dem Schulgelände nicht rauchen.
5. Man darf Handys im Unterricht nicht benutzen.
6. Man darf die Schulwände nicht besprühen und beschmutzen.

2 Verändere die folgenden unterstrichenen Wortgruppen, z. B.

das ruhige Verlassen der Schule

Das ist angeordnet

1. Die Schule muss <u>ruhig verlassen</u> werden.
2. Die Fahrräder müssen <u>sicher angeschlossen</u> werden.
3. Die Grünpflanzen müssen <u>täglich gegossen</u> werden.
4. Die Klassenräume müssen <u>gründlich gereinigt</u> werden.
5. Die Tafeln müssen <u>sauber abgewischt</u> werden.
6. Die Fächer müssen <u>ordentlich aufgeräumt</u> werden.

3 EXTRA Füge die Adjektive in die Lücken ein, z. B.

durch fleißiges Üben der Wörter

1. durch . . . Üben der Wörter	*fleißig*
2. durch . . . Wiederholen des Gedichts	*häufig*
3. das . . . Einsammeln der Hefte	*unaufgefordert*
4. beim . . . Säubern der Räume	*gründlich*
5. euer . . . Meckern und Lärmen	*ständig*
6. ohne . . . Beobachten der Vorgänge	*aufmerksam*

> **Merke**
>
> Wenn du nicht sicher bist, ob du ein Wort großschreiben musst, kannst du den **Einfüge-Test** durchführen: Kann man ein Adjektiv vor dem Wort einfügen? Verändert sich das Adjektiv dabei? Wenn du diese Fragen mit Ja beantworten kannst, wird das Wort großgeschrieben, z. B.
>
> *DAS VERLASSEN + schnell* → *das schnelle <u>Verlassen</u>*

Adjektive werden Nomen

1 Aus Adjektiven werden Nomen. Bilde Wortgruppen und schreibe sie auf, z. B. *nichts Neues*

→ **Seite 193 ff., 246,** Adjektive

etwas	alles
dieses	das
viel	manches
nichts	wenig

neu → Neues
möglich → ?
interessant → ?
geheimnisvoll → ?
seltsam → ?
schön → ?
unsinnig → ?
erfreulich → ?

2 Schreibe die folgenden Sätze in normaler Schreibweise auf. Unterstreiche die Nomen.

VIEL NEUES AM MONTAG

1. AM MONTAG GIBT ES IMMER MANCHES INTERESSANTE ZU ERZÄHLEN.
2. DIE MEISTEN SCHÜLER HABEN AM WOCHENENDE ETWAS SCHÖNES ERLEBT.
3. BEI NILS HAT SICH VIEL AUFREGENDES EREIGNET.
4. ER BERICHTET ÜBER ETWAS SEHR GRUSELIGES.
5. ILKA FINDET ALLES SPANNENDE GUT.
6. DESHALB WILL SIE AUCH ETWAS TOLLES ERZÄHLEN.
7. SIE ERFINDET EINE GESCHICHTE MIT VIEL GEHEIMNIS-VOLLEM.
8. „DU ERZÄHLST WENIG WAHRES", MEINEN DIE KINDER.

3 EXTRA **viel – wenig – nichts** Bildet Wortgruppen und schreibt sie auf, z. B. *viel Lustiges, wenig Komisches, …*

| lustig | komisch | peinlich | wertvoll | lecker |
| witzig | klein | groß | sensationell | wahr |

> **Merke**
>
> Nach den Wörtern *etwas, alles, nichts, manches, viel, wenig* werden Adjektive als Nomen gebraucht. Diese werden deshalb großgeschrieben.

Das Lernen und Lehren

1 Vervollständige die Reime und schreibe sie auf, z.B.

das Lernen und Lehren – das Wischen und Kehren

1. das Lernen und Lehren –
   das Wischen und K ✎
2. das Üben und Proben –
   das Schimpfen und L ✎
3. das Sprechen und Singen –
   das Sitzen und Spr ✎
4. das Weinen und Lachen –
   das Flüstern und Kr ✎
5. das Verbinden und Trennen –
   das Stehen und R ✎
6. das Schreiben und Reimen –
   das Falten und L ✎

2 Schreibe die Sätze ab. Verwende dabei die Adjektive, die in Klammern stehen, als Nomen, z.B.

Im neuen Schuljahr bleibt nicht alles beim Alten.

1. Im neuen Schuljahr bleibt nicht alles beim ✎ (alt).
2. Es ist beliebt bei den ✎ (alt und jung).
3. Die ✎ (reich) helfen den ✎ (arm).
4. Du musst das ✎ (gleich) wie alle tun.
5. Sie ahnt nichts ✎ (böse).
6. Alles ✎ (gut) zum Geburtstag!
7. Wir lernen etwas ✎ (neu).
8. Im ✎ (groß und ganz) war eure Arbeit gut.
9. Zum Schulfest kamen die ✎ (klein) und die ✎ (groß).
10. Er gab sein ✎ (beste).

3 Bilde Gegensatzpaare. Verwende dabei die Adjektive unter den Sätzen als Nomen, z.B.

die Alten und die Jungen

1. die Alten und die 🗩
2. die Kleinen und die 🗩
3. die Dicken und die 🗩
4. die Armen und die 🗩
5. die Gesunden und die 🗩
6. die Guten und die 🗩
7. die Schlauen und die 🗩
8. die Langsamen und die 🗩
9. die Mutigen und die 🗩
10. die Faulen und die 🗩
11. die Lauten und die 🗩
12. die Lustigen und die 🗩

böse · jung · dumm · groß · fleißig · traurig · schnell · krank · leise · dünn · ängstlich · reich

Wortart: Nomen

4 Schreibt die Leserbriefe aus Schülerzeitungen als Partner- oder Selbstdiktat.

→ **Seite 256,**
Arbeitstechnik
„Ein Selbstdiktat
schreiben"

a

An alle Vernünftigen in unserer Schule!

Ich berichte über etwas Schlimmes: In meiner Klasse ist eine Schülerin, für die jeder Schultag hier die Hölle sein muss. Sie ist einen Kopf größer als alle anderen. Alle nennen sie nur „die Lange". Wo sie auch ist, gibt es Tuscheln und Lachen hinter ihrem Rücken.

Wenn jemand mit ihr spricht, bekommt er auch blöde Bemerkungen zu hören. Diese Schülerin verbringt fast alle Pausen auf der Toilette. Sie will dem Spotten in der Klasse nicht ausgeliefert sein.

Wie findet ihr das Verhalten der Mitschüler? Gibt es in anderen Klassen etwas Ähnliches? Was kann man tun? …

b

Hallo,

kennt ihr dieses Knurren in der Magengegend? Mitten in der Stunde überfällt euch der Hunger und ihr habt kein Pausenbrot mit. In der Pause geht ihr zum Kiosk, um etwas Leckeres zu kaufen. Aber dort gibt es nur Getränke und Süßes. Ihr jedoch möchtet etwas Kräftiges oder vielleicht ein frisches Brötchen. Ich frage: Warum richten wir an unserer Schule keinen Brötchenverkauf ein? Schreibt, was ihr davon haltet. …

c

Liebe Mitschülerinnen und Mitschüler,

das ist mein Problem: Keiner in meiner Klasse kann mich leiden, weil ich mit Abstand die Beste bin und fast nur Einsen schreibe. Ich mache oft tolle Sachen, aber niemand findet das gut. Neulich sollten wir zum Beispiel ein Kurzreferat über etwas besonders Interessantes halten. Ich habe 40 Minuten lang über Tsunamis gesprochen und viele Bilder gezeigt. Es gibt kaum etwas Spannenderes als dieses Thema! Aber statt zuzuhören, haben alle auf die Uhr geschaut und Blödsinn gemacht. Könnt ihr mir da einen brauchbaren Rat geben? …

5 Unterstreiche in deinen Diktattexten alle Nomen. Wiederhole in Partnerarbeit, wie man sie erkennen kann.

→ **Seite 251,**
Rechtschreibstrategie:
Großschreibung

6 Mit und ohne Stadtplan

Wenn du zur Schule gehst oder deine Freunde besuchst, dann bewegst du dich mithilfe deiner Erinnerungen vorwärts. Diese funktionieren wie eine in deinem Kopf gespeicherte Karte. So gelangst du sicher an viele Ziele in deinem Heimatort.

Was aber tust du, wenn du in einer fremden Stadt unterwegs bist?

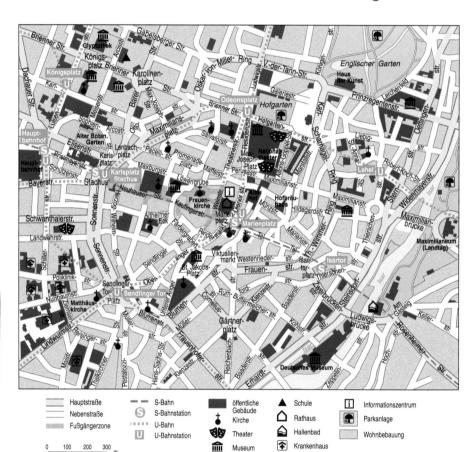

TIPP!
Ein wichtiger Bestandteil jeder Legende ist der Maßstab. Er gibt an, wie stark in einem Plan die Abstände verkleinert worden sind, um eine ganze Stadt oder Landschaft abbilden zu können.

TIPP!
Ihr könnt für die Aufgaben 1, 2, 3, 4 und 6 auch eine Karte von eurem Heimatort verwenden.

1 Sieh dir den Stadtplan von München auf dieser Seite genau an. Darunter findest du die sogenannte Legende. Sie hilft dir, einen Stadtplan „zu lesen". Die Legende erläutert, wie etwas im Stadtplan abgebildet wird: Das Symbol „schwarzer Kreis mit Kreuz" steht für eine Kirche, eine gestrichelte Linie zeigt z. B. den Verlauf der S-Bahn. Suche im Münchner Stadtplan: eine Grünanlage, eine Kirche, das Rathaus, ein Hallenbad und das Informationszentrum. Schreibe auf, wo sie sich befinden, z. B. Das Hallenbad befindet sich nahe der Ludwigsbrücke unmittelbar an der Isar.

Sich orientieren; Wege beschreiben

2 Stellt euch in Gedanken auf den Odeonsplatz. Beschreibt, wie man zur Frauenkirche kommt. Beschreibt weiter:
- Wie kommt man vom Alten Botanischen Garten zum Englischen Garten?
- Welche Verbindung vom Karlsplatz/Stachus zum Deutschen Museum sollte man wählen: Wenn man mit dem Auto fährt? Wenn man läuft?
- Wie heißt der nächstgelegene Platz am Hofbräuhaus?
- Wo steigt man aus, wenn man zur Glyptothek[1] möchte?

→ **Seite 247,** Präpositionen (Verhältniswörter)

[1] Glyptothek, die: Sammlung altertümlicher Skulpturen und anderer bearbeiteter Steine

3 EXTRA Übertrage die Tabelle in dein Heft. Miss die Abstände zwischen den Örtlichkeiten. Berechne dann mithilfe des Maßstabs, wie groß die Entfernung in Wirklichkeit ist.

Abstand zwischen:	Abstand in Millimetern	entspricht umgerechnet (wenn 16 mm in der Karte 300 Meter „in echt" sind)
Mätthäuskirche – Marienplatz	ca. 40 mm	→ ca. 750 Meter
Promenadeplatz – Theater in der Landwehrstraße	✎ ✎ ✎	→ ✎ ✎ ✎ ✎
Karolinenplatz – ✎ ✎	✎ ✎ ✎	→ ✎ ✎ ✎ t

TIPP!
Verwende einen dünnen Strick, den du den Windungen der Straßen anpassen kannst. Leg dann den Strick an das Lineal und miss die Länge.

TIPP!
Miss zunächst mithilfe der Skala, wie viele Millimeter in der Karte 100 Metern in der Wirklichkeit entsprechen.

4 EXTRA Trage eigene Beispiele zusammen. Lass sie von einem Partner/einer Partnerin messen und berechnen.

5 Hier sind einige Wortfügungen für genaue Wegbeschreibungen. Schreibt sie ab und ergänzt sie durch weitere.

Wo?	Wohin?
an der Haltestelle vor der Kirche auf dem Platz hinter der Brücke …	in Richtung … nach links/rechts um die Ecke über die Straße …

6 **Straßenrallye in München** Geht abwechselnd so vor:
1. Legt gemeinsam den Startplatz auf dem Stadtplan fest.
2. Stellt dann eine Trennwand zwischen euch auf.
3. Einer von euch überlegt sich ein Ziel und beschreibt den Weg dorthin.
4. Der andere versucht, die Strecke mit dem Finger nachzufahren.
5. Kommt er zu dem gedachten Ziel?

Bildzeichen

1 Radfahren ist nicht immer einfach. Besprecht:
– Was bedeuten diese Verkehrszeichen?
– An welchen Stellen im Verkehr sind sie wichtig?

2 Tragt zusammen, welche Verkehrszeichen ihr außerdem kennt.

3 Tauscht Euch darüber aus, warum man sich mithilfe dieser Zeichen auch ohne Worte verständigen kann. Untersucht, wie sie aufgebaut sind und was sie so verständlich macht.

4 Klärt gemeinsam, was diese Piktogramme bedeuten.

TIPP!
Denkt auch an Stadt-pläne und Wander-karten.

5 Erfinde zu folgenden Piktogrammen eine Geschichte. Gib ihr eine passende Überschrift.

6 EXTRA Gestalte eine eigene Geschichte, die nur aus Piktogrammen besteht. Du darfst dafür eigene Piktogramme erfinden.

Merke

Ein **Piktogramm** ist ein Bildzeichen (grafisches Symbol). Piktogramme sind so gestaltet, dass man sie schnell erkennt und dass sie möglichst von allen Menschen auf der Welt gleich verstanden werden.

7 EXTRA Beschreibe, was die abgebildeten Schilder tatsächlich bedeuten.

- Achtung, Raketenstart-platz.

- Betreten der weißen Streifen verboten.

- Hier dürfen schwarze Autos nur rechts und rote Autos nur links fahren.

- Achtung, gelbe Farbe ausgelaufen.

„Entschuldigen Sie bitte, . . .“

Wenn man sich nicht zurechtfindet, ist es manchmal am einfachsten, eine fremde Person anzusprechen. Das kann man sehr unterschiedlich tun.

TIPP!
Beachte, dass es sich bei der angesprochenen Person um eine fremde erwachsene Person handelt.

1 Stell dir vor, du suchst den Weg zum Stadion und sprichst jemanden daraufhin an. Welchen der folgenden Sätze würdest du verwenden?
1   „Hallo, ich will zum Stadion, wie komme ich dahin?“
2. „Könnten Sie mir bitte sagen, wie ich zum Stadion komme?“
3. „Zum Stadion, wo geht's da lang?“
4. „Hey, geht es hier zum Stadion?“
5. „Entschuldigen Sie bitte, ich möchte zum Stadion? Wie komme ich dahin?“

2 Ordne die Sätze nach ihrer Höflichkeit. Beginne mit dem höflichsten Satz. Beschreibe, auf welche Wörter oder Merkmale du geachtet hast, um die Sätze zu sortieren.

3 Führe mit deiner Partnerin oder deinem Partner kleine Rollenspiele durch. Fragt und antwortet:
- auf der Straße ➜ Weg zur Post
- im Kaufhaus ➜ Ort einer bestimmten Abteilung
- in der Schule ➜ Weg zum Sekretariat

4 Lies den folgenden Text.
Achte besonders auf die Stellen, an denen die Personen miteinander sprechen. Du kannst dir auch Notizen machen.

In der neuen Schule

Melvin ist umgezogen und besucht zum ersten Mal seine neue Schule. Es ist eine sehr große Schule mit vielen Gebäuden und mehreren Stockwerken. Er fühlt sich sehr fremd. Dabei soll er sich um 8.00 Uhr im Sekretariat melden. Um ihn herum laufen die Schülerinnen und Schüler zu ihren
5 Klassen und scheinen ihn vollkommen zu übersehen.
„Hallo", sagt er zu einem großen Jungen, der neben ihm stehen geblieben ist und auf das Schwarze Brett an der Wand schaut. Der guckt ihn nicht einmal an und will gerade weitergehen.
„He, warte mal, ich will wissen, wo das Sekretariat ist!", ruft Melvin lauter
10 in seine Richtung.
„Treppe hoch!", ruft der große Junge und verschwindet, ohne Melvin auch nur anzuschauen. Melvin ist kein bisschen schlauer als vorher. Endlich sieht er eine Frau den Gang herunterkommen.
„He, hallo Sie, ich muss zum Sekretariat!"
15 „Ich nicht!", sagt die Frau, schaut Melvin dabei unfreundlich an und geht weiter.

5 Lies dir deine Merksätze und den Merkkasten unten durch. Beschreibe genau, was Melvin beim nächsten Mal anders machen sollte.

6 EXTRA Wir wissen nicht, wie Melvins Geschichte weitergeht, doch vielleicht kannst du sie zu einem guten Ende bringen?
Schreibe weiter.

Was dich stark macht

Arbeitstechnik: Einen Fremden etwas fragen
Sprich einen fremden Erwachsenen immer mit „Sie" an.
Beginne mit einer Begrüßung oder mit „Entschuldigen Sie bitte" oder mit „Entschuldigung", wenn du jemanden ansprichst.
Schau deinen Gesprächspartner an, während du mit ihm sprichst.
Bedanke dich mit einem gut hörbaren „Danke", wenn du eine Antwort bekommen hast.
Wenn du dich schriftlich an eine fremde Person wendest, gilt:
Du redest Erwachsene mit „Sie" an und stellst dich zuerst kurz vor.
Bei einer Bitte oder Frage verwendest du „bitte", und am Schluss bedankst du dich im Voraus für die Bemühungen.

Sehenswertes

1 Lies Bennos Bericht über die Klassenfahrt nach Berlin. Notiere, welche Sehenswürdigkeiten besichtigt wurden.

Exkursion in die Hauptstadt

Meine Klasse hatte sich seit langem eine Exkursion nach Berlin gewünscht. Weil ich mich besonders für Architektur interessiere, half ich bei der Vorbereitung der Fahrt mit.

Nun standen wir alle vor dem Reichstagsgebäude. Hier, wo regelmäßig der
5 Bundestag zusammenkommt, sollte unsere Besichtigungstour beginnen. Der Aufstieg in die gläserne Kuppel des Reichstags hat uns wegen der tollen Aussicht sehr begeistert: Wir konnten im Norden auf die Spree zum Reichstagsufer hinabblicken und im Süden konnten wir das Wahrzeichen Berlins entdecken, das Brandenburger Tor. Dorthin führte uns dann auch
10 unser gemeinsamer Spaziergang die Friedrich-Ebert-Straße entlang. Als wir danach auf dem Pariser Platz angekommen waren, schilderte uns Herr Ziemann, unser Biolehrer, wie es im geteilten Berlin war. Direkt vor Ort konnten wir uns das nun viel besser vorstellen.

Wir hatten Herrn Ziemann gebeten mitzukommen, weil fast die Hälfte
15 von uns das Naturkundemuseum besuchen wollte. Herr Ziemann konnte dort alles besonders gut erklären.

Die andere Gruppe hatte sich für die Besichtigung von Sehenswürdigkeiten unter Frau Paulis Leitung entschieden. Ich gehörte auch dazu. Wir gingen die Straße „Unter den Linden" entlang. Dabei sahen wir viele be-
20 rühmte Einrichtungen: die Humboldt-Universität zu Berlin, die Komische Oper, das Museum für Deutsche Geschichte und die von Karl Friedrich Schinkel geschaffene Neue Wache. Als ich die vielen historischen Gebäude in dieser Prachtallee sah, die zum Teil an griechische Tempel erinnern, wurde mir klar, weshalb Berlin auch „Spree-Athen" genannt wird.
25 Von weitem sahen wir schon den Fernsehturm, auf den wir dann zugin-gen. Über die Schlossbrücke gelangte meine Gruppe vor das Rote Rathaus und danach zum Alexanderplatz.

Zum Schluss traf auch die andere Gruppe am Alex ein. Erschöpft, doch voller neuer Eindrücke fuhren wir wieder nach Hause.

2 Welche Sehenswürdigkeiten habt ihr notiert? Vergleicht.

3 Schreibe die Namen aller Straßen und Plätze auf, von denen im Text die Rede ist.

TIPP!
Kopiere den Text und unterstreiche beim Lesen die Sehenswürdigkeiten. Schreibe sie dann ab.

Eine Stadt im See

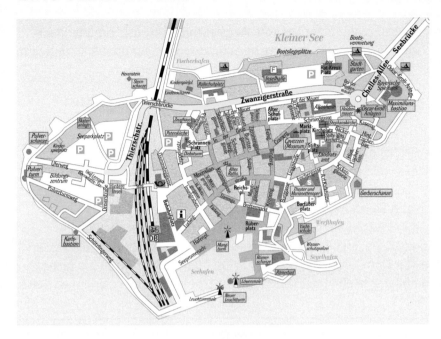

1 Stelle fest, welche Aussage jeweils richtig ist. Schreibe den vollständigen Satz in dein Heft.

1. Wenn man aus dem Bahnhof kommt, gelangt man linkerhand
   - zur Post. [L]
   - zum Yachthafen. [M]
2. Die Brücke, über die Autos auf das Festland fahren können, heißt
   - Seebrücke. [i]
   - Uferbrücke. [u]
3. Die Thierschstraße ändert im Verlauf ihren Namen in
   - Zeppelinstraße. [k]
   - Zwanzigerstraße. [n]
4. Der Platz, von dem aus die Fähren starten und landen, heißt
   - Rüberplatz. [d]
   - Schrannenplatz. [a]
5. Eine Sehenswürdigkeit ganz in der Nähe der Fischergasse ist
   - das Theater. [a]
   - die Gerberschanze. [n]
6. Auf den ersten Blick entdeckt man auf der Insel
   - drei Leuchttürme. [u]
   - fünf Leuchttürme. [r]

2 Die Buchstaben in den Klammern ergeben bei richtiger Lösung das Lösungswort. [_] [_] [_] [_] [_] [_]

Wege beschreiben

1 Arbeitet zu zweit: Einer liest die Wegbeschreibung und ergänzt dabei die fehlenden Wörter. Der andere verfolgt den Weg auf dem Plan und hilft bei der Wegbeschreibung. Benutzt die folgenden Wörter:

| an | auf | vor | hinter | in | über |

Wenn Sie ? dem Bahnhof stehen, gehen Sie ? den Bahnhofsvorplatz und geradeaus weiter ? die Bahnhofstraße. Sie erreichen den Marktplatz und sehen ? der linken Seite das Rathaus und ? sich das Hotel „Sonne" liegen. Hier biegen Sie rechts ? die Schillerstraße ein.
? der Ampel gehen Sie halblinks ? die Kölner Allee. ? der nächsten Kreuzung biegen Sie links ? die Kaiserstraße ein. Dann gehen Sie ? die Kaiserstraße. Der Dom liegt ? der rechten Seite. ? dem Dom biegen Sie rechts ? die Goethestraße ein. Das Haus Nummer 5 befindet sich ? der linken Seite.

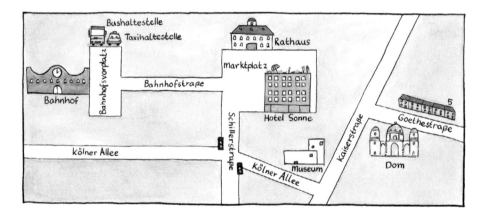

2 Die Wörter, die ihr eingesetzt habt, sind Präpositionen (Verhältniswörter). Beschreibt, welche Aufgabe sie im Text übernehmen.

3 Schreibe die Wegbeschreibung aus Aufgabe 1 ab und setze die richtigen Präpositionen (Verhältniswörter) ein.

4 Schaue dir die Abbildung auf der nächsten Seite an und beschreibe möglichst genau die Lage der angegebenen Gebäude. Unterstreiche die Präpositionen, z. B.
Das Kino befindet sich <u>an</u> der Ecke Stadtparkstraße/Poststraße, <u>gegenüber</u> vom Opernhaus.

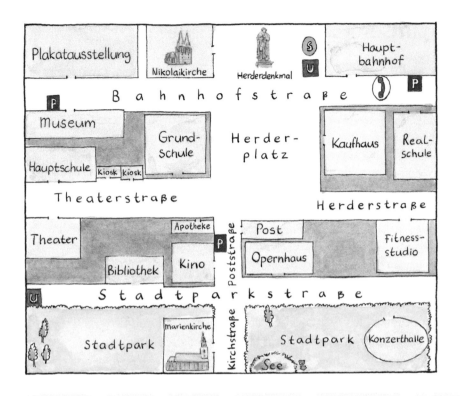

hinter	bei	von	neben	zwischen	vor

gegenüber	in	nach	an	auf	zu

1. das Kino
2. die Bibliothek
3. das Opernhaus

4. das Theater
5. die Grundschule
6. die Post

7. die Marienkirche
8. die Nikolaikirche
9. das Fitnessstudio

5 Erfragt und beschreibt in Partnerarbeit Wege in der Stadt, z. B.

– Wie komme ich vom Bahnhof zur Post?

– Gehe die Bahnhofstraße nach rechts bis zum Herderplatz. Dort biegst
 du nach links ab und gehst bis zur Herderstraße. Auf der anderen
 Seite siehst du schon die Post.

Merke

Wörter wie *an, auf, aus, bei, durch, gegen, hinter, vor, in, nach, über, zu*
sind **Präpositionen** (Verhältniswörter). Sie verlangen einen bestimmten Fall (Kasus).
Manchmal verschmelzen sie mit dem Artikel, z. B. *an + dem* → *am;*
an + das → *ans; in + dem* → *im; in + das* → *ins; zu + dem* → *zum;*
zu + der → *zur; bei + dem* → *beim; von + dem* → *vom*

Von unserer Reise nach Berlin

→ **Seite 247,**
Präpositionen

1 Setzt die richtigen Präpositionen (Verhältniswörter) wie im Beispiel ein.

> für   von   über   nach   zu   aus   in   auf   gegen
>
> vom   im

1. Wir unternahmen eine Reise nach Berlin.
2. ☐ dem Alexanderplatz stiegen alle ☐ dem Bus aus.
3. Viele interessierten sich ☐ das Pergamonmuseum.
4. ☐ dem Messegelände waren wir auch.
5. Einige sind noch ☐ Zoo gewesen.
6. Besonders beeindruckt waren wir ☐ der Gedächtniskirche.
7. Sie ist ein Symbol ☐ Krieg und Zerstörung.
8. ☐ Fernsehturm aus hatten wir einen herrlichen Blick ☐ die Hauptstadt.

2 Erkundige dich, wie man zu folgenden Sehenswürdigkeiten gelangt.
Setze dabei *zum* oder *zur* ein und unterstreiche diese Wörter,
z. B. Können Sie mir bitte sagen, wie man zum Brandenburger Tor kommt?

Können Sie mir bitte sagen, wie man …?	1. Brandenburger Tor
Entschuldigen Sie bitte, ich suche den Weg …?	2. Friedrichstraße
Können Sie mir bitte sagen, wo …?	3. Potsdamer Platz
Mit welchem Bus muss ich …?	4. Zoologischer Garten
Wo muss ich aussteigen, wenn ich …?	5. Fernsehturm
Entschuldigen Sie, welche Bahn fährt …?	6. Reichstag
Entschuldigen Sie, fährt diese U-Bahn …?	7. Hauptbahnhof

Straßennamen

1 **Drei Schreibweisen** Suche aus dem Stadtplan je drei Straßennamen heraus und trage sie in die Tabelle ein, z. B.

Zusammen-schreibung	Schreibung mit Bindestrich	Getrennt-schreibung
Mörikeweg	Friedrich-Schiller-Platz	Lange Straße

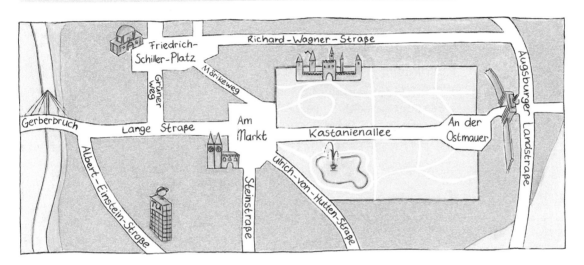

2 EXTRA Ergänze in der Tabelle je drei Straßennamen aus deinem Wohnort.

3 Schreibt die Namen richtig auf, z. B. Am alten Kanal

AMALTENKANAL   KONRADADENAUERPLATZ
FREIBURGERCHAUSSEE   GOETHEUNDSCHILLERDENKMAL
ZURALTENGLASHÜTTE   WINZERGASSE   SCHLOSSALLEE
WIENERPLATZ   RHEINTALSTRASSE   BREITESTRASSE

> **Merke**
>
> **Eigennamen** bezeichnen eine bestimmte Person oder eine be-
> stimmte Sache, z. B. Straßen, Gebäude, Flüsse und Institutionen.
> Wenn Adjektive und Präpositionen (Verhältniswörter) als Teile von
> Eigennamen verwendet werden, schreibt man sie groß, z. B. *Roter-
> Turm-Platz, Alte Allee, Auf dem Wasen, Hotel Zum Goldenen Löwen.*
> Bindestriche setzt man bei Zusammensetzungen mit mehreren oder
> mehrteiligen Namen, z. B. *Max-Joseph-Platz.*

Wo oder wohin?

1 Lies die Sätze und erkläre die Unterschiede, z. B.

Sie laufen ins Stadion. = Sie laufen ins Stadion hinein. (Wohin?)
Sie laufen im Stadion. = Sie laufen im Stadion einige Runden. (Wo?)

Sie laufen ins Stadion. – Sie laufen im Stadion.
Er rennt hinter die Kirche. – Er rennt hinter der Kirche.
Sie schwimmt ans Ufer. – Sie schwimmt am Ufer.
Geht nicht auf die Straße! – Geht nicht auf der Straße!
Stell dich nicht in die Einfahrt! – Steh nicht in der Einfahrt!

2 Schreibe die Sätze ab. Ergänze dabei die fehlenden Wörter. Setze hinter jeden Satz (Wo?) oder (Wohin?).
1. Tom wohnt ✎ Berliner Straße. / 2. Wir gehen jetzt ✎ Kino. / 3. Läufst du oder fährst du ✎ Theater? / 4. Das Stadion befindet sich ✎ Zentrum. / 5. Befindet sich das Museum ✎ Alexanderplatz? / 6. Jetzt fahren wir ✎ Alexanderplatz. / 7. Seht ihr das Denkmal ✎ Rathaus? / 8. Sie stehen ✎ Denkmal und machen ein Foto. / 9. Dann gehen sie ✎ Park. / 10. ✎ Park ist heute ein Konzert.

3 Bilde Wortgruppen und schreibe sie auf, z. B. in der belebten Straße
1. in der (belebt) Straße / 2. auf dem (groß) Platz / 3. gegenüber dem (bekannt) Denkmal / 4. durch den (menschenleer) Park / 5. durch die (schmal) Gasse / 6. vor dem (neu) Theater / 7. hinter der (klein) Pizzeria / 8. neben dem (riesig) Parkplatz

> **Merke**
>
> Nach den Wörtern *an, auf, hinter, in, neben, über, unter, vor* steht
> – der Dativ (3. Fall) auf die Frage *Wo?*
> – der Akkusativ (4. Fall) auf die Frage *Wohin?*

4 Erklärt die folgende Skizze. Schreibt Beispielsätze auf.

stehen		an		(sich) stellen
liegen		auf		(sich) legen
wohnen	**Wo?**	hinter	**Wohin?**	kommen
sich befinden		in		(hin) gehen
sein	**Dativ**	neben	**Akkusativ**	(hin) fahren
		über		
		unter		
		vor		
		zwischen		

Wortart: Präposition; Schreibung von Eigennamen

5 Schau dir die Abbildung an und vervollständige die folgenden Sätze.
Nutze die Präpositionen (Verhältniswörter), z. B.

Die Pizzeria befindet sich <u>zwischen</u> der Sparkasse und der Kirche.

zwischen	in	an	hinter

neben	vor	gegenüber	auf	zu

1. Die Pizzeria befindet sich …
2. Der Blumenladen befindet sich …
3. Der Buchladen befindet sich …
4. Die Post befindet sich …
5. Das Kino befindet sich …

6. Die Sparkasse befindet sich …
7. Die Eisdiele befindet sich …
8. Die Schule befindet sich …
9. Der Kindergarten befindet sich …
10. Das Kaufhaus befindet sich …

6 Erkundige dich, wohin deine Mitschüler gehen, z. B.

Geht ihr in die Pizzeria?

1. Pizzeria
2. Sportplatz
3. Schwimmbad
4. Supermarkt
5. Kino
6. Sparkasse
7. Park
8. Bäcker
9. Schulhof
10. Bahnhof
11. Flohmarkt
12. Herr Lehmann

> **TIPP!**
> Bei einigen Beispielen gibt es mehrere Möglichkeiten.

7 Schreibspaß

1 Tauscht euch in der Klasse darüber aus, was euch beim Schreiben Spaß macht und wie ihr euch in eine gute „Schreib-Stimmung" bringen könnt.

2 Wähle einen der Begriffe unten aus und schreibe die Buchstaben senkrecht untereinander. Ergänze jeden Buchstaben zu einem Wort oder Satz, der zu dem Begriff passt.
Du kannst auch zuerst ein Wörternetz als Ideensammlung anlegen.

Abenteuer	Tiere	Freunde	Familie

Ferien	Fantasie	Schule	Zeit

Z EIGER
E WIGKEIT
I MMER WEITER
T AGE, WOCHEN, JAHRE

3 Die Geschichte mit dem Knick Geht so vor:
- Setzt euch in einen Kreis. Jeder hat ein liniertes Blatt Papier vor sich. Knickt euer Blatt entlang der dritten Linie.
- Schreibt einen Satz. Beginnt in der Zeile oberhalb des Knickes. Die letzte Wortgruppe schreibt ihr in die Zeile unter dem Knick.
- Faltet den Anfang eures Satzes nach hinten und gebt die Blätter auf ein Zeichen an den Nachbarn zu eurer Linken weiter.
- Schreibt nun den nächsten Satz. Er muss an die lesbaren Wörter anknüpfen. Die letzte Wortgruppe eures Satzes kommt wieder in die neue Zeile usw.

Schreibt solange weiter, bis jeder mindestens zweimal an der Reihe war. Lest nun eure entstandenen Texte vor. Macht Vorschläge für eine passende Überschrift.

4 Reihumgeschichten Geht so vor:
- Ein Spielleiter stellt eine Frage, die anderen schreiben ein oder zwei Sätze als Antwort dazu auf, sodass eine Geschichte entsteht.
- Dann wird das Blatt Papier nach hinten umgeknickt und weitergegeben. Der Spielleiter stellt die nächste Frage usw.

Ihr könnt euch selbst Fragen zu diesem Schreibspiel überlegen, z. B.
1. Wer ist die Hauptperson?
2. Was ist der Hauptperson einmal passiert?
3. Was hat die Hauptperson da getan?
4. Warum hat das nicht funktioniert?
5. Wer hat der Hauptperson geholfen?
6. Was ist dann geschehen?
7. Wie ist die Sache ausgegangen?

TIPP!
Arbeite mit deinen Mitschülerinnen oder Mitschülern zusammen, die sich für dasselbe Gedicht entschieden haben. In Schreibgruppen könnt ihr euch gegenseitig unterstützen.

Gedichte-Werkstatt

In der Gedichte-Werkstatt kannst du dich als Dichterin oder Dichter versuchen. Du kannst nach einem Bauplan ein Gedicht schreiben. Auf den folgenden beiden Seiten hast du fünf verschiedene Möglichkeiten zur Auswahl, links steht immer der Bauplan und rechts findest du dazu ein Beispiel.

1 Lies dir die verschiedenen Möglichkeiten durch und entscheide dich dann für einen Bauplan.

2 Überlege dir ein Thema, zu dem du dein Gedicht schreiben willst, wie z. B. Freundschaft, Jahreszeiten oder Ferien. Sammle deine Ideen vorab in einem Wörternetz und schreibe dann dein Gedicht.

Elfchen
Ein Elfchen ist ein Gedicht, das genau aus elf Wörtern besteht.
Sie werden in fünf Zeilen so aufgebaut:
1. Zeile: ein wichtiges Wort (ein Wort)
2. Zeile: ein Gegenstand oder eine Person, die dazu passt (zwei Wörter)
3. Zeile: eine genauere Beschreibung des Gegenstands oder der Person (drei Wörter)
4. Zeile: beginnt mit „ich" und sagt etwas über mich oder meine Beziehung zu dem Gegenstand oder der Person (vier Wörter)
5. Zeile: ein Schlussgedanke

Gelb

die Sonne

sie umhüllt mich

ich lasse mich fallen

Ferien

Haiku
Das Haiku ist ein Kurzgedicht mit drei Zeilen, das ursprünglich aus Japan stammt. Oft beschreibt es Naturbilder und Naturstimmungen.

Die 1. Zeile hat fünf,

die 2. Zeile hat sieben und

die 3. Zeile hat wieder fünf Silben.

Sturmwarnung am Meer

Möwengekreisch in der Luft

Salz auf meiner Haut

3 Stellt eure Gedichte in der Schreibgruppe vor. Gebt euch gegenseitig Rückmeldungen.

4 Sammelt die überarbeiteten Gedichte in einer Mappe. Überlegt euch, wie ihr sie den anderen in der Klasse präsentieren wollt.

Reimgedicht
Am Ende zweier Zeilen stehen Wörter, die sich reimen.

Kein ... ohne ...
Kein Sommer ohne Klee
kein Winter ohne Schnee

Kein Hotel ohne Bett
keine Wurst ohne Fett

Keine Geschichte ohne
Schluss
keine Liebe ohne Kuss

> **TIPP!**
> Finde zuerst Paarreime und schreibe dann dein Reimgedicht.

Wachsgedicht
Das Wachsgedicht wächst mit jeder Zeile. Sein Bauplan sieht so aus:
1. Zeile: ein Nomen
2. Zeile: das Anfangsnomen wird durch ein nachfolgendes Nomen mit Präposition näher bestimmt.
3. Zeile: Das Anfangsnomen wird durch ein vorangestelltes Nomen mit Adjektiv genauer beschrieben.
4. Zeile: Die dritte Zeile wird wiederholt. Ein weiteres Nomen mit Adjektiv, welches mit dem Anfangsnomen Gemeinsamkeiten hat oder einen Gegensatz darstellt, wird durch das Bindewort „und" angefügt.
5. Zeile: ein Wort aus der vierten Zeile wird hier als Abschluss wiederholt.

Sommer
Sommer am Meer

Heißer Sommer am Meer

Heißer Sommer am Meer
und kaltes Wasser

Sommer

> **TIPP!**
> Du kannst dein Gedicht auch musikalisch untermalen.

Rondellgedicht
Ein Rondellgedicht besteht aus acht Zeilen. So ist es aufgebaut:
Die 1., 4. und 7. Zeile sind gleich.
Die 2. und 8. Zeile sind ebenfalls gleich.

1 Ferien
2 Endlich Zeit
3 Zeit für meine Freunde
4 Ferien
5 Wir treffen uns
6 Wir gehen schwimmen
7 Ferien
8 Endlich Zeit

Und wie geht es weiter?

1 Lies den Anfang der „Geschichte vom kleinen Und".

Franz Fühmann
Die Geschichte vom kleinen Und

Es war einmal ein langer, langer Satz, darin kamen schrecklich viele
„Unds" vor, und weil der Satz so lang war, konnten die Wörter gar nicht
richtig aufeinander aufpassen, und so lief ein Und aus dem Satz heraus
und legte sich in die Sonne und ließ sich bescheinen.
5 In dem Satz nämlich stand es zwischen lauter finsteren Worten, drum
hatte es Sehnsucht nach der Sonne, aber als es so dalag, schlief es ein und
als es wieder aufwachte, war der Satz längst weitergegangen, und das arme
kleine Und stand mutterseelenalleine in der Welt. Alleine, das war noch
schlimmer als zwischen Dunkelheit und Finsternis. Das kleine Und be-
10 gann zu weinen.
„Was fang ich allein auf der Welt an ich kleines Und!", schluchzte es traurig. Da kam ein einsames großes H auf seinen zwei Beinen einhergestelzt.
„Ich bin auch so alleine wie du", sagte das große H, „komm, gehen wir
zusammen!"
15 „Nein, ich will nicht", sagte das kleine Und, „da müsste ich ja immerzu
bellen."
„Na, dann eben nicht", sagte das große H und wollte um die nächste Ecke
biegen, aber die Ecke hielt es fest …

Hecke   Recke   Decke   Mund   Wunder   rund

2 Schreibe eine Fortsetzung zu diesem Geschichtenanfang.

3 Schreibe selbst eine Geschichte zu Wörtern und Buchstaben, z. B.
- Es kommt kein **H** daher, sondern ein **M** oder ein **R**.
- Die Geschichte handelt nicht vom Wort **und**, sondern vom Wort **acht**.

Kreativ mit Sprache umgehen

Noch mehr Schreib-Ideen!

1 Geschichten aus dem Koffer

Wähle A, B oder C.

A: Suche dir einen Gegenstand aus dem Koffer aus und schreibe dazu eine Geschichte.

B: Wähle bis zu drei Gegenstände aus dem Koffer aus. Schreibe eine Geschichte, in der alle Gegenstände vorkommen.

C: Suche dir einen Gegenstand aus dem Koffer aus und schreibe „aus dessen Sicht" eine Geschichte. Zum Beispiel: Eine Fahrkarte erzählt von ihrer letzten Reise.

Lest euch in der Kleingruppe eure Geschichten vor. Tauscht euch aus: Was habt ihr euch vor dem Schreiben überlegt? Welche Möglichkeiten gibt es bei einer Überarbeitung? Was hilft euch, um eine gute Geschichte zu schreiben?

> **TIPP!**
> Denke an die wichtigsten Schritte beim Schreiben:
> – planen (z. B. Wörternetz, W-Fragen)
> – schreiben
> – überarbeiten

2 Vom Start zum Ziel

Arbeite mit einer Partnerin oder einem Partner zusammen. Jeder von euch schreibt den ersten und den letzten Satz einer Geschichte auf.
Zum Beispiel:
Erster Satz: *Montags wachte der kleine Tim ganz verschlafen auf. …*
Letzter Satz: *Noch spät am Abend spielte er auf seiner Flöte.*

Tauscht jetzt eure Sätze aus.

Überlegt, mit welchen Schritten ihr vom Anfang zum Schlusssatz kommen könnt. Danach schreibt jeder seine eigene Geschichte auf.

→ **Seite 258,**
Arbeitstechnik „Eine Geschichte mithilfe eines Erzählplans weiterschreiben"

Wörter bauen

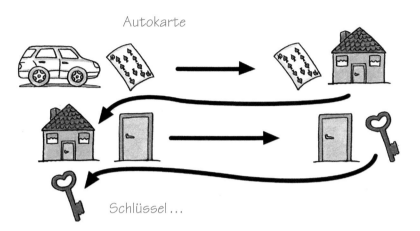

Autokarte

Schlüssel ...

1 Löse das Bilderrätsel. Es ergibt eine Wörterkette.

2 Wer kann die längste Wörterkette bilden? Führt einen Wettbewerb durch. Ihr könnt mit diesen Wörtern beginnen:

Bücherwurm → Wurm ...
Giftschlange → ...
Leseratte → ...

3 Manchmal passen die verschiedenen Bausteine nicht richtig aneinander. Dann muss man einen Verbindungsbaustein einfügen.
Bilde mit den folgenden Wörtern zusammengesetzte Nomen. Schreibe sie auf und umrahme die beiden Nomen, aus denen das Wort zusammengesetzt ist. Stelle fest, was übrig bleibt, z.B.

Hochzeitskutsche → (Hochzeit) s (kutsche)

Hochzeit	Kutsche	Kind	Kleidung
Weihnacht	Markt	Rind	Braten
Zeitung	Seite	Sonne	Strahl
Rettung	Weste	Zitrone	Falter
Geburt	Tag	Land	Grenze

Merke

Bei zusammengesetzten Wörtern können *-s-*, *-es-*, *-er-* und *-n-* **Verbindungsbausteine** sein.

Wortbausteine

1 Hier entstehen Wörter aus Bausteinen. Besprecht, wie diese Wörter gebildet werden. Sammelt Wörter mit anderen Vor- und Nachsilben.

Wortfamilie „SPRECH"		
ab-	sprech	-en
Be-	sprech	-ung
Ver-	sprech	-er

Vorsilben (Vorbausteine)	Wortstamm (Grundbaustein)	Nachsilben (Endbausteine)
ver-		-en
ab-	sprech	-er
be-		-ung

2 Sammelt weitere Wortstämme (Grundbausteine) an der Tafel, z.B.

lohn	spiel	end	mess	erb

3 Wählt in der Klasse fünf Wortstämme (Grundbausteine) aus. Sucht zu diesen möglichst viele Wörter, die mit Vorsilben oder/und Nachsilben gebildet werden. Nutzt dazu folgende Bausteine.
Vorsilben:
be-, ver-, zer-, ent-, er-, nach-, zu-, ab-, über-, vor-, unter-, auf-, an-
Nachsilben:
-er, -ung, -nis, -heit, -keit, -schaft, -tum

→ Seite 248, Wortbildung

> **Merke**
>
> Viele Wörter bestehen aus mehreren **Wortbausteinen**.
> Wörter mit demselben Wortstamm (Grundbaustein) gehören zu einer **Wortfamilie**, z.B. _schreiben, Schreiber, verschreiben, beschreiben, Beschreibung_, …

Hier ändert sich doch was!

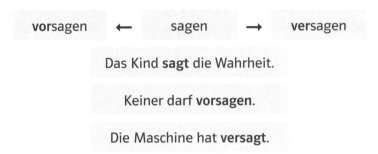

Das Kind **sagt** die Wahrheit.

Keiner darf **vorsagen**.

Die Maschine hat **versagt**.

> **TIPP!**
> Du kannst die Bedeutung in einem Wörterbuch nachschlagen.

1 Erkläre, was die Verben in den Sätzen bedeuten.

> **TIPP!**
> Präge dir ein, dass die Wörter mit den Vorsilben *ver-/Ver-* und *vor-/Vor-* mit *v* geschrieben werden.

2 Schreibe weitere Wörter mit den Vorsilben *ver-* und *vor-* auf. Unterstreiche die Wortstämme (Grundbausteine) und die Vorsilben (Vorbausteine) mit verschiedenen Farben. Bilde zu jedem Wort einen Satz, z. B.

legen → verlegen – vorlegen:
– Ich habe den Schlüssel verlegt.
– Er muss seine Klassenarbeiten seinen Eltern vorlegen.

3 Arbeitet zu zweit. Probiert auch andere Vorsilben bei den Verben aus, die ihr gefunden habt, z. B. fallen → zerfallen, abfallen, ausfallen, überfallen, anfallen, auffallen, befallen, einfallen.
Stellt fest, welche Bedeutung die einzelnen Wörter haben.

> **TIPP!**
> Ihr könnt auch zwei Nachsilben hintereinander benutzen: Halt-*bar-keit*.

4 Nehmt jeweils einen Wortstamm und bildet mit den Vor- und Nachsilben möglichst viele Wörter, z. B. mut → anmutig, Zumutung, ...

Vorsilben (Vorbausteine)	Wortstämme (Grundbausteine)	Nachsilben (Endbausteine)
be-		-er
ent-		-in
er-	mut	-heit
ver-		-keit
ab-	freund	-ung
an-	halt	-bar
aus-		-ig
ein-	ruh	-lich
unter-		-en
zu-		-sam

Wortbildung

5 Hänge an die Wörter folgende Bausteine an. Stelle fest, zu welcher Wortart die neuen Wörter gehören.

| -bar | -lich | -haft | -los | -sam | -ig |

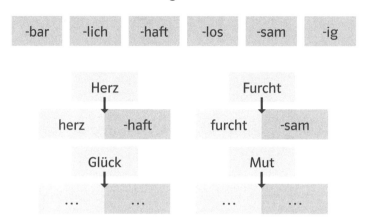

6 Du hast bestimmt gemerkt, dass die Wörter aus Aufgabe 5 zu Adjektiven geworden sind. Finde weitere, z. B.

→ **Seite 248,** Wortbildung

Spaß → Spaß + haft = spaßhaft
Wunder → Wunder + lich = ...
Abenteuer → Abenteuer + lich = ...

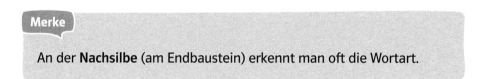

Merke

An der **Nachsilbe** (am Endbaustein) erkennt man oft die Wortart.

7 Überlegt, wann man *end* und wann man *ent* schreiben muss. Tauscht euch darüber aus.

8 EXTRA Sucht weitere Wörter mit *end-* und *ent-*. Bildet Sätze und legt sie eurer Partnerin oder eurem Partner vor, z. B.

Der Weg kam ihm en✎los vor.
Ina kam der Lehrerin en✎gegen und gab ihr die En✎schuldigung.

TIPP!
Ihr könnt auch ein Wörterbuch nutzen.

Wortbaustelle

Vorsilben (Vorbausteine)		Wortstämme (Grundbausteine)	Nachsilben (Endbausteine)
be-	ent-	nehm	-er
er-	ver-	geh	-en
zer-	ab-	schreib	-ung
an-	auf-	schlag	-bar
ein-	nach-		
über-	um-		
unter-	zu-		

1 Nimm jeweils einen Wortstamm und bilde mit den Vor- und Nachsilben möglichst viele Wörter. Ordne sie nach Wortarten und unterstreiche die Wortstämme (Grundbausteine), z. B.

nehm ➔ Verben: <u>nehm</u>en, be<u>nehm</u>en, ab<u>nehm</u>en, an<u>nehm</u>en, …

    ➔ Nomen: das Be<u>nehm</u>en, die Unter<u>nehm</u>erin, …

    ➔ Adjektive: an<u>nehm</u>bar, …

2 Verwendet die „gebauten" Wörter in Sätzen. Arbeitet mit einem Partner oder einer Partnerin.

3 Übernimm folgende Tabelle in dein Heft und trage die Wörter in die richtige Spalte ein.

end/End	ent/Ent
endgültig	✎ ✎ ✎ ✎ ✎ ✎ ✎ ✎

en?gültig – En?wurf – En?runde – En?spiel – en?täuschen – en?setzlich – En?geschwindigkeit – en?lich – en?zwei – en?sprechend – En?spurt – en?senden – En?behrung – en?rätseln – unen?lich – been?en

4 Suche im Wörterbuch weitere Beispiele und ergänze deine Sammlung.

5 Mit welchem Wortstamm wurden diese Wörter gebildet? Beschreibe, welche Veränderungen der Wortstamm erfährt.

FAHREN – VERFAHREN – BEFAHREN – BEFAHRBARKEIT – UNBEFAHRBAR – UNERFAHREN – ERFAHRUNG – FAHRGELD – FAHRGAST – FAHRRAD – ABFAHRT – ANFAHRT – GEFÄHRT – FAHRERIN – BEFAHRBAR – AUSFAHREN – DURCHFAHRT – ÜBERFAHRT – WIDERFAHREN – FÄHRE – GEFAHRLOS – UNGEFÄHR

6 Übernimm die folgende Tabelle in dein Heft. Trage die Wörter aus Aufgabe 5 in richtiger Groß- oder Kleinschreibung in die passende Spalte ein.

Verben	Nomen	Adjektive
fahren	✎ ✎ ✎ ✎ ✎	✎ ✎ ✎ ✎ ✎

7 Schreibe die Sätze auf und ergänze dabei das passende Adjektiv.

1. wunderbar – wunderlich
   Im Wald lebte eine ✎ Alte.

2. furchtsam – furchtbar
   Es wütete ein ✎ Sturm.

3. ernsthaft – ernstlich
   Er ist ein ✎ Mensch.

4. gewaltig – gewaltsam
   Das Haus wurde ✎ geöffnet.

5. kostbar – köstlich
   Sie trug einen ✎ Schmuck.

6. einsam – einig
   Er fühlte sich sehr ✎.

7. künstlich – kunstvoll
   Sie wurde ✎ am Leben gehalten.

8. freudig – freundlich
   Die Nachricht wurde ✎ begrüßt.

8 Bilde Sätze mit den Adjektiven, die du nicht eingesetzt hast.

9 Ergänze Verben mit gegensätzlicher Bedeutung.
Verwende beide Verben jeweils in einem Satz, z. B.

aufbauen ⟷ abbauen:
Gestern haben wir das Bühnenbild für unser Theaterstück aufgebaut.
Habt ihr die Zelte schon abgebaut?

1. aufbauen – ✎
2. hineinbringen – ✎
3. einladen – ✎
4. abfließen – ✎
5. ausschalten – ✎
6. zunehmen – ✎
7. hinsehen – ✎
8. einkaufen – ✎

8 Nur eine kurze Meldung

Hinter kurzen Meldungen in der Zeitung stecken oft lange Geschichten.

Online-Link
Hörverstehen
313312-0102

1 Lies die folgende Meldung.

Aufruhr in Hameln

Hameln (ksi) – Seit gestern suchen in der ostwest-
fälischen Kleinstadt Hameln Hunderte von Ein-
wohnern nach ihren Kindern.
Wie die Polizei mitteilte, sind bis zum Abend etwa
100 Kinder als vermisst gemeldet worden.
Möglicherweise, so berichten Augenzeugen, steht
das mysteriöse Verschwinden der Kinder im Zusammenhang mit einem Flötenspieler, der sich
seit Tagen in der Stadt aufhält. Auch der Musikant
ist seither verschwunden.

2 Kennst du die Geschichte, die hinter dieser Zeitungsmeldung steckt?
Erzähle sie mit eigenen Worten nach.

Rückkehr einer Schlange

1 Hast du schon einmal eine Boa gesehen? Lies, was aus Frankreich gemeldet wurde.

> **Nordfrankreich, 8. September (dpa)** – Eine ausgerissene Boa namens „Marcel" ist nach mehr als zwei Monaten nach Hause zurückgekehrt. Das 1,50 Meter lange Reptil habe plötzlich wieder vor ihrer Türe in ihrem Heimatort in Nordfrankreich gelegen, berichtet die Besitzerin am Donnerstag. Sie hält die Rückkehr für reinen Zufall. Die ungefährliche Boa war Anfang Juli durch eine Belüftungsöffnung in ihrem Terrarium entkommen.

2 Was sagt ihr dazu, dass jemand eine Boa als Haustier hält? Sprecht darüber.

3 Welche Informationen habt ihr der Zeitungsmeldung entnommen? Was wisst ihr noch nicht genau?

4 Bereite dich darauf vor, eine Geschichte über die Boa zu schreiben.
1. Sammle Ideen für verschiedene Geschichten.
   Stelle dir die Situation vor:
   – Wie ist die Boa ausgebrochen?
   – Wie reagiert die Frau, als sie das leere Terrarium sieht?
   – Was erleben andere Menschen in den acht Wochen mit der Boa?
   – Wer sucht nach der Boa?
   – Was passiert dabei? …
2. Versetze dich in die Lage der Menschen: Welche Gefühle haben sie? Wie reagieren sie?
   – Die Einwohner des Ortes sind furchtbar aufgeregt. Sie …
   – Feuerwehrleute suchen angestrengt nach Marcel. Sie …
   – Ein Feuerwehrmann entdeckt Marcel. Er …
   – Die Boa aber …
3. Denke dir aus, was die Personen in der Geschichte gesprochen haben. Schreibt es als wörtliche Rede auf.
4. Finde eine passende Überschrift.

5 Setzt euch zu einer Schreibkonferenz zusammen. Lest eure Geschichten vor. Die anderen notieren, was sie gut oder weniger gut finden. Sprecht über die Geschichten und gebt einander Tipps zum Überarbeiten.

TIPP!
Sammelt eure überarbeiteten Geschichten in einem „Boa-Buch", das dann alle lesen können.

→ **Seite 258,** Arbeitstechnik „Interessant und spannend schreiben"

→ **Seite 248 f.,** wörtliche Rede

→ **Seite 259,** Arbeitstechnik „Eine Schreibkonferenz durchführen"

Das gibt's doch nicht!

1 Lies, was aus Wales gemeldet wurde.

Kein Wackelpeter

Caerphilly (rtr) – Weil ihm seine Mutter keinen Erdbeer-Wackelpeter servieren wollte, hat ein Vierjähriger in Wales die Polizei alarmiert. Richards Mutter hatte verlangt, dass der Junge erst sein Hauptgericht aufessen müsse. Daraufhin setzte sich das Kind über den Notruf mit der Polizei in Verbindung: „Sofort kommen und Mama abholen!" Die Ordnungshüter hatten Sinn für Humor und ließen dem Knirps einen Nachtisch zukommen.

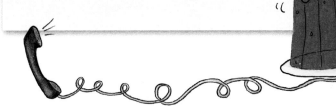

2 Nur an einer Stelle ist die Meldung so genau, dass man gleich weiß, was da passiert ist. Suche sie heraus.

3 Stelle dir vor,
- wie der Streit beim Mittagessen verläuft,
- wie sich der Junge beim Telefongespräch mit der Polizei verhält und was er sagt,
- was der Polizist sagt, als er mit dem Nachtisch vor der Haustür steht.
Notiere deine Ideen.

TIPP!
Du kannst deine Ideen in einem Wörternetz sammeln.

→ **Seite 258**,
Arbeitstechnik „Ein Wörternetz knüpfen"

4 Schreibe die Geschichte von Richard und dem Wackelpudding auf.

5 Lest eure Geschichten in der Klasse vor. Stellt fest, ob alle gleich sind oder ob ihr ganz unterschiedliche Geschichten erfunden habt. Sprecht darüber, warum das so ist.

6 EXTRA Lies diese Meldungen. Wähle eine aus und verfasse eine Geschichte dazu.

„Geisterzug" hielt Polizei in Atem

Gardner (AP) – Weil er Hunger auf Schokolade hatte, stoppte Lokführer Donald Silk seinen riesigen Güterzug, der von sechs Lokomotiven gezogen wurde, in Gardner (USA). Als Silk von seinem Einkauf zurückkam, war der Zug weg, raste führerlos mit bis zu 90 km/h übers Land, passierte mehrere Bahnhöfe. Im Polizeiwagen verfolgte der verzweifelte Eisenbahner den Geisterzug. Erst nach hundert Kilometern konnte er an einer Steigung auf ein Nebengleis umgeleitet und gestoppt werden.

Wundersame Fundsache

Amsterdam (rtr) – Vor drei Monaten wurde dem 60-jährigen Niederländer Cor Stoop während einer Bootsfahrt in der Nordsee übel. Er übergab sich – dabei gingen seine dritten Zähne über Bord. Wie Zeitungen berichteten, ist Stoops Mund nun wieder intakt. Ein Angler fand das Gebiss im Bauch eines Kabeljaus. Nachdem ein Rundfunksender dies gemeldet hatte, wurde Stoop mit seinen Zähnen wiedervereinigt.

Zum Weinen

Tränen vergossen gestern Polizisten auf der Autobahn A 10 ganz in der Nähe von Berlin. Ein Lastwagen hatte rund fünf Tonnen Zwiebeln verloren. Das hatte der Fahrer des Lkw nicht bemerkt. Die Polizisten und Helfer mussten die heruntergefallenen Zwiebeln in aller Eile aufsammeln. Dazu stand ihnen kein Atemschutz zur Verfügung.

An Raststätte vergessen

München, 22. Juli – Ein Ehepaar, das gemeinsam mit seinen Kindern (9 u. 12 J.) auf dem Weg in den Urlaub nach Italien war, ließ die beiden unbeabsichtigt an einer Raststätte zurück. Das Ehepaar war darüber, welche Reiseroute die beste wäre, heftig in Streit geraten. Es fuhr überstürzt los, ohne an die Kinder zu denken. Erst nach einigen Kilometern bemerkten die Eltern deren Fehlen und kehrten sofort um.

7 EXTRA Stellt die Geschichten in der Klasse vor.

Kurioses und Unglaubliches

1 Hier kannst du noch einige unglaubliche Meldungen lesen.

A

Das fahrende Skelett

In der Nähe von Celle verursachte ein junger Mann kürzlich einen schlimmen Unfall, weil er durch ein entgegenkommendes Auto verunsichert wurde. Der Fahrer des entgegenkommenden Wagens, ein englischer Arzt, hatte nämlich ein Skelett aus Kunststoff auf seinem Beifahrersitz angeschnallt. Er wollte es einem Kollegen in Deutschland als Geschenk mitbringen. Und so dachte der junge Mann, dass das Skelett am Steuer sitze, weil es auf der linken Seite saß.

B

Die geheimnisvolle Reise

Alex, ein Irischer Setter, verschwand am Montag zwischen 17.00 und 19.00 Uhr aus dem Garten seiner Besitzerin, Frau R. in Bensheim. Um 20.00 Uhr fiel der Hund einigen Passanten auf, als er gut 35 km von seinem Zuhause entfernt vor dem Hotel „Maritim" in Mannheim umherirrte. Die Passanten riefen die Polizei, die den Hund ins Tierheim brachte. Noch ist ungeklärt, wie das Tier zum „Maritim" kam.
Frau R. fand ihren Setter wieder, weil sie noch am selben Abend, als sie ihn vermisste, sämtliche Polizeistationen und Tierheime im Umkreis von 50 km angerufen hatte.

C

Glücksbiss

Mehr als nur Fleisch, Brot und Zwiebeln hat ein Münchner beim Biss in einen Cheeseburger gefunden. Als er den Imbiss verzehrte, biss er auf einen Diamanten im Wert von 1.200 €. Der 31-Jährige fand beim weiteren Kauen auch noch einen goldenen Ohrring. Den Ohrring ließ er an die Bedienung gehen, den Diamanten steckte der Kunde aber ein. Damit wollte er seiner Freundin eine Freude machen.

Einen Erzählkern ausgestalten

D

Feuerwehr befreit Katze

Grünheide (Brandenburg) – Im Garten der Familie Müller geriet gestern der acht Monate alte Kater Marti in große Schwierigkeiten. Er kletterte auf einen hohen Baum. Weil er noch etwas unerfahren war, scheiterte sein Versuch, wieder hinunter zu kommen. Durch sein ängstliches Miauen wurden die Nachbarn auf ihn aufmerksam, aber sie konnten nicht helfen. Erst die Feuerwehr, die herbeigerufen wurde, konnte das Tier retten.

2 Wähle A, B, C oder D: Nutze eine der vier Meldungen für das Erzählen einer spannenden Geschichte. Geh so vor:

1. Notiere zuerst die Einzelheiten zu Ort und Zeit des Geschehens sowie zu den genannten Personen oder Tieren.
   Beim Erzählen solltest du dich an diese Angaben halten. Du kannst sie aber noch ergänzen oder genauer darstellen.
2. Überlege, was in der Meldung seltsam bleibt. Stelle dazu entsprechende W-Fragen, z. B. Wo geschieht etwas? Was geschieht? Wer ist daran beteiligt? Warum kam es zu dem Geschehen? Was denken/fühlen/tun die Beteiligten?
3. Überlege dir die Antworten. Halte deine Ideen in Stichworten fest.
4. Erzähle nun Schritt für Schritt, wie alles geschehen ist.

3 Stelle deine Geschichte in der Klasse vor.

> **TIPP!**
> Du kannst deine Ideen auch in einem Wörternetz festhalten.

→ **Seite 258,**
Arbeitstechnik „Ein Wörternetz knüpfen"

→ **Seite 258,**
Arbeitstechnik „Interessant und spannend schreiben"

Die richtige Schreibung ableiten

1 **b** oder **p**? **g** oder **k**? **d** oder **t**? **h** oder kein **h**? **s** oder **ß**? **z** oder **s**?
Wiederhole und übe. Schreibe z. B.
ü?t – üben – übt; hu?t – hupen – hupt

1. er ü?t, sie hu?t, ihr erlau?t,
   du gi?st, gel?, plum?
2. du sa?st, Wer?zeu?, Bur?, Ber?, Spu?
3. Flu?stunde, Ra?haus, Schie?srichter
4. sie verzei?t ihm, Re?kitz,
   Flo?markt, Frü?stück
5. er grü?t, sie lö?t das Rätsel,
   Gla?blä?er
6. die Gan?, Geizhal?,
   gan? einfach, stol?
7. Gan?ta?sschule, Ra?we?,
   Nä?zeu?, Fu?we?

2 Die Verdopplung bestimmter Buchstaben kann man ebenfalls durch
Verlängern erkennen, wenn man in Silben spricht:
du beko?st – be-kom-men – du bekommst

Verlängere die folgenden Wörter und schreibe sie in Silben auf, z. B.
stimmt – stim-men

→ **Seite 251,**
Rechtschreib-
strategie: Ableiten

stimmt – brennt – Brett – dumm – dünn – fällt – glatt – Herr –
Kamm – kaputt – erkannte – hoffst – krumm – lässt – quillt – schleppst –
Schloss – schnappt – trifft – voll – klemmt – Schiff – Bett – Schwamm –
summt – platt – Damm – nett – schlapp – matt – klappt – brummt

> **Merke**
>
> **Die richtige Schreibung ableiten**
> - Bei Nomen hilft: Plural (Mehrzahl) bilden (Kind – Kin der,
>   Gruß – Grü ße)
> - Bei Adjektiven hilft: durch ein **e** verlängern (gelb – gel be)
> - Bei Verben hilft: Infinitiv (Grundform) bilden (du legst – lie gen)

3 Das *-ig* am Wortende spricht man wie das Wort *-ich* oder in manchen Gegenden auch als *-ick*.
Was hilft da? – Verlängern, z. B. ewi? – dein ewi-ges Nachfragen
Verwende die folgenden Wörter so in Sätzen, dass das *G* zu hören ist.

ewi? – billi? – ruhi? – Köni? – lusti? – bergi? – Ta?

→ **Seite 251,**
Rechtschreib-
strategie: Ableiten

→ **Seite 252,**
Worttrennung am
Zeilenende

TIPP!
Nur bei wenigen Wör-
tern muss ich mir die
richtige Schreibweise
einprägen.

4 Unterscheide *-ig* oder *-lich*. Forme entsprechend um, z. B.
Die Kühe sind glück<u>lich</u>. – die glück<u>lich</u>en Kühe
Die Freude war ries<u>ig</u>. – die ries<u>ig</u>e Freude

Die Wörter sind wichti?. – Die Zeiten sind friedli?.
Die Ameisen sind emsi?. – Die Menschen sind freundli?. –
Die Hütten sind armseli?. – Den Fehler mache ich häufi?. –
Der Ort ist heili?. – Der Wald wirkt unheimli?.

Ein *a* oder *au* im Wortstamm?

1 Suche den passenden Wortstamm und entscheide: *eu* oder *äu*? Schrei-be die Wörter mit *äu* auf und ergänze ein Wort aus der Wortfamilie mit *au*, z. B. Fr<u>äu</u>lein – Frau.

Fr?lein, B?tel, Schl?che, Geb?de, Fr?nde, R?ber,
K?fer, L?se, Sch?ne, Fr?de, Tr?me, St?ern, Br?te

2 Schreibt Verkleinerungsformen auf. Besprecht, was passiert, wenn ihr die Verkleinerungsform bildet, z. B.
Mann – Männchen – Männlein; Daumen – Däumchen – Däumeling

Hase – Maus – Katze – Taube – Nase – Haus – Laus
Vorsicht bei: Saal – Paar – Haar

3 Ein e oder ä? Schreibe ab und setze ein. Schreibe zu den *ä*-Wörtern verwandte Wörter mit *a* auf, z. B. ängstlich: Angst, angstfrei, Angsthase.

→ **Seite 251,**
Rechtschreib-
strategie: Merken

?ngstlich, B?lle, schn?ll, f?llen, qu?len,
h?ll, gef?hrlich, R?tsel, Br?nde, F?ll, b?llen,
j?hrlich, schl?frig, tr?ge

Merke

Rechtschreibstrategie: Merken
Zu einigen Wörtern mit *ä* gibt es **keine** verwandten Wörter mit *a*.
Diese Wörter musst du dir **einprägen**: *allmählich, Bär, Dämmerung, gähnen, gebären, Käfer, Käfig, Käse, während, nämlich, schräg.*

Wahre Meldung oder Zeitungsente¹?

1 Versuche, die folgende Meldung trotz der fehlenden Buchstaben flüssig zu lesen.

¹ Zeitungsente, die: falsche Zeitungsmeldung

Armes M?nnlein oder listiger T?ter?

Trotz großer K?lte machte in der N??jahrsnacht ein völlig entkr?ftet wirkendes M?nnlein reiche B??te.

Mit einem f?tten gez?hmten Rentier an der K?tte l??tete der kleine Mann an den Türen ?ngstlicher R?ntner und erkl?rte ihnen, dass zwar
5 sein Tier wohl gen?hrt sei, er selbst sich aber vor Hunger kaum noch auf den Beinen halten könne. Er h?tte n?mlich alle milden Gaben auf dem Weg durch D??tschland zu Fuß dem Tier zukommen lassen. Wegen einer gutgl??big und leichtsinnig abgeschlossenen W?tte müsse er das arme Tier aber zum M?tzger bringen, wenn nicht beide gut ges?ttigt
10 am 31. Januar die Gr?nze zu Schweden erreichten. Die Benutzung einer F?hre sei ihnen erlaubt. Voller Verst?ndnis überh??ften ihn die meisten L??te mit Essen, Getr?nken und G?ld. Als eine misstrauische ?ltere Frau die Polizei alarmierte, raste der T?ter, der sich als guter L??fer erwies, quer durch die benachbarten G?rten und verschwand hinter den
15 B??men eines nahen W?ldchens.

2 Was glaubt ihr: Handelt es sich um eine wahre oder um eine falsche Meldung? Begründet eure Meinung.

3 Übernimm die Tabelle in dein Heft.
Setze bei den unvollständigen Wörtern *e*, *ä*, *eu* oder *äu* ein.
Trage die Wörter in die richtigen Spalten ein.

e	ä	eu	äu
✎ ✎ ✎ ✎	Männlein	✎ ✎ ✎ ✎	✎ ✎ ✎ ✎

Ableiten als Rechtschreibhilfe

4 Wie schreibt man folgende Wörter? Überlege, ob *b* oder *p*, *d* oder *t*,
g oder *k* eingesetzt werden muss.
Verlängere und sprich, z. B. Lob – loben, also mit b
Schreibe dann die Wörter auf.

Lo? – Han?stan? – Rei?pfer? – er ho? – er flo? – sie zo? – er fan? –
sie ban? – Schla?zeile – le?haft – Spu?geschichte

5 Schreibe die folgenden Wörter untereinander. Schreibe dann rechts
daneben, wie du ableitest, um beim Sprechen alle Laute zu erkennen, z. B.
er küsst → küs-sen

er küsst – du hoffst – es knallt – es steht – du schwimmst – es stimmt –
es klappt – du kennst – ihr stellt – du kommst – es passt – es weht

Arbeitstechnik

Ein Selbstdiktat schreiben

Bei einem Selbstdiktat geht man so vor:
- Lies zuerst den ganzen Text, um den Inhalt zu verstehen.
- Lies danach den ersten Satz und präge ihn dir ein.
- Decke den Text ab und schreibe den Satz aus dem Gedächtnis.
  Sprich leise oder „in Gedanken" mit. Schwierige Wörter sprichst du
  am besten, indem du sie nach Silben trennst.
- Danach kommt der zweite Satz: lesen, abdecken, aufschreiben usw.

6 Schreibe als Selbstdiktat. Leite die Schreibung der Wörter mit *ä* ab, z. B.
älter von alt

Der ältere Bäcker hält ärgerlich das Gebäck in seinen Händen. Er schämt
sich wegen der Härte der Backränder.

7 Schreibe ab und ergänze die fehlenden Buchstaben.

e oder ä?
Die B⬛lle liegen an einer St⬛lle in den St⬛llen, wo Hunde mit
gl⬛nzenden F⬛llen gef⬛hrlich b⬛llen.

eu oder äu?
Die vier Fr⬛nde ließen sich h⬛slich in dem ger⬛migen Geb⬛de nieder.
H⬛te Abend wollen sie ein Fr⬛denf⬛er anzünden; denn während ihrer
Abent⬛er hatten sie reiche B⬛te gemacht. Es war mucksm⬛schenstill,
kein Ger⬛sch war zu hören. Am Himmel l⬛chteten die Sterne, und die
R⬛berbande lächelte sich zu.

9 ...und laden euch herzlich ein

Feste und andere Veranstaltungen

1 Ihr seht hier verschiedene Einladungen. Besprecht:
- Wann habt ihr selbst zuletzt eine Einladung bekommen oder gelesen?
- Bei welcher Gelegenheit habt ihr selbst eine Einladung geschrieben?

Liebe Olivia,

am 16. Juni feiere ich meinen 12. Geburtstag. Dazu möchte ich dich herzlich einladen. Bring bitte Badezeug, ein Handtuch und viel gute Laune mit. Um 19:00 Uhr bringen meine Eltern dich wieder nach Hause. Ich freu mich schon auf deinen Besuch.

Manuela

Am 27. März wählt Memmingen seinen neuen Bürgermeister.
Einladung zur Vorstellung der Kandidatinnen/Kandidaten

Die Kandidatinnen und Kandidaten stellen sich in einer öffentlichen Veranstaltung am 10. Februar in der Stadthalle vor. Alle Bürgerinnen und Bürger sind herzlich eingeladen. Die Veranstaltung beginnt um 19:00 Uhr.

B. Müller
Sprecher des Gemeinderats

Monika Reichle &
Jens Hausmann

Wir sagen JA! Wir heiraten!
Standesamtliche Trauung 10:30
im Augsburger Standesamt,
Kirchliche Trauung 14:15
im Dom zu Augsburg

Wir würden uns sehr freuen,
wenn wir dich/Sie zu unserer Hochzeit
begrüßen könnten, und laden herzlich
zur anschließenden Feier
im Ratskeller Augsburg.

Wir bitten um Zusage
unter Tel.: 123456

Olli & his Gang
DAS Konzert!

Was? Mit neuem Programm „Fantasie"
Wo? Jugendzentrum am Treidelpfad
Wann? Samstag, 19. April
Wie? Fantastisch!

Bei Vorlage dieses Flyers werden an der Abendkasse 50 % Nachlass gewährt!

Einladungen schreiben und gestalten

2 Vergleiche die Einladungen. Stelle fest, wodurch sie sich unterscheiden und was bei allen gleich ist.

3 Sieh dir die Einladungen ganz genau an. Sind sie vollständig oder fehlen wichtige Informationen? Beantworte dazu die Fragen:
- Was findet statt?
- Wer lädt ein?
- Wann?
- Wohin?/Wo?
- Wie komme ich hin?
- Soll ich vorher zusagen/absagen?
- Muss ich mich anmelden?
- Ist der Eintritt frei?

4 Welche Einladung findest du besonders gelungen, welche spricht dich nicht an? Begründe.

Was? Wer? Wo?

→ **Seite 247,**
Anredepronomen

1 Gestalte selbst eine Einladung. Gehe so vor:

1. Schreibe, wozu du einladen willst, z. B.
   - Faschingsparty unter dem Motto
     „Um 12 beginnt die Geisterstunde"
   - Schultheater-Aufführung „Jonas, hast du Mut?"
   - Sportfest im Sportverein
   - Einladung zur Geburtstagsfeier
   - ein Ereignis in der Schule

2. Entscheide, wie deine Einladung aussehen soll, z. B.
   - handgeschriebene Einladungskarte
   - Plakat
   - E-Mail
   - computergeschriebene Einladung
   - fotokopiertes Info-Blatt
   - Anzeige in der Zeitung

3. Überlege, wie du die Einladung schreiben willst:
   1. Einladung in tabellarischer Form, z. B.

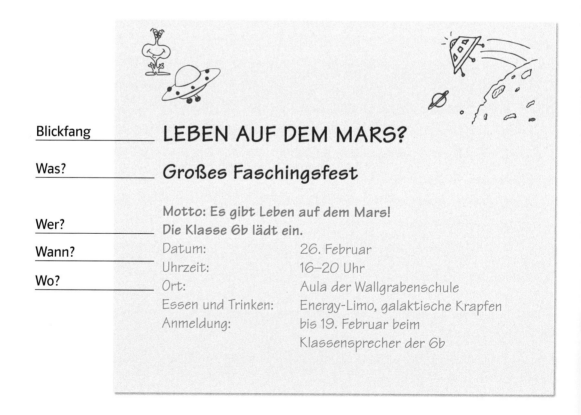

Blickfang	**LEBEN AUF DEM MARS?**
Was?	*Großes Faschingsfest*
Wer?	Motto: Es gibt Leben auf dem Mars! Die Klasse 6b lädt ein.
Wann?	Datum: 26. Februar
	Uhrzeit: 16–20 Uhr
Wo?	Ort: Aula der Wallgrabenschule
	Essen und Trinken: Energy-Limo, galaktische Krapfen
	Anmeldung: bis 19. Februar beim Klassensprecher der 6b

2. Einladung mit einem fortlaufenden Text, z. B.

An alle Mars- und Erdmenschen!

Liebe Freunde aus dem Universum, ———————————— Anrede

wir, die Außerirdischen aus der Galaxis 6b, laden euch zu unserem ——— Wer?

Faschingsfest am Samstag, 26. Februar, von 16 bis 20 Uhr ——— Was? Wann?

in die Aula der Wallgrabenschule ein. Wir bringen verbrauchte Energie ——— Wo?

sofort zurück: Es gibt Krapfen und Limo.

Kommt ihr? Bitte sagt dem Klassensprecher bis zum 19. Februar

Bescheid, damit wir alles gut vorbereiten können.

2 Stellt eure Einladungen in der Klasse vor und besprecht sie:
- Enthält die Einladung alle notwendigen Informationen?
- Ist sie klar und übersichtlich gestaltet?
- Weckt die Einladung Interesse an der Veranstaltung?

Arbeitstechnik

Eine Einladung schreiben

1. Inhalt
- Nenne das Ereignis, zu dem du einlädst.
- Gib an, wer das Ereignis veranstaltet und wer einlädt.
- Informiere über das Datum, die Uhrzeit und den Veranstaltungsort.
- Gib an, ob die Besucher sich anmelden sollen und ob ein Eintrittspreis erhoben wird.

2. Form
- Entscheide, welche Form die Einladung haben soll (Einladungs-karte, Einladungsbrief, Plakat, Flyer, E-Mail, Anzeige in einer Zeitung).

3. Gestaltung
- Ordne die Inhalte klar und übersichtlich auf dem Papier an (Tabelle, fortlaufender Text).
- Hebe wichtige Inhalte besonders hervor (Überschrift als Blickfang, Unterstreichungen, große Schrift, Farben).
- Entscheide, ob Zeichnungen oder Bilder verwendet werden sollen.

Gut geplant ist halb gefeiert!

Die Einladung ist ein wichtiger Schritt. Aber es müssen noch viele andere Dinge vorbereitet werden, damit alles klappt. Ganz egal, ob es um eine Geburtstagsfeier oder eine Klassenfete geht: Mit Planung geht alles besser.

> **TIPP!**
> Benutzt zum Sortieren entweder eine Tabelle (jeder Oberbegriff bekommt eine Spalte) oder ein Wörternetz (jeder Oberbegriff bekommt einen „Ast").

1 Sucht euch eine Veranstaltung von Seite 112 bzw. 113 aus oder überlegt euch selbst ein Fest, das ihr organisieren möchtet. Schreibt alle Einzelheiten auf, an die ihr denken müsst, damit das Fest gelingt. Arbeitet in Gruppen.

2 Sortiert eure Stichworte aus Aufgabe 1, damit ihr schnell erkennt, ob ihr an alles gedacht habt. Ordnet sie nach Oberbegriffen, z.B. Raum, Essen, Trinken, Musik...

3 Fuat, der Klassensprecher der 6b, hat in Vorbereitung der nächsten Klassenfeier einige Stichworte notiert. Besprich mit deiner Partnerin oder deinem Partner, was zuerst und was später erledigt werden muss. Schreibt die folgenden Punkte in der passenden Reihenfolge auf:

Getränke besorgen, Raum organisieren, Thema finden, Ideen sammeln, Material besorgen, Einladungen schreiben, Einladungen verschicken, Essen besorgen, Termin festlegen, Raum dekorieren, Plakat entwerfen, Schulleiter um Einverständnis bitten, Hausmeister informieren

4 Die Klasse möchte diesmal im Bürgerzentrum feiern. Dort könnte man vom 3. bis 7. August einen Raum bekommen. Diskutiert, an welchem Tag die Feier durchgeführt werden sollte. Berücksichtigt dabei die Raumsituation.

Raumbelegungsplan 3. – 7. August					
	Di	**Mi**	**Do**	**Fr**	**Sa**
Zimmer 1 (20 m²)	9:30 Sprachkurs	16:00 Hausaufgabenhilfe		9:30 Sprachkurs	
Zimmer 2 (25 m² mit Küche)				15:30 Holzwerkstatt	
Saal (25 m²)	18:00 Tanzgruppe	20:00 Gesangsverein	16:00 Kinderkino		20:30 Disco

5 Um den Überblick zu behalten, ist ein Plan nützlich:
Übertrage die folgende Tabelle in dein Heft. Trage dann die wichtigsten Punkte, die du in Aufgabe 2 aufgelistet hast, in die erste Spalte ein. Schreibe in die zweite Spalte, bis wann jeder Punkt erledigt sein muss. In die dritte Spalte kannst du eintragen, wer dir dabei helfen könnte.

Was?	Wann?/Bis wann?	Wer?	Erledigt

6 EXTRA Plane eine Geburtstagsfeier. Entwirf dazu einen Organisationsplan.

Was dich stark macht

Arbeitstechnik: Ein Fest oder ein Projekt planen
1. Schreibe alles auf, was für dein Fest oder dein Projekt erledigt werden muss. Notiere auch die Dinge, die hinterher getan werden müssen (z. B. aufräumen oder den Helfern danken).
2. Entwirf eine Tabelle als Organisationsplan. Trage alle Aufgaben möglichst geordnet in die linke Spalte ein. Notiere zu jedem Punkt, bis wann er erledigt sein muss.
3. Trage ein, wer dir helfen kann.
4. Wenn du etwas erledigt hast, hake es im Organisationsplan ab.
5. Überprüfe während der Vorbereitung immer wieder, ob du noch im Zeitplan liegst oder ob du an deinem Plan etwas ändern musst.

Der Hexenmeister lädt ein

1 Schreibe die tabellarische Einladung als fortlaufenden Text auf.
Erweitere deinen Text durch Anrede und Anmeldung:
- Wie redet der „Hexenmeister" seine Freunde in der Einladung an?
- Bis wann und in welcher Form müssen sie ihm Bescheid geben,
  ob sie kommen?

Was?	**Hexenparty**
	Kostümfest mit Besenlauf und Zaubertricks
Wer?	Der Hexenmeister
Wo?	Lindenstraße 13, 94469 Deggendorf
Wann?	am Samstag, dem 13.11., ab 16:11 Uhr
Wie lange?	bis ca. 22:11 Uhr
Warum?	Paul wird 12
Essen?	giftgrüner Wackelpudding, panierte Kürbisse
Trinken?	Zaubertränke

TIPP!
Du kannst die Bilder
zeichnen oder aus
Zeitschriften aus-
schneiden und auf-
kleben.

2 Gestalte deinen Text mit lustigen Bildern.

3 Verfasse mithilfe der Angaben einen möglichst originellen Einladungstext. Wähle A, B oder C:

> **TIPP!**
> Du kannst auch den Computer nutzen.

A Einladung zum großen Filmabend
Ihr wollt am Freitag nächster Woche in der Aula eurer Schule einen Filmabend für die Schülerinnen und Schüler der Klassen 5 bis 7 veranstalten.
Verwendet die folgenden Angaben:
- Ein Überraschungsfilm soll gezeigt werden.
- Beginn der Veranstaltung ist 17.00 Uhr.
- Das Ende der Veranstaltung ist gegen 19.30 Uhr.
- In der Pause können die Schüler Popcorn, Waffeln und Getränke kaufen.
- Der Eintritt für den Filmabend ist frei.
- Ansprechpartnerin ist Sandra S. aus der Klasse 6b.

B „Hier spielt sich etwas ab!" – Einladung zum großen Spieletreff
Ihr wollt am Mittwoch nächster Woche in der Schule einen Spieletreff veranstalten.
Überlegt und schreibt,
- wo genau der Spieletreff stattfinden wird,
- wen ihr dazu einladen wollt,
- wann die Veranstaltung beginnt und wie lange sie dauern wird,
- welche Spiele gespielt werden sollen,
- wer was mitbringen soll.

C Einladung zur großen Gartenfete
Du möchtest zu deinem Geburtstag am nächsten Wochenende eine große Gartenfete feiern.
Vorgesehen sind ein Lagerfeuer und die Übernachtung im Zelt.
Überlege und schreibe,
- wo die Feier stattfinden soll,
- wen du dazu einladen willst,
- wann die Feier beginnt und wie lange sie dauern wird,
- was mitgebracht werden soll,
- wie die Feier ablaufen wird.

Denke bei der Einladung auch an eine originelle Überschrift.

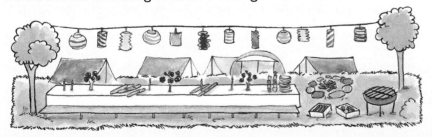

4 Gestalte deine Einladung mit schöner Schrift und passenden Bildern.

Einladung zum Gespräch

1 Janina schreibt ihrer Trainerin einen Brief. Sie möchte mit ihr sprechen. Tauscht euch darüber aus, was Janina mit dem Brief erreichen will.

> Sehr geehrte Frau Meyer,
> Entschuldigung, aber ich halte das nicht länger aus. Sie müssen etwas gegen mich haben. Immer wenn jemand in der Sportgruppe tuschelt oder schwatzt, sagen Sie: „Janina, halt endlich den Mund!"
> Meine Freundinnen haben mir berichtet, dass Sie das sogar letzte Woche gesagt haben, als ich krank im Bett lag.
> Was habe ich denn gemacht, dass Sie so von mir denken? Ich bin zwar kein Engel, aber das finde ich total ungerecht. Und außerdem will ich ja wirklich besser werden. Würden Sie einmal mit mir darüber sprechen?

2 Übernimm die Tabelle in dein Heft. Trage alle Pronomen (Fürwörter) aus dem Text in die richtige Spalte ein. Vergleiche dein Ergebnis mit dem deines Nachbarn.

Personal-pronomen	Possessiv-pronomen	Demonstrativ-pronomen	Frage-pronomen	Anrede-pronomen
ich	meine	das	✎ ✎ ✎	Sie

Merke

Pronomen (Fürwörter)
- können im Text für Nomen stehen, damit diese nicht ständig wiederholt werden müssen:
  Janina schreibt der *Lehrerin* einen Brief. *Janina* möchte mit *der Lehrerin* sprechen. → *Sie* möchte mit *ihr* sprechen.
- können Begleiter eines Nomens sein: meine/diese Lehrerin
Man unterscheidet u.a.:
Personalpronomen (persönliche Fürwörter): *ich, du, er, sie, es, wir, ihr, sie* (die gebeugten Formen: *mir, mich, ihm, ihn, ihr, euch, uns ...*)
Possessivpronomen (besitzanzeigende Fürwörter): *mein, dein, sein, ihr, unser, euer ...*
Demonstrativpronomen: *dieser, jener ...*
Fragepronomen: *wer, was, wie, welcher ...*
Anredepronomen: *du, dir, dich, Sie, Ihnen, Ihr, Ihre, Ihren, Ihres ...*

3 Tilo schreibt seinem Klavierlehrer. Welche Bitte hat er?

> Sehr geehrter Herr Wagner,
> ich schreibe ihnen diesen Brief, weil ich nicht weiß, was ich machen soll.
> Könnten sie mal mit mir sprechen? Jeden Tag sitze ich ein bis zwei
> Stunden am Klavier. Gestern habe ich allerdings gar nicht geübt, weil
> ich für die Schule so viel zu tun hatte. Und dann sagen sie auch noch
> oft: „Tilo, du musst unbedingt mehr üben!" Vielleicht glauben sie mir
> nicht, dass ich vor der letzten Klavierstunde stundenlang geübt habe.
> Das Ergebnis kennen sie ja. Wie soll das weitergehen? Darüber würde
> ich gerne einmal mit ihnen sprechen.
> ihr Tilo

4 Tilo hat Fehler bei der Schreibung der Pronomen (Fürwörter) gemacht. Schreibe den Brief richtig ab. Unterstreiche die Pronomen.

5 In Levins Brief fehlen einige Pronomen. Versuche, ihn trotzdem flüssig zu lesen.

> Hey Bruder,
> so geht das nicht mehr weiter. Mit ... Zeilen will ich mich bei ... be-
> schweren und ... vorwarnen. Ich habe es mir gefallen lassen, dass
> du ... immer unser gemeinsames Zimmer verbietest oder ... mit
> Kopfhörern an den Computer in die Ecke setzt, wenn ... Freundin zu
> Besuch ist. Ich kann mir ja schon denken, dass ... verliebt bist und
> ungestört sein willst, aber dass ... mich jetzt auch bei Regen nach
> draußen verdrücken muss, geht zu weit.
> Bis zum Sonntag sollten ... das Problem besprechen, sonst muss
> ich ... Eltern um Hilfe bitten.
> ... Bruder

6 Was meint ihr zu Levins Brief? Worüber habt ihr euch schon einmal bei Freunden, Lehrern, Eltern oder Geschwistern beschwert?

7 EXTRA Schreibe den Brief ab. Ergänze dabei die fehlenden Pronomen.

> **Merke**
>
> Wenn du jemanden mit „Sie" ansprichst, schreibst du die **Anrede-pronomen** *Sie, Ihr, Ihre, Ihren, Ihres, Ihnen* groß.

Einladung zum bunten Abend

Liebe Eltern, liebe Lehrerinnen und Lehrer,

wir möchten ✎ (SIE) und ✎ (IHRE) Familie ganz herzlich zu
✎ (UNSEREM) diesjährigen bunten Abend in die Turnhalle der
Schule einladen. Er findet am Freitag, dem 1. Juni (ab 19.00 Uhr)
statt. Lassen ✎ (SIE) sich überraschen von großartigen Sängern,
erstklassigen Tanzeinlagen und lustigen Sketchen. Erleben ✎ (SIE),
welches ungeahnte Talent vielleicht auch in ✎ (IHREM) Kind steckt!
Unsere neu gegründete Schulband wird ✎ (IHNEN) an diesem
Abend eine erste Kostprobe ✎ (IHRES) Könnens geben. Außerdem
werden ✎ (IHNEN) einige Lehrerinnen und Lehrer zeigen, wie Schule
in ✎ (IHRER) Kindheit war! Einige Mitglieder ✎ (UNSERES) Förder-
vereins werden ✎ (SIE) in der Pause mit kleinen Snacks bewirten,
die ✎ (SIE) zusammen mit der AG Kochen vorbereitet haben.
Karten erhalten ✎ (SIE) für 1 Euro an der Abendkasse. Bitte tra-
gen ✎ (SIE) im unteren Abschnitt ein, mit wie vielen Personen
✎ (SIE) kommen möchten.
Dieses einmalige Erlebnis dürfen ✎ (SIE) auf keinen Fall verpassen!
Wir hoffen, dass ✎ (SIE) zahlreich erscheinen und wünschen
✎ (IHNEN) viel Spaß und gute Unterhaltung.

✎ (IHRE) Schülervertretung

→ Seite 247,
Pronomen

1 Prüfe, ob die Pronomen (Fürwörter) in den Klammern groß- oder kleingeschrieben werden müssen.

→ Seite 247,
Anredepronomen

2 Schreibe die Einladung ab und setze die Pronomen (Fürwörter) in der
richtigen Schreibweise ein.

Einladung zum Rätselraten

1 Weißt du, wer „sie" ist? Schreibe die Lösung auf.

Sie hat einen Hals, sie hat einen Bauch,
keinen Kopf, kein Bein, o Graus!
Und kann sie drum nicht laufen auch,
so läuft es doch aus ihr heraus.

2 Rate!
– Welches Wort ist hier gesucht?
– Welches Wort steht stellvertretend für das Lösungswort?
– Wer wird hier mit „du" angesprochen?

Es hat einen Rücken und liegt nicht drauf.
Du brauchst keinen Hammer und schlägst es auf.
Es hat keinen Mund und redet doch klug.
Es ist kein Baum und hat Blätter genug.

3 Wer spricht hier? Und welches Wort vertritt den Sprecher im Rätsel?

Ich gehe durch die Lande und bleibe doch, wo ich bin.

4 Für welche Wörter steht das „es"?

Was ist das?

– Je mehr man hinzutut, desto kleiner wird es und je mehr
  man wegnimmt, desto größer wird es.

– Es hat ein Loch und macht ein Loch und schlüpft selbst
  durch dieses Loch.

5 ᴱˣᵀᴿᴬ Löse das folgende Zahlenrätsel

Wie viele?
„Wie viele seid ihr eigentlich?", fragte die Wildgans eine Schar von Gänsen,
die auf dem Teich schwamm. „Ihr seid wohl hundert?" „Nein", bekam sie
zur Antwort, „noch einmal so viele, wie wir sind, und ein Drittel dazu und
dann noch du und ich, dann werden es gerade hundert sein."

6 ᴱˣᵀᴿᴬ Gebt euch gegenseitig Rätsel auf, in denen Personalpronomen
(persönliche Fürwörter) Stellvertreter sind.

Lösungen: *Aufgabe 1: Flasche; Aufgabe 2: Buch; Aufgabe 3: Straße; Aufgabe 4: Loch und Nadel; Aufgabe 5: zweiundvierzig Gänse*

Ich freue mich auf deinen Besuch

1 Stelle einem Freund oder einer Freundin Fragen und schreibe sie auf,
z. B. *Wie gefällt dir unser Partyprogramm?*
Erkundige dich,
1. wie ihm/ihr euer Partyprogramm gefällt.
2. welcher Termin ihm/ihr passt.
3. welche Musik ihm/ihr gefällt.
4. ob er/sie noch jemanden mitbringt.
5. ob ihr ihm/ihr eine Einladung schicken sollt.
6. ob ihr ihn/sie abholen sollt.

2 Stelle jemandem, den du mit „Sie" ansprichst, Fragen und schreibe sie
auf, z. B. *Kann ich mit Ihnen sprechen?*
Erkundige dich,
1. ob du mit ihm sprechen kannst.
2. ob ihm der Termin passt.
3. ob du ihm eine Einladung schicken sollst.
4. ob ihm euer Festprogramm gefällt.
5. ob du ihm den Weg beschreiben sollst.
6. ob ihr ihn/sie abholen sollt.

→ **Seite 247,** Pronomen

→ **Seite 247,** Anredepronomen

3 Schreibe die Sätze ab. Ergänze die fehlenden Pronomen (Fürwörter).

❶

Liebe Frau Lehmann,
zu ✎ großen Feier anlässlich des 90. Geburtstages ✎ Uroma
möchten wir ✎ ganz herzlich einladen ...

❷

Liebe Leute,
wie jedes Jahr wollen meine Schwester und ich an ✎ Samstag
wieder ✎ traditionelle Pyjama-Party feiern, zu der wir ✎ hiermit
herzlich einladen ...

❸

Sehr geehrte Frau Ulrich,
ich möchte ✎ bitten, mit ✎ über ✎ Leistungen in der Klassenarbeit
zu sprechen. Ich werde ✎ erzählen, wie es dazu gekommen ist ...

Wortart: Pronomen; Schreibung der Anredepronomen

4 Schreibe die Fragen ab und beantworte sie. Die Antworten sollen mit „Nein" beginnen. Setze dabei die passenden Pronomen ein, z. B.

→ **Seite 247,** Pronomen

Hast du es deinen Eltern schon erzählt? – Nein, ich habe es ihnen *noch nicht erzählt.*

1. Hast du es deinen Eltern schon erzählt? – ...
2. Hast du Herrn Müller heute schon gesehen? – ...
3. Hast du es deinen Freunden schon gesagt? – ...
4. Hast du die Hausaufgaben schon gemacht? – ...
5. Hast du deine Nachbarin schon eingeladen? – ...

5 In dem Text fehlen die Pronomen (Fürwörter). Versuche, ihn trotzdem flüssig zu lesen. Ergänze dabei die fehlenden Pronomen. Übe mit einem Partner.

Max Hallo, Leon!
Leon Hallo!
Max Leon, ich lade ✎ zum Geburtstag ein, am Freitag.
Leon Am Freitag? Schade! Da bin ich zum Judotraining.
Max Macht nichts. Du kannst danach kommen. Wir treffen uns erst am Abend bei ✎. Wir feiern nicht bei ✎ zu Hause, wir gehen alle zum Gokart-Rennen in die Sportarena.
Leon Super!
Max Und deine Schwester? Was ist mit ✎? Kann ✎ auch am Samstag mit ✎ Gokart fahren?
Leon Keine Ahnung. Ich frage ✎ heute Abend.
Max Nicht nötig, ich sehe ✎ ja nachher. Da frage ich ✎ selbst.
Leon Und was wünschst du dir von ✎?
Max Ich weiß nicht!
Leon Dann überleg es dir und sag's ✎ rechtzeitig.
Max Ich sage es ✎ morgen.
Leon Okay.

6 Schreibe die Sätze ab. Ersetze dabei die rot gedruckten Wörter durch Personalpronomen (persönliche Fürwörter), z. B. *Max spricht mit ihm.*

1. Max spricht mit Leon.
2. Er lädt Leon zum Geburtstag ein.
3. Leon erzählt Max vom Training.
4. Max will nach dem Training mit den Freunden Gokart fahren.
5. Max sieht die Schwester später.
6. Da will er mit dem Mädchen sprechen.
7. Leon fragt, was er Max schenken könnte.
8. Max will den beiden morgen sagen, was er sich wünscht.

10 Unsere Fahrt in die Berge

Einige Schulen organisieren jedes Jahr im Winter eine Fahrt ins Gebirge. Dort wird dann Wintersport getrieben. Die Teilnehmer lernen, wie man sich richtig auf der Piste verhält, welche Aufgaben der Bergrettungsdienst hat und vieles andere mehr.

1 Hast du schon einmal an einer Skifreizeit teilgenommen? Berichte darüber.

2 Welche Informationen kannst du den Bildern entnehmen?

Informierendes Schreiben: Berichten und beschreiben

Informationen für einen Bericht auswählen

1 Neben begeisterten Schülerinnen und Schülern gibt es aber auch kritische Stimmen zur Skifreizeit. Hier ein Brief eines Elternpaares an den Schulleiter. Welche Auffassung vertreten die Eltern? Was denkst du darüber?

> Sehr geehrter Herr Wehnert,
>
> ...
>
> Wir sind der Auffassung, dass unsere Kinder in Zukunft nicht mehr auf eine Skifreizeit fahren sollten. Zu solchen Unternehmungen gibt es später noch genügend Zeit. In der Schule aber müssen andere Dinge im Vordergrund stehen: Deutsch, Mathematik, Englisch usw. sind doch viel wichtiger. Immer wieder lesen und hören wir Berichte darüber, dass die Kinder in Deutschland weder richtig lesen noch rechnen können.
>
> ...

2 Die Schulleitung verlangt von den Teilnehmern der Skifreizeit einen Bericht über die letzte Fahrt. Überlege, was sie wissen muss, um die Fahrt auch im nächsten Jahr genehmigen zu können. Auf welche Fragen muss der Bericht Antwort geben?

- Wer nahm an der Fahrt teil?
- Wie viele ...?
- Wohin ...?
- Womit ...?
- Wie lange ...?
- Wie teuer ...?
- Was wurde unternommen?
- Was wurde dabei gelernt?
- Welche besonderen Vorkommnisse ...?
- ...

3 Begründe, warum die folgenden Informationen nicht in diesen Bericht gehören:

Skilaufen ist eine irre Sache! ...
So viel Schnee habe ich noch nie gesehen! ...
Die Zeit verging für alle viel zu schnell ...

4 Hier sind Ausschnitte aus Briefen, Telefongesprächen und Erzählungen der Teilnehmer. Entscheide bei jedem einzelnen Satz, ob er in dem Bericht stehen könnte oder nicht. Lies dir dazu die Fragen in Aufgabe 2, Seite 127, noch einmal genau durch.

1
Wir fuhren am 30.01.2012 um 20.00 Uhr mit dem Bus los. Wir hatten eine Mordsgaudi.

2
So lange bin ich noch nie unterwegs gewesen! Wir fuhren fast 12 Stunden mit dem Bus bis Steibis / Oberallgäu und dann noch 20 Minuten mit der Seilbahn.

3
Der Hüttenwirt erwartete uns an der Bergstation, um unser Gepäck zur Hütte zu transportieren. Er hatte seinen Hund mitgebracht, der wild um uns herumjagte.

4
Jetzt mussten wir durch den tiefen Schnee zum Berggasthof „Hochbühl" stapfen. Das war ganz schön mühsam. Aber der Blick über die Alpenkette und den Bergwald entschädigte für diese Mühe.

5
Am Samstag kamen die Skilehrer. Unsere Lehrer hatten uns bereits in Skikurse eingeteilt. Viele waren sehr nervös, ob sie sich auch nicht zu ungeschickt anstellen würden. Wir hatten an jedem Tag Skiunterricht; dadurch haben alle das Skilaufen gut erlernt.

6
Nach dem Mittagessen, was glaubst du, was ich für einen Hunger hatte, wurden uns Skischuhe und Skier angepasst. Jeder von uns bekam ein passendes Paar.

7
Endlich angekommen! Wir haben unsere Zimmer bezogen; jedes Zimmer hat zwischen vier und zehn Betten. Es ist überall unheimlich gemütlich. Mir ist jetzt schon klar, dass man viel Rücksicht aufeinander nehmen muss.

8
Neben dem Skiunterricht erzählten uns die Skilehrer viel über das Leben in den Bergen und die Besonderheiten der Bergwelt. Endlich mal Unterricht, der richtig Spaß macht!

9
Das hätte ich mir vorher so nicht vorgestellt: Nach einem tollen Hüttenabend nahmen wir am Freitag, dem 06.02., traurig Abschied von der Hütte in der Gewissheit, im nächsten Jahr natürlich wieder dabei zu sein. Vor allen Dingen bei dem Preis könnten sich meine Eltern das gar nicht leisten.

10
Hallo Oma, wir sind gut angekommen.

Informierendes Schreiben: Berichten und beschreiben

Einen Bericht schreiben

1 Besprecht, warum einige Sätze aus den Texten auf Seite 128 nicht in einen Bericht passen.

2 Schreibe die Informationen aus den Texten auf Seite 128 heraus, die für die Schulleitung wichtig sind. Sieh dir dazu noch einmal die Fragen aus Aufgabe 2, Seite 127, an. Lass weg, was nicht in einen Bericht gehört:
- persönliche Eindrücke und Gefühle,
- Meinungen und Vermutungen,
- überflüssige Kleinigkeiten,
- persönliche Ausschmückungen,
- wörtliche Rede.

3 Ein Bericht sollte übersichtlich gegliedert sein. Besprecht, was zu beachten ist (Überschrift, Einleitung, Reihenfolge der Geschehnisse, …).

> **TIPP!**
> Beachte die Hinweise im Arbeitstechnik-Kasten.

4 Schreibe jetzt den Bericht an die Schulleitung.

Arbeitstechnik

Einen Bericht schreiben

Ein Bericht soll über Ereignisse informieren. Schreibe daher **sachlich** und **genau**. Vermeide das Darstellen aller persönlichen Eindrücke, Wertungen und Gefühle.

Formuliere eine passende **Überschrift**.

Beantworte im **Einleitungssatz** die Fragen: Wer? Wann? Wo? Was?

Anschließend folgen die **genaueren Informationen** über den Grund (Warum?), den Hergang (Wie? Was ist passiert?) und die Folgen des Geschehens (Mit welchen Folgen?).

Schreibe stets im **Präteritum**.

Vermeide wörtliche Rede.

Prüfe abschließend, ob dein Bericht alle **W-Fragen** beantwortet.

5 Besprecht eure Berichte in einer Schreibkonferenz:
- Ist der Bericht genau und sachlich?
- Ist der Bericht vollständig (Was? Wo? Wer? Wann? Warum?)?
- Ist der Bericht übersichtlich gegliedert?
- Ist das Geschehen in der richtigen Reihenfolge dargestellt?
- Ist der Bericht im Präteritum geschrieben?

→ **Seite 259,** Arbeitstechnik „Eine Schreib- konferenz durch- führen"

Einen Vorgang beschreiben

Der Hüttenwirt hat die Schülerinnen und Schüler mit seiner vorzüglichen Küche verwöhnt. Am beliebtesten war bei allen der Kaiserschmarrn.

1 Eine Schülerin hat sich das Rezept für den Kaiserschmarrn vom Hüttenwirt geben lassen. Sie schickt es in einer E-Mail ihrem Vater, der ein begeisterter Hobbykoch ist. Lies, was Caroline über die Zubereitung schreibt.

E-Mail

Von:	Caro.line@infomail.de
An:	jens.hufnagel@internetmail.com
Betreff:	Rezept für's Wochenende

Senden

Hi Papa,
habe dir ja schon am Telefon von dem tollen Kaiserschmarrn, den es hier gibt, erzählt. Nun hat mir der Hüttenwirt das Rezept verraten – es ist wirklich super: schön fluffig, mit richtig vielen Rosinen und mit selbstgemachtem Pflaumenkompott.
Damit drei Personen satt werden (hat der Wirt gemeint), brauchst du:
100 g Rosinen, 100 ml Apfelsaft, 4 Eier, 1 Prise Salz, 50 g Zucker, 1 EL Vanillezucker, 125 ml Milch, 125 g Mehl, Butterschmalz zum Ausbacken, Puderzucker und Pflaumenkompott oder Apfelmus.
Und so geht's, ich habe selbst zugeschaut:
Die Rosinen mindestens eine halbe Stunde (besser 1 Stunde) im Apfelsaft einweichen, dann abgießen und abtropfen lassen. Dann die Eier trennen, dann die Eigelbe mit Salz, Zucker und Vanillezucker schaumig schlagen, dann Milch und Mehl (abwechselnd) unterrühren, dann Rosinen unterrühren, dann aus den Eiweißen Eischnee schlagen und unterheben, dann Butterschmalz erhitzen, darin (immer 1 Portion) die Schmarren ausbacken, sobald er oben stockt, wenden, kurz warten, dann mit zwei Gabeln in Stücke reißen, durchschwenken, dann die nächste Portion ausbacken. Die fertigen Stücke im Ofen warm halten, dann alles mit Puderzucker bestreuen und alles mit Pflaumenkompott oder Apfelmus servieren.
Fertig in etwa 30 Minuten + 30 Minuten Wartezeit vorneweg. Ach, Vorsicht beim Eiertrennen, das geht oft schief, aber das weißt du ja bestimmt.

Weißt du eigentlich, woher der Name „Kaiserschmarrn" kommt? Der Wirt hat es uns erzählt: Der österreichische Kaiser Franz Joseph hat zum Nachtisch gerne Mehlspeisen gegessen, insbesondere Palatschinken[1]. Wenn der aber misslungen war, z.B. zu dick oder zerrissen, dann bekam das Personal diesen misslungenen Palatschinken als „Kaiserschmarrn" zu essen. „A Schmarrn, des am Kaiser zu servieren" heißt nämlich auf hochdeutsch: „Ein Blödsinn, das einem Kaiser zu servieren."

Machst du den Kaiserschmarrn gleich am Wochenende, wenn ich zurück bin? Entweder als Nachspeise oder du rechnest das Rezept für uns vier um, damit Mama und Johann auch satt werden.

Mach's gut! Deine Caroline

[1] Palatschinken, der: Eierkuchen

2 In der Beschreibung des Rezeptes sind einige Fachbegriffe enthalten. Besprecht, welche Begriffe das sind und was sie bedeuten.

TIPP! Benutzt gegebenen-falls ein Wörterbuch.

3 Carolines Rezeptbeschreibung ist schon gut gelungen, aber verbesserungswürdig. Besprecht in der Gruppe, wie ihr das Rezept vom Kaiserschmarrn (Zutaten und Zubereitung) am besten beschreiben könnt. Achtet auf den Aufbau, den Inhalt und die Sprache.

TIPP! Informiert euch in einem Kochbuch, wie Rezepte im Allgemeinen beschrieben werden.

4 Arbeitet in der Gruppe. Notiert einander die verschiedenen Arbeitsgänge bei der Zubereitung des Kaiserschmarrns.

5 Formuliert das Rezept so genau, dass es in einem Kochbuch stehen könnte. Beachtet dabei die Hinweise im Arbeitstechnik-Kasten. Überlegt, wie ihr die Leserinnen und Leser eines Kochbuchs ansprechen würdet.

Arbeitstechnik

Vorgangsbeschreibung: Kochen nach Rezept

1. Zähle im ersten Teil deines Rezeptes alle notwendigen Zutaten mit den nötigen Mengenangaben auf, z. B. *zwei Eier, 300 g Mehl, eine Messerspitze Zimt, …*
2. Erwähne, für wie viele Personen das Rezept gedacht ist.
3. Entscheide, wie du den Leser/die Leserin des Rezeptes ansprechen willst. Verwende:
   - die unpersönliche Form: *Man verwendet … Dafür mixt man …,*
   - die du-Form: *Du halbierst die Tomate … anschließend erhitzt du …,*
   - die Sie-Form (Höflichkeitsform): *Zerschneiden Sie … oder*
   - den Imperativ: *Nimm eine Prise Salz und streue sie … .*
4. Beschreibe im zweiten Teil die einzelnen Arbeitsschritte. Achte dabei besonders auf eine sinnvolle Reihenfolge: *Zunächst bringst du die Milch zum Kochen, erst dann schlägst du die Eier auf …* oder *Legen Sie drei Stunden vor dem Grillen das Fleisch ein. Vermengen Sie dafür das Olivenöl, den Knoblauch und einige Blätter frischen Salbei … oder Man erhitzt das Fett und bäckt darin den Teig aus.*
5. Verwende das Präsens.
6. Schreibe sachlich, d. h. ohne Gefühle oder Bewertungen. Gib aber Hinweise, wenn z. B. die Gefahr besteht, sich zu verletzen.

6 Besprecht eure Darstellungen in einer Schreibkonferenz. Gebt euch jeweils ein Feedback. Überarbeitet eure Texte auf Grundlage des Feedbacks.

→ **Seite 259,** Arbeitstechnik „Eine Schreibkonferenz durchführen"

7 EXTRA Kocht oder backt eure Lieblingsrezepte.

Wintersport

Skilaufen ist eine der beliebtesten Wintersportarten. Leider kommt es dabei häufig zu Unfällen.

1 Lies die folgende Geschichte über einen Skiunfall.

Schussfahrt

Till ist Sportler durch und durch. Von klein auf spielt er Fußball, Basketball, geht im Sommer schwimmen und schnorcheln, und im Winter fährt er Ski oder Snowboard. Seit er in der Frankenwald-Schule ist, spielt er auch noch Unihockey. Ein Leben ohne Sport ist für ihn unvorstellbar.
5 Als es dann darum ging, wer in der 6. Klasse mit ins Skilager nach St. Anton in Tirol fahren will, war das für ihn natürlich keine Frage. Alle interessierten Schüler trugen sich in die Liste ein; auch sein Freund Jonas und seine Freundin Anna.
Tag der Abfahrt war Freitag, der 3. Februar 2012. Punkt 5.30 Uhr sollten
10 sich alle Schüler vor der Schule treffen. Das ist zwar sehr früh, aber von Hof bis St. Anton sind es gut fünf Stunden Fahrt mit dem Bus.
Till kam auf den letzten Drücker, wie immer. Paula, seine Schwester, verbringt morgens immer eine Stunde im Bad. Und seine Eltern spielen nahezu jeden Tag das Spiel:
15 „Monika, hast du meine Autoschlüssel gesehen?"
„Nein, aber du musst noch meinen Haustürschlüssel haben, Bernd." Außerdem wohnen sie etwas außerhalb von Hof in der Fasanengasse in der neuen Siedlung. Aber egal. Till war da, und los ging es.
Drei Tage war alles wie in einem Wintermärchen: weißer Pulverschnee und
20 Sonnenschein. Doch dann kam der schwarze Dienstag. Bis Mittag fuhr die gesamte Gruppe gemeinsam. Gegen 13.30 Uhr wollten Till und Jonas dann eine schwarze Piste ausprobieren. Bei der Abfahrt nach St. Christoph kam Till auf einem vereisten Teilstück ins Schlingern und stürzte.
Jonas, der hinter ihm fuhr, sah alles mit an. Er war es auch, der mit seinem
25 Handy den Rettungsdienst alarmierte, als Till sein linkes Bein nicht mehr bewegen konnte und vor Schmerzen fast ohnmächtig wurde.
Die Bergrettung war nach nur zehn Minuten vor Ort, und nach weiteren fünfzehn Minuten war Till im Tal und wurde von dem ansässigen Unfallchirurgen Dr. Schmitz in der Chirurgischen Ambulanz des Krankenhauses
30 von St. Anton behandelt. Er stellte dann auch fest, dass Tills linkes Bein gebrochen war, und verpasste ihm einen Gips. In der Zwischenzeit hatten Jonas und Anna Herrn und Frau Müller telefonisch erreicht und ihnen vom Unfall ihres Sohnes erzählt. Frau Müller erklärte Anna, dass Till bei der ZWI-Krankenkasse versichert ist und wo sich sein Versicherungskärt-

35 chen befindet. Sie einigten sich darauf, dass Till die restlichen zwei Tage in
St. Anton bleiben und dann mit der Gruppe nach Hause kommen sollte.
Im Krankenhaus musste er nicht bleiben. Besonders ärgerlich an der ganzen
Sache war, dass Till an diesem Unfalltag Geburtstag hatte.

2 Für die Versicherung muss eine Unfallanzeige verfasst werden. Schreibe
auf, was du in Zeile 1 bis 12 eintragen würdest. Halte dich an die Fakten.

Unfallanzeige für Kinder in Kindergärten, Schüler, Studierende

1 Name und Anschrift der Einrichtung (Kindergarten, Schule, Hochschule):
XXXXXXXXXXXXXXXXXXXXXXXXXXXXX
Klasse:
XXXXXXXXXXXXXX

2 Familienname und Vorname des Verletzten: geboren am:
XXXXXXXXXXXXXXXXXXXXXXXXXXXXX
Geschlecht
☐ männl. ☐ weibl.
Staatsangehörigkeit

3 Anschrift des Verletzten (Postleitzahl, Wohnort, Straße):
XXXXXXXXXXXXXXXXXXXXXXXXXXX
ledig
☐ Ja ☐ Nein
Kinder
☐ Ja ☐ Nein

4 Name und Anschrift des gesetzlichen Vertreters:
XXXXXXXXXXXXXXXXXXXXXXXXXXXXXXXXXXXXXXXXXXXX

5 Krankenkasse des Verletzten:
XXXXXXXXXXXXXXXXXXXXXXXXXXXXXXXXXXXXXXXXXX

6 Wochentag: Datum: Jahr: Uhrzeit des Unfalls:
XXXXXXXXXXXXXXXXXXXXXXXXXXX
Tätigkeit am Unfalltag:
Beginn: Uhr Ende: Uhr

7 Verletzte Körperteile:
XXXXXXXXXXXXXXXXXXXXXXXXXXXXXXXXXXXXXXXXXX

8 Art der Verletzungen:
XXXXXXXXXXXXXXXXXXXXXXXXXXXXXXXXXXXXXXX

9 Zuerst behandelnder Arzt:
XXXXXXXXXXXXXXXXXXXXXXXX
Jetzt behandelnder Arzt oder Zahnarzt:
XXXXXXXXXXXXXXXXXXXXXXX

10 Krankenhaus, in das der Verletzte aufgenommen wurde:
XXXXXXXXXXXXXXXXXXXXXXXXXXXXXXXXXXXXXXXXXX

11 Unfallstelle (bei Wegunfällen genaue Ortsangabe):
XXXXXXXXXXXXXXXXXXXXXXXXXXXXXXXXXXXXXXXXXX

12 Zeugen des Unfalls:
XXXXXXXXXXXXXXXXXXXXXXXXXXXXXXXXXXXXXXXXXX

13 Unfallhergang:
(wenn erforderlich, auf gesondertem Blatt fortfahren)

XXXXX, XXXXXX XXXXXXXXXXXXXXX

14 Ort: Datum: Unterschrift:

---

3 In Zeile 13 wird ein Bericht über den Unfallhergang verlangt.
Verfasse dazu einen kurzen Text. Lies dazu noch einmal in der Geschichte
nach und beachte, was du über das Berichten gelernt hast.

→ **Seite 260,**
Arbeitstechnik
„Einen Bericht
schreiben"

Wo findet man . . . ?

Ein Bericht sollte fehlerfrei sein. Daher ist es wichtig, sich bei der Wörtersuche gut in einem Wörterbuch zurechtfinden zu können.

1 Schau nach, welche Angaben das Wörterbuch zum Wort „Ambulanz" macht. Welche Informationen hält die Seite aus dem Wörterbuch noch bereit?

Kopfwort:

das erste oder letzte Wort auf der Seite

Suchhilfe:

der erste Buchstabe ist markiert

senkrechter Strich:

Worttrennung

Punkt unter Vokal:

kurzer betonter Vokal

bei Nomen:

Genitiv Singular

bei Nomen:

der Artikel

in runden Klammern:
Bedeutungserklärung

in eckigen Klammern: Wortherkunft und Lautschrift

bei Nomen:

Plural (Mehrzahl)

bei Verben:

verschiedene Zeitformen

Strich unter Vokal:

langer, betonter Vokal

Ambiente 21 **Amt**mann

A

das **Am|bi|en|te** des –, *ohne Plural* (Umgebung, Atmosphäre)
die **Am|bi|ti|on** der –, die Am|bi|ti|o|nen (Ehrgeiz)
am|bi|va|lent (doppelwertig, zwiespältig)
die **Am|bi|va|lenz** der –, die Am|bi|va|len|zen (Doppelwertigkeit, Zwiespältigkeit)
der **Am|boss** des Ambosses, die Am|bos|se (eiserner Block)
am|bu|lant (1. herumziehend; 2. medizinische Behandlung ohne Krankenhausaufenthalt); *Gegensatz:* stationär
die **Am|bu|lanz** der –, die Am|bu|lan|zen (1. Krankentransportwagen; 2. Abteilung im Krankenhaus für Untersuchungen und Behandlungen ohne Krankenhausaufenthalt)
die **Amei|se** der –, die Amei|sen
der **Amei|sen|hau|fen** des Ameisenhaufens, die Amei|sen|hau|fen
die **Amei|sen|säu|re** der –, *ohne Plural*
amen *oder* **Amen** (so sei es) zu allem ja und amen/Ja und Amen sagen
das **Amen** des Amens, die Amen; so sicher wie das Amen in der Kirche (ganz gewiss), sein Amen (Einverständnis geben)
Ame|ri|ka Amerikas
der **Ame|ri|ka|ner** des Amerikaners, die Ame|ri|ka|ner
die **Ame|ri|ka|ne|rin** der –, die Ame|ri|ka|ne|rin|nen
ame|ri|ka|nisch
der **Ame|thyst** des Amethyst(e)s, die Ame|thys|te (Halbedelstein)
die **Ami|no|säu|re** der –, die Ami|no|säu|ren (Eiweißbaustein)
die **Am|me** der –, die Am|men (Frau, die ein fremdes Kind stillt)
das **Am|men|mär|chen** des Ammenmärchens, die Am|men|mär|chen (unglaubwürdige Geschichte)
das **Am|mo|ni|ak** des Ammoniaks, *ohne Plural* (gasförmige Verbindung von Stickstoff und Wasserstoff)
die **Am|nes|tie** der –, die Am|nes|ti|en (Begnadigung, Straferlass)
die **Amö|be** der –, die Amö|ben (Einzeller)
der **Amok** des Amoks, *ohne Plural*; Amok laufen (in einem Wahnsinnsanfall umherlaufen und blindwütig töten)
der **Amok|läu|fer** des Amokläufers, die Amok|läu|fer (blindwütig umherlaufender und tötender Mensch)

das **a-Moll** des –, *ohne Plural* (Tonart)
die **a-Moll-Ton|lei|ter** der –, die a-Moll-Ton|lei|tern
der **Amor** des Amors, *ohne Plural* (römischer Liebesgott)
amorph (gestaltlos)
die **Amor|ti|sa|ti|on** der –, die Amor|ti|sa|ti|o|nen (Tilgung einer Schuld, Deckung der Anschaffungskosten)
amor|ti|sie|ren du amortisierst (tilgst) deine Schuld, die Anschaffung hat sich amortisiert (sich bezahlt gemacht), das Gerät amortisierte sich
die **Am|pel** der –, die Am|peln (Verkehrssignal)
das **Am|pere** [*franz.*; ampär] des Ampere(s), die Am|pere (Maßeinheit für die elektrische Stromstärke); *Zeichen:* A
die **Am|phi|bie** [*griech.*; amfibje] der –, die Am|phi|bi|en (Tier, das im Wasser und auf dem Land leben kann, z.B.: der Frosch)
das **Am|phi|bi|en|fahr|zeug** [*griech.*; amfibjenfarzoig] des Amphibienfahrzeug(e)s, die Am|phi|bi|en|fahr|zeu|ge (Wasser- und Landfahrzeug)
das **Am|phi|the|a|ter** [*griech.*; amfiteater] des Amphitheaters, die Am|phi|the|a|ter (Rundtheater)

die **Am|pul|le** der –, die Am|pul|len (Glasröhrchen für Flüssigkeiten)
die **Am|pu|ta|ti|on** der –, die Am|pu|ta|ti|o|nen (Abtrennen eines kranken Körpergliedes durch Operation)
am|pu|tie|ren der Chirurg amputiert den Fuß, er hat amputiert, sie amputierte
die **Am|sel** der –, die Am|seln (Singvogel)
das **Amt** des Amt(e)s, die Äm|ter (1. Aufgabe, Beruf; 2. Behörde)
die **Amt|frau** der –, die Amt|frau|en
amt|lich
der **Amt|mann** des Amtmann(e)s, die Amtmän|ner

B
C
D
E
F
G
H
I
J
K
L
M
N
O
P
Q
R
S
T
U
V
W
X
Y

2 Man verliert oft viel Zeit, wenn man beim Nachschlagen nicht weiß, wo sich der Anfangsbuchstabe des gesuchten Wortes im Alphabet befindet: am Anfang, in der Mitte oder am Ende.
Man kann das Alphabet deshalb in drei Teile gliedern, z. B.

Anfang	Mitte	Ende
ABCDEFGH	IJKLMNO	PQRSTUVWXYZ

Tauscht euch darüber aus, wie ihr vorgeht. Prägt euch die Gliederung ein, die ihr euch am besten merken könnt.

3 Übt das Alphabet gemeinsam. Stellt euch gegenseitig Fragen, z. B.
– In welchem Teil des Alphabets findest du: G, S, P, K …?
– Wo stehen auf der abgebildeten Wörterbuchseite die Wörter: *Amme, Amor, Ampel, Ampulle …?* Zeigt auf die Wörter mit dem Finger.

4 EXTRA Lies den Merkkasten und erkläre dann die Zeichen an folgenden Wörtern auf der abgebildeten Wörterbuchseite:
Amtmann, Amnestie, Ammenmärchen, amerikanisch.

5 EXTRA Suche zu folgenden Abkürzungen ein Wortbeispiel in einem Wörterbuch.

→ **Seite 253,** Im Wörterbuch nachschlagen

dt.	deutsch	**Med.**	Medizin
franz.	französisch	**österr.**	österreichisch
geh.	gehoben	**Rechtsspr.**	Rechtssprache
germ.	germanisch	**schweiz.**	schweizerisch
griech.	griechisch	**ugs.**	umgangssprachlich
jmdm.	jemandem	**vgl.**	vergleiche
landsch.	landschaftlich	**m. Vorn.**	männlicher Vorname
lat.	lateinisch	**w. Vorn.**	weiblicher Vorname

> **Merke**
>
> Ein senkrechter Strich dient zur Angabe der Silbentrennung, z. B.
> **Amei|sen|hau|fen.**
> Ein Strich unter einem Vokal kennzeichnet die lange, betonte Silbe,
> z. B. **A̱meise.** Ein Punkt unter einem Vokal kennzeichnet die kurze,
> betonte Silbe, z. B. **A̤msel.**
> Erklärungen zu den verwendeten Zeichen und Abkürzungen findest
> du meist in den „Hinweisen für den Benutzer".

Nachschlagewettbewerb

1 Übernimm die Tabelle in dein Heft. Suche in einem Wörterbuch den Infinitiv (die Grundform) zu folgenden Verbformen. Schreibe so:

konjugierte (gebeugte) Verbform	Infinitiv (Grundform)	Seite im Wörterbuch
du riefst	rufen	
sie saß		
sie hat gebacken		
du gewannst		
du dachtest		
wir haben gefunden		
er verließ		

→ **Seite 253,**
Im Wörterbuch nachschlagen

2 Sucht nun selbst konjugierte Verbformen. Wer von euch schlägt am schnellsten die dazugehörigen Infinitive (Grundformen) im Wörterbuch nach?

3 Stationenlernen zum Nachschlagen

1. Richtet sechs Stationen (Tische) mit unterschiedlichen Büchern im Klassenzimmer ein. Ihr braucht dazu:
   - Wörterbücher,
   - Postleitzahlenbücher,
   - Atlanten,
   - Wörterbücher Deutsch – Englisch,
   - Telefonbücher,
   - Versandhauskataloge.

2. Löst die Aufgaben in den sechs Stationen auf Seite 137. Bestimmt selbst, an welcher Station ihr beginnt. Für jede richtige Lösung gibt es einen Punkt.

Merke

In vielen Wörterbüchern stehen schwierige konjugierte (gebeugte) Formen des Verbs bei dem dazugehörigen Infinitiv (Grundform).

Station 1 Wörterbuch

1. Wie heißt das Nomen, das im Wörterbuch hinter „Deutschunterricht" steht?
2. Auf welcher Seite steht „Jugendherberge"?
3. Was bedeutet „et cetera"?
4. Schreibe drei Fremdwörter mit Seitenangabe auf.
5. Wie viele Wörter mit dem Anfangsbuchstaben „Y" findest du in dem Wörterbuch?

Station 2 Postleitzahlenbuch

1. Wie viele Orte mit dem Namen „Friedeburg" gibt es in Deutschland? Notiere alle Postleitzahlen.
2. Wie heißt die Postleitzahl von „Witzwort"?
3. Auf welcher Seite steht euer Wohnort?
4. Wo liegt der Ort „Oberfell"?
5. Wie heißt die Postleitzahl für die „Schulgasse" in Berlin?

Station 3 Atlas

1. Auf welcher Insel liegt „Wyk"?
2. In welchem Bundesland liegt die Stadt „Gera"?
3. An welchem Meer liegt „Sankt Peter-Ording"?
4. Wie hoch ist das „Nebelhorn"?
5. An welchem See liegt „Rottach-Egern"?

Station 4 Wörterbuch Deutsch – Englisch

Wie heißen folgende Wörter auf Englisch
1. gestern,
2. Zirkeltraining,
3. Kuscheltier,
4. Rechtschreibfehler,
5. Wörterbuch?

Station 5 Telefonbuch

1. Wie lautet die Telefonnummer des ersten Kindergartens im Telefonbuch?
2. Auf welcher Seite steht die Telefonnummer eurer Schule?
3. Wie viele Telefonteilnehmer findest du unter dem Buchstaben „X"?
4. Gibt es in eurem Ort eine Bücherei? Notiere die Nummer.
5. Wie heißt der erste Telefonteilnehmer nach dem Namen „Müller"?

Station 6 Versandhauskatalog

Auf welchen Seiten findest du
1. Jogginganzüge,
2. Schlafsäcke,
3. Zelte,
4. Computerspiele,
5. Armbanduhren?

4 Stellt fest, wer von euch die meisten Punkte erreicht hat.

Wörterbucharbeit

1 Wie werden die folgenden Wörter geschrieben? Überprüfe die Schreibweise mithilfe eines Wörterbuchs. Notiere die jeweilige Seitenzahl, z.B.
1. erwidern ➝ Seite ...

1. a) erwiedern – b) erwihdern – c) erwihdern – d) erwiehdern
2. a) nämlich – b) nemlich – c) nehmlich – d) nähmlich
3. a) interresant – b) interressant – c) interessant – d) interesant
4. a) zimlich – b) ziemlich – c) ziehmlich – d) zihmlich
5. a) enddecken – b) entecken – c) endecken – d) entdecken
6. a) behende – b) behaende – c) behännde – d) behände
7. a) achzig – b) achzich – c) achtzich – d) achtzig
8. a) alljährig – b) alljährlig – c) alljährlich – d) alljährich
9. a) vorwärtz – b) vorwärz – c) vorwärts – d) vorwerts
10. a) bischen – b) bisschen – c) bißchen – d) bissschen

2 Schlage die folgenden Wörter in einem Wörterbuch nach.

| Stadt | Schicksal | Qual | Geburt | Atem |

Notiere die Seitenzahl und schreibe zwei Beispiele auf, die zur gleichen Wortfamilie gehören, z.B. Stadt (Seite ...) ➝ stadtauswärts, ...

3 Kläre mithilfe eines Wörterbuchs die Bedeutung folgender Wörter, z.B.
Legende: die Heiligenerzählung ➝ Seite ...

| Legende | Katastrophe | Pfalz | Chronik |

| Rüstung | Rhythmus | Sage |

4 Suche in einem Wörterbuch die Infinitive (Grundformen) der folgenden Wörter. Schreibe sie auf und notiere die jeweilige Seitenzahl, z.B.
er ließ – lassen ➝ Seite ...

| er ließ | sie wusste | ihr musstet | du kamst |

| sie erzog | wir mochten | sie vergaßen |

| ich aß | ihr bliebt |

5 Wie lautet das Lösungswort? Ordne die folgenden Wörter alphabetisch.
Schreibe sie geordnet untereinander.
Bei richtiger Reihenfolge ergeben
die rot gedruckten Buchstaben
das Lösungswort.

Rasse –
Rasen –
Rauschgift –
Ratgeber –
Raumflug –
Ratlosigkeit –
Raum –
Rauch –
Rattengift

Lösung: sagenhaft

6 Schreibe die folgenden Wörter in alphabetischer Reihenfolge auf:

derb   dankbar   dick   dunkel

dünn   dicht

7 **Wörterbuchquiz** Nutze für die Beantwortung der Fragen ein Wörterbuch. Notiere die Seite, auf der du die Antwort gefunden hast, z. B.

1. Globus → die Globusse oder auch die Globen → Seite …

1.   Wie heißt der Plural (die Mehrzahl) von *Globus*?
2.   Wie oft kann man das Wort *Übung* trennen?
3.   Wie lautet das Perfekt von *winken* (ich *habe ge*…)?
4.   Wie lautet das Präteritum von *sinken* (das Schiff *s*…)?
5.   Heißt es *der, die* oder *das E-Mail*?
6.   Mit *d* oder *t*? – *to?müde, to?treten*, der *To?*
7.   Wie heißt der Plural (die Mehrzahl) von *Lexikon*?
8.   Wie lautet das Perfekt von *hängen* (das Bild *hat ge*…)?
9.   Schreibt man „*es tut mir leid*" oder „*es tut mir Leid*"?
10. Heißt es korrekt „*wegen dem schlechten Wetter*" oder
     „*wegen des schlechten Wetters*"?

–   Für jede richtige Antwort und Seitenangabe erhältst du drei Punkte.
–   Kontrolliert eure Antworten in Partnerarbeit.
–   Stellt fest, wer von euch die meisten Punkte hat.

11 Tausende von Treffern

Benedikts kleiner Bruder Franz hat bald Geburtstag. Franz möchte seine Freunde aus dem Kindergarten einladen, geplant sind Spiele auf der Wiese am See. Benedikt sucht daher für die Kinder nach passenden Spielen im Internet.

1 Benedikt hat eine Suchmaschine ausgewählt und den Begriff „Spielesammlung" eingegeben. Besprecht das erzielte Ergebnis.

2 Beschreibe, wie du an Benedikts Stelle vorgehen würdest, um bei der Suche erfolgreicher zu sein.

3 Tauscht euch darüber aus, wie ihr erkennen könnt, ob die Adressen euch informieren oder ob sie nur etwas zum Verkauf anbieten.

4 Formuliert eure Erkenntnisse als Ratschlag in drei Sätzen. Beginnt z. B. so: Damit du sichergehen kannst, dass du bei der Suche im Internet …

5 Vermutet, welche der folgenden Begriffe die meisten Treffer haben. Stellt in der Gruppe eine Rangliste auf:

Mannschaftsspiele   Rasenspiele   Gruppenspiele für draußen

Mannschaftsspiele mit Luftballons   Spiele im Garten

Wettspiele auf dem Rasen   Staffelspiele auf dem Rasen

spannende Spiele auf dem Rasen

> **TIPP!**
> Mithilfe einer Rangliste kannst du Dinge und Ideen nach ihrer Wichtigkeit ordnen. Sortiere und nummeriere die Dinge/Ideen fortlaufend untereinander.

6 Wählt im Internet eine Suchmaschine aus. Gebt die oben aufgeführten Begriffe ein. Vergleicht die Ergebnisse mit eurer Rangliste aus Aufgabe 5.

7 Auf dieser Abbildung seht ihr einen Ausschnitt aus einer Spielesammlung. Das eingefügte Fenster wird geöffnet, wenn man die rechte Maustaste anklickt. Besprecht, was ihr tun müsst, um die Spiele abspeichern und ausdrucken zu können.

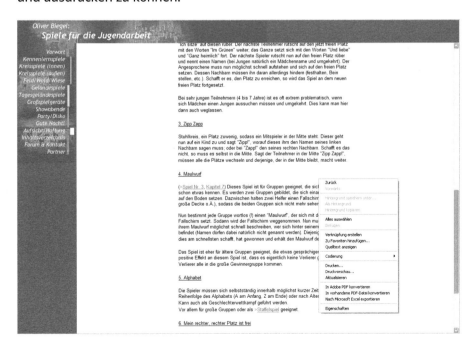

8 Geht ins Internet und sucht eine Seite mit Spielbeschreibungen aus. Speichert eine Spielbeschreibung ab und druckt eine andere aus.

Snail-Mail oder E-Mail?

1 Stell dir vor, du möchtest einem Freund oder einer Freundin eine Spiele-sammlung schicken. Notiere, wie man etwas mit der Post verschickt.

2 Für Internetanwender ist der Postweg der langsame Weg. Deswegen bezeichnen sie die Post auch als Snail-Mail[1]. Sie verschicken ihre Mit-teilungen und Briefe lieber als E-Mail. Tausche dich mit einem Partner oder einer Partnerin darüber aus, wie man einen Text auf diese Weise versendet.

[1] Snail-Mail: Schnecken-post

3 Begründe, warum man die herkömmliche Post nicht ganz durch die elektronische Post ersetzen kann. Notiere deine Gedanken.

4 Tragt die Unterschiede zusammen. Ordnet dazu folgende Merkmale in eine Tabelle ein:

Briefmarken   sofortige Zustellung   Briefumschlag   geringe Kosten

weltweit   Datenverlust möglich   Zustellung ohne Postamt

Paket- und Päckchenversand   viele Empfänger für dieselbe Nachricht

Internetzugang und E-Mail-Adresse notwendig

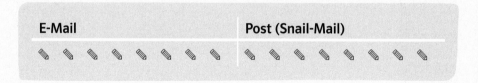

E-Mail	Post (Snail-Mail)

5 Untersucht die folgende Nachricht. Wer ist der Empfänger? Worum geht es? Was wird geschickt?

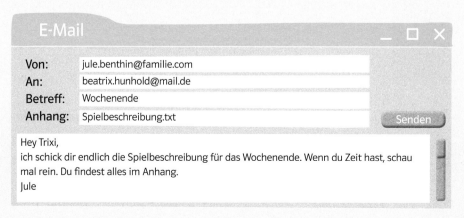

> **E-Mail**
>
> **Von:** jule.benthin@familie.com
> **An:** beatrix.hunhold@mail.de
> **Betreff:** Wochenende
> **Anhang:** Spielbeschreibung.txt
>
> Senden
>
> Hey Trixi,
> ich schick dir endlich die Spielbeschreibung für das Wochenende. Wenn du Zeit hast, schau mal rein. Du findest alles im Anhang.
> Jule

6 Wenn du eine eigene E-Mail-Adresse einrichten willst, genügt ein Internetzugang. Dann musst du dich für einen E-Mail-Dienst entscheiden.

7 Die folgenden Merkmale können für die Auswahl eines E-Mail-Dienstes wichtig sein:
– Virenscanner
– Spam-Filter
– Adressbuch
– Speicherkapazität
– Datei-Anhang
– automatische Weiterleitung
– SMS-Nachrichten

Sprecht in der Gruppe über die genannten Merkmale und überprüft mit ihnen die Qualität der E-Mail-Dienste.

8 Wenn du dich für einen Dienst entschieden hast, ist es ganz leicht, eine Adresse einzurichten.
Bevor du dich einloggst und deine persönlichen Daten eingibst, musst du überlegen, welchen E-Mail-Namen und welches Passwort du verwenden willst.
Lege den E-Mail-Namen, der vor dem @ steht, und das Passwort für dich fest, z. B. e.meier@… für Elisa Meier.

9 Gehe ins Netz, wähle einen E-Mail-Dienst und richte deine Adresse ein, indem du alle geforderten Daten zur Person eingibst. Wenn du dich genau an die Angaben im Menü hältst, sollte es keine Probleme geben.

10 Erstellt in der Gruppe eine Liste mit euren E-Mail-Adressen. Erprobt die elektronische Post untereinander.
Achtung! Ihr müsst das Einverständnis aller Beteiligten einholen, wenn ihr solch eine Liste erstellen wollt.

11 Jede E-Mail-Adresse hat in der Mitte das gleiche Zeichen: das @ (sprich „ät"). Dieses Zeichen auf einer Tastatur zu finden und zu tippen, ist nicht schwer. Versuche aber einmal, das „Klammeräffchen" mit der Hand zu schreiben.

Das @-Zeichen ist wahrscheinlich aus dem lateinischen Wort ad (deutsch: an, bei) hervorgegangen. In einer E-Mail-Adresse trennt es den Benutzernamen von der Domain. In Deutschland wird das „Ät" oft „Klammeräffchen" genannt. In anderen Sprachen nennt man es z. B. Hündchen, Schnecke, Strudel oder Elefantenohr.

TIPP!
Adressen für solche Dienste findest du z. B. mithilfe einer Suchmaschine.

TIPP!
Das Internet ist spannend und riesengroß. Du solltest aber immer sorgsam mit persönlichen Daten umgehen. Gib nur an, was wirklich nötig ist. Überlege genau, ob und wo du Fotos von dir veröffentlichst und wer diese anschauen darf. Am besten holst du dir Hilfe bei deinen Eltern oder einer anderen vertrauten Person.

→ **Seite 269 f.,** Kleines Computerlexikon: E-Mail-Adresse

TIPP!
Du hast zu Hause kein Internet? Frage deine Eltern, ob du über den Schulserver eine E-Mail-Adresse für dich einrichten kannst. Wende dich an den Webmaster der Schule, wenn es Probleme gibt.

Getrennt oder zusammen?

1 Im folgenden Text wurden Verben unterstrichen. Schreibe sie im Infinitiv (Grundform) auf, z. B.: *einschätzen, zubringen …*
Untersuche, was diese Verben gemeinsam haben.

In einer Befragung <u>schätzen</u> Eltern <u>ein</u>: Ihre sechs- bis 13-jährigen Kinder <u>bringen</u> durchschnittlich 24 Minuten pro Tag im Internet <u>zu</u>. Nicht alle Eltern <u>sehen</u> diese Beschäftigung als
5 ein Vorteil <u>an</u>. Viele <u>stimmen</u> der Aussage <u>zu</u>, dass das Internet Kinder zu „Stubenhockern" macht. Andererseits <u>gehen</u> die Kinder auf diese Weise schon gut mit dem Computer <u>um</u>. Nicht selten <u>bringen</u> Kinder ihren Eltern sogar <u>bei</u>,
10 wie man das Internet für verschiedene Zwecke nutzen kann.

2 Bilde mit jedem der Verben aus Aufgabe 1 einen Satz im Präsens. Forme ihn anschließend ins Perfekt um,
z. B.: Die Eltern <u>schätzen</u> ihre Kinder <u>ein</u>. Die Eltern <u>haben</u> ihre Kinder <u>eingeschätzt</u>.
Stelle fest, wann diese Verben zusammengeschrieben werden.

3 Begründe mithilfe eines Wörterbuchs, warum man folgende Verben zusammenschreibt.

| 1. teilnehmen | 2. fernsehen | 3. stattfinden | 4. preisgeben |

4 Ergänze die Verben in der richtigen Form. Schreibe die Sätze auf, z. B.
Wir wurden aufgerufen, am Wettbewerb <u>teilzunehmen</u>.

1. Wir wurden aufgerufen, am Wettbewerb …
2. Ich hatte keine Lust …
3. Das Treffen schien heute nicht …
4. Sie wurden gewarnt, nicht zu viele persönliche Daten …

> **Merke**
>
> Wird ein Verb mit einem anderen Wort im Infinitiv (Grundform) zusammengeschrieben, so schreibt man es auch im *Perfekt* und *Plusquamperfekt* sowie im *Infinitiv mit zu* zusammen.

5 Lies dir die folgenden Sätze durch. Achte dabei auf die Verben.

Den Laptop sollte man nicht fallen lassen.

Die Sätze können auf dem Bildschirm stehen bleiben.

Sie wollen die Kinder nicht am PC spielen lassen.

Er müsste den Computer beherrschen lernen.

6 Verbinde die Verben sinnvoll und bilde jeweils einen Satz dazu.

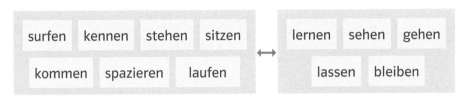

| surfen | kennen | stehen | sitzen | ⟷ | lernen | sehen | gehen |

| kommen | spazieren | laufen | | | lassen | bleiben |

> **Merke**
>
> Zwei aufeinanderfolgende Verben werden meist getrennt geschrieben.

7 Setze jeweils die richtige Form ein und schreibe die Sätze auf.

1. **freigesprochen** oder **frei gesprochen**?
   a) Der Richter hat den Angeklagten ...
   b) Bei ihrem Vortrag hat sie ...

2. **schwergefallen** oder **schwer gefallen**?
   a) Die Aufgabe ist mir nicht ...
   b) Beim Skilaufen bin ich ...

3. **festgestellt** oder **fest gestellt**?
   a) Er hatte keine Fehler ...
   b) Er hatte den Hebel zu ...

4. **kaltgestellt** oder **kalt gestellt**?
   a) Sie konnte den Gangster ...
   b) Sie hat den Saft ...

5. **gutgegangen** oder **gut gegangen**?
   a) Nach dem Sturz ist er nicht ...
   b) Das ist gerade noch mal ...

6. **großgeschrieben** oder **groß geschrieben**?
   a) Teamarbeit wird bei uns riesig ...
   b) Nomen werden ...

> **Merke**
>
> Wenn die Bedeutung des ersten Bestandteils verblasst ist und in Verbindung mit dem Verb eine neue Gesamtbedeutung entstanden ist, schreibt man zusammen, z.B. *fernsehen, schwarzfahren, schwerfallen, feststellen, wahrnehmen, freisprechen, kaltstellen, preisgeben.*
> Verwende im Zweifelsfall ein Wörterbuch.

Das wird mir nicht schwerfallen

1 Verbinde die Verben sinnvoll. Bilde anschließend jeweils einen Satz,
z. B.: stehen lassen: Er hat die Sätze auf dem Bildschirm stehen lassen.

stehen	bleiben
kennen	lernen
kommen	sehen
spazieren	gehen
sitzen	lassen

2 Schreibe die Sätze mit der richtigen Verbform auf, z. B.:
aussetzen – Sie hatten nichts auszusetzen.

1. aussetzen – Sie hatten nichts …
2. anfassen – Sie mahnte, das Gerät nicht …
3. teilnehmen – Sie waren verpflichtet …
4. fernsehen – Sie hat keine Lust …
5. vorgehen – Sie sind schrittweise …
6. stattfinden – Wann hat die Feier …?
7. anschaffen – Sie haben sich einen PC …
8. hinhören – Warum hast du nicht …?

3 Getrennt oder zusammen? Setze ein und schreibe auf.

> **TIPP!**
> Ist das erste Wort als einziges betont, wird es meist mit dem Verb zusammengeschrieben.

1. **schwerfallen** oder **schwer fallen**?
   a) Das sollte mir nicht …
   b) Achtung, dabei kann man …

2. **freisprechen** oder **frei sprechen**?
   a) Bei dem Vortrag muss er …
   b) Man musste den Angeklagten …

3. **richtigstellen** oder **richtig stellen**?
   a) Er soll seine Aussage sofort …
   b) Er soll die Kegel …

4. **kaltstellen** oder **kalt stellen**?
   a) Sie wollen den Wein …
   b) Sie wollen den Gangster …

5. **gutgehen** oder **gut gehen**?
   a) Es konnte nicht …
   b) Er konnte schon wieder …

6. **feststellen** oder **fest stellen**?
   a) Ich wollte alle Fehler …
   b) Ich wollte die Bremse ganz …

4 Zusammen? Entscheide und schreibe auf.

1. Der Computer hat die Wörter ... geschrieben.
2. Sie haben den Brief ... geschrieben.
3. Am Ende hat er noch einmal alles ... gefasst.
4. Sie sollen sich jetzt ... nehmen!
5. Sie haben viele Fakten ... getragen.
6. Wir können sie nur ... besiegen.
7. Ich werde eine Übersicht ... stellen.
8. In dieser Sache müssen wir ... stehen.

> **TIPP!**
> Kannst du „zusammen" durch „gemeinsam" ersetzen, wird es meist nicht mit dem Verb zusammengeschrieben.

5 Setze die richtige Verbform ein und schreibe die Sätze auf. Achte auf die unterschiedliche Bedeutung.

1. **unterstellen**
   a) Bei dem Gewitter habe ich mich ...
   b) Ich habe ihr nichts Böses ...

2. **umfahren**
   a) Er hat die Unfallstelle ...
   b) Er hat die Radfahrerin ...

3. **übersetzen**
   a) Sie hat den Text ins Deutsche ...
   b) Sie hat zum anderen Ufer ...

4. **durchbrechen**
   a) Wir haben die Mauer ...
   b) Wir haben die Äste ...

5. **umstellen**
   a) Er hat die Uhr auf die Sommerzeit ...
   b) Polizisten haben das Haus ...

6. **durchlaufen**
   a) Ich habe mir die Schuhe ...
   b) An dieser Schule habe ich Klasse 1–4 ...

6 Fehler aufspüren: In jeder Zeile ist das Wort einmal falsch geschrieben. Finde den Fehler.

1. TextverarbeitungsprogrammTextverarbeitungsprogrammTextverarbeitungssprogramm
2. SuchmaschineSuchmaschineSuchmaschineSuchmaschineSuchmaschineSuchmaschine
3. InternetadresseInternetadressseInternetadresseInternetadresseInternetadresse
4. RoboterspracheRoboterspracheRoboterspracheRoboterspacheRobotersprache
5. InformationenInformationenInformationenInformationenInformationenenInformationen
6. RechtschreibprüfungRechtschreiprüfungRechtschreibprüfungRechtschreibprüfung

Reime

Joachim Ringelnatz
Die Seifenblase

Es schwebte eine Seifenblase
aus dem Fenster auf die Straße.

„Ach, nimm mich mit dir", bat die Spinne
und sprang von einer Regenrinne.

5 Und weil die Spinne gar nicht schwer,
fuhr sie im Luftschiff übers Meer.

Da nahte eine böse Mücke,
sie stach ins Luftschiff voller Tücke.

Die Spinne mit dem Luftschiff sank
10 ins kalte Wasser und ertrank.

Online-Link
Hörverstehen für die
Gedichte in diesem Kapitel
313312-0148

1 Lies dir das Gedicht leise durch oder höre es dir an. Welche Situationen „siehst" du vor deinem inneren Auge? Beschreibe sie.

2 Lest euch gegenseitig das Gedicht vor und achtet dabei auf die passende Betonung.

3 Untersucht das Gedicht: Wie viele Strophen und Verse gibt es? Wie wird die Handlung aufgebaut? Welche Reime entdeckt ihr?

> **Merke**
>
> Die Zeilen eines Gedichtes heißen **Verse**.
> Mehrere Verse bilden eine **Strophe**.
> Oft reimen sich mehrere Verse, weil am Ende **Reimwörter** stehen.
> Reimwörter enden auf gleiche oder ähnlich klingende Laute, z. B.:
> *Heer, Meer; Mücke, Tücke …*
> *schwer, mehr, sehr …*
> Der Sprecher gibt dem Gedicht einen Sinn, indem er einzelne Wörter und Silben betont und Pausen setzt – so entsteht der **Rhythmus**.

Heinz Erhardt

Die Made

Hinter eines Baumes Rinde
wohnt die Made mit dem Kinde.
Sie ist Witwe, denn der Gatte,
den sie hatte, fiel vom …
5 Diente so auf diese Weise
einer Ameise als …

Speise

wohl

Kinde

Schade

Blatte

Specht

Papa

Eines Morgens sprach die Made:
Liebes Kind, ich sehe grade,
drüben gibt es frischen Kohl,
10 den ich hol. So leb denn …
Halt! Noch eins, denk, was geschah,
geh nicht aus, denk an …!

Also sprach sie und entwich[1] –
Made junior jedoch schlich
15 hinterdrein, und das war schlecht,
denn schon kam ein bunter …
und verschlang die kleine fade
Made ohne Gnade. – …

Hinter eines Baumes Rinde
20 ruft die Made nach dem …

[1] entweichen: hier, gehobener Ausdruck für „weggehen"

4 Schreibe das Gedicht ab und ergänze die fehlenden Wörter. Notiere dir zu jeder Strophe in Stichworten, was beschrieben wird.

5 Unterstreiche die Reimpaare nun farbig,
z. B. <u>Rinde</u> – <u>Kinde</u>

Bilder

1 Stell dir vor, es wäre Herbst. Welche Gedanken und Bilder entstehen dazu in deinem Kopf? Notiere sie kurz.

2 Lies nun das Gedicht von Peter Hacks oder höre es dir an.

Peter Hacks
Der Herbst steht auf der Leiter

Der Herbst steht auf der Leiter
Und malt die Blätter an,
Ein lustiger Waldarbeiter,
Ein froher Malersmann.

5 Er kleckst und pinselt fleißig
Auf jedes Blattgewächs,
Und kommt ein frecher Zeisig[1],
Schwupp, kriegt der auch 'nen Klecks.

Die Tanne spricht zum Herbste:
10 Das ist ja fürchterlich,
Die anderen Bäume färbste,
Was färbste nicht mal mich?

Die Blätter flattern munter
Und finden sich so schön.
15 Sie werden immer bunter.
Am Ende falln sie runter.

[1] der Zeisig: ein kleiner Singvogel

3 Peter Hacks stellt den Herbst als Person dar. Beschreibe das genauer.

4 Welche Bilder findest du in dem Gedicht von Peter Hacks?

> **Merke**
>
> In Gedichten werden mit den Worten oft Bilder „gezeichnet". Sie sollen das Denken und Fühlen der Leser anregen. Diese **sprachlichen Bilder** veranschaulichen Eigenschaften und Vorgänge, z.B. *Der Herbst malt die Blätter an*. Ein sprachliches Bild, bei dem ein „wie" gebraucht wird, nennt man **Vergleich**, z.B. *Aufgeschlagen wie ein Buch liegt der Acker* ... Wenn Dinge und Naturerscheinungen „vermenschlicht" werden, spricht man von **Personifikation**.

Christian Morgenstern

Der Schnupfen

Der Schnupfen hockt auf der Terrasse,
auf dass er sich ein Opfer fasse

– und stürzt alsbald mit großem Grimm
auf einen Menschen namens[1] Schrimm.

5 Paul Schrimm erwidert prompt[2]: „Pitschü!"
und hat ihn drauf bis Montag früh.

[1] namens: mit dem Namen
[2] prompt: sofort

5 Lies das Gedicht oder höre es dir an. Untersuche mit deiner Partnerin oder deinem Partner, was an diesem Gedicht komisch ist und euch zum Lachen bringt.

6 Wie stellst du dir den Schnupfen vor? Zeichne eine Szene aus dem Gedicht.

7 Beschreibe, welche sprachlichen Bilder du in dem Gedicht entdeckst.

Christine Busta

Der Sommer

Er trägt einen Bienenkorb als Hut,
blau weht sein Mantel aus Himmelsseide,
die roten Füchse im gelben Getreide
kennen ihn gut.
5 Sein Bart ist voll Grillen. Die seltsamsten Mären[1]
summt er der Sonne vor, weil sie's mag,
und sie kocht ihm dafür jeden Tag
Honig und Beeren.

[1] die Mär: die Geschichte, das Märchen

8 Lies das Gedicht oder höre es dir an. Beschreibe die sprachlichen Bilder.

9 Wie stellst du dir Herrn Sommer vor? Male ein Bild von ihm.

10 EXTRA Beschreibe die Verse und Reime. Bezeichne die Verse, die sich reimen, mit demselben Buchstaben (a, b, c …).

11 EXTRA Wie sieht wohl der Herr Winter aus? Schreibe ein ähnliches Gedicht. Nutze das Sommer-Gedicht als Muster.

Klänge

1 Lies dir beide Gedichte auf der Doppelseite durch. Welches Gedicht gefällt dir am besten? Beschreibe, wie das Gedicht auf dich wirkt.

Barbara Rhenius
Geisterstunde

Schlägt es zwölf vom Ulmer Münster,
kommen sie – die Nachtgespünster.

Schau hinaus aus deinem Fenster!
Siehst du sie – die Nachtgespenster?

5 Draußen ist es duster, finster,
klappernd tanzen die Gespinster.

Vampir krallt, es schraubt ein Monster,
Geister schwirrn um Nachtgesponster.

Kommt vom Flusse Nebeldunst her,
10 heulen schaurig die Gespunster.

Dann schlägt's eins vom Ulmer Münster,
– fort sind sie, die Nachtgespünster!

Gedichte wirkungsvoll vortragen

Erwin Grosche

Der Föhn

Ich bin der Föhn
und mache schööön.
Aus meiner Gruft
kommt heiße Luft.

5 Nur nicht erschrocken,
ich mach Haare trocken.
Und mache STÖÖÖHN!
Ich bin der Föhn.

2 Beschreibe die Strophen, Verse und Reime von beiden Gedichten. Beschreibe dann, was an den Gedichten ungewöhnlich ist.

3 Arbeitet zu zweit an einem Gedicht. Lest abwechselnd jeden Vers:
– Probiert aus, wie sich das Gedicht anhört, wenn ihr es laut und deutlich vortragt. Vergleicht, wie sich das Gedicht anhört, wenn ihr es flüstert.
– Tauscht euch darüber aus, wie euch die einzelnen Sprechweisen gefallen.

4 Die Gedichte sind gut dafür geeignet, mit Geräuschen, Tönen oder einem Musikstück untermalt zu werden. Sammelt passende Ideen. Legt fest, an welchen Stellen die Geräusche oder die Musik zu hören sein sollen. Verteilt die Aufgaben.

5 Übe deinen Gedichtvortrag ein. Beachte dazu den Arbeitstechnik-Kasten.

6 Tragt die Gedichte in der Klasse vor. Gebt euch gegenseitig Rückmeldungen. Wie ist es euch gelungen, die Stimmung des Gedichts durch eine passende Sprechweise und die ausgewählten Geräusche zu unterstützen?

Was dich stark macht

Arbeitstechnik: Ein Gedicht wirkungsvoll vortragen

1. Übe den Gedichtvortrag vor einem Spiegel: Schaue dich an und kontrolliere deine Haltung.
2. Stehe entspannt und selbstbewusst. Achte auf ein angemessenes Sprechtempo, mache an den passenden Stellen Pausen.
3. Warte beim Vortrag vor Zuhörern so lange, bis es ganz ruhig geworden ist.
4. Schaue während deines Vortrags die Zuhörer an.
5. Unterstütze deinen Vortrag durch Mimik und Gestik. Untermale ihn durch passende Musik.
6. Bleibe nach dem Vortrag noch einen Moment stehen, bis sich die Spannung bei den Zuhörern gelöst hat.

Gedichte wirken lassen

Johann Wolfgang von Goethe
Erlkönig

Wer reitet so spät durch Nacht und Wind?
Es ist der Vater mit seinem Kind;
Er hat den Knaben wohl in dem Arm,
Er fasst ihn sicher, er hält ihn warm.

5 Mein Sohn, was birgst du so bang dein Gesicht?
Siehst, Vater, du den Erlkönig nicht?
Den Erlenkönig mit Kron und Schweif?
Mein Sohn, es ist ein Nebelstreif.

„Du liebes Kind, komm, geh mit mir!
10 Gar schöne Spiele spiel ich mit dir;
Manch bunte Blumen sind an dem Strand;
Meine Mutter hat manch gülden Gewand."

Mein Vater, mein Vater, und hörest du nicht,
Was Erlenkönig mir leise verspricht?
15 Sei ruhig, bleibe ruhig, mein Kind;
In dürren Blättern säuselt der Wind.

„Willst, feiner Knabe, du mit mir gehn?
Meine Töchter sollen dich warten schön:
Meine Töchter führen den nächtlichen Reihn
20 Und wiegen und tanzen und singen dich ein."

Mein Vater, mein Vater, und siehst du nicht dort
Erlkönigs Töchter am düstern Ort?
Mein Sohn, mein Sohn, ich seh es genau:
Es scheinen die alten Weiden so grau.

25 „Ich liebe dich, mich reizt deine schöne Gestalt;
Und bist du nicht willig, so brauch ich Gewalt."
Mein Vater, mein Vater, jetzt fasst er mich an!
Erlkönig hat mir ein Leids getan!

Dem Vater grauset's, er reitet geschwind.
30 Er hält in den Armen das ächzende Kind,
Erreicht den Hof mit Mühe und Not;
In seinen Armen das Kind war tot.

1 Lies das Gedicht „Erlkönig" oder lass es dir vorlesen.

2 Fasse den Inhalt des Gedichts in wenigen Sätzen zusammen:
- Welche Personen kommen darin vor?
- An welchen Orten befinden sich die Personen?
- Was geschieht?

3 Lies das Gedicht noch einmal anhand folgender Fragen. Notiere dazu deine Antworten:
- Wer reitet durch Nacht und Wind? Was genau erfährt man über diese Personen?
- Was für ein Wesen ist der Erlkönig?
- Nur bei einem Sprecher sind die Zeichen der wörtlichen Rede gesetzt. Bei wem und warum?

4 Untersuche, in welchen Strophen des Gedichtes Personen sprechen und in welchen nicht. Notiere, wie du das deutest.

5 Wie spricht der Erlkönig das Kind an? Beschreibe die Art und Weise.

6 Informiere dich im Internet über Johann Wolfgang von Goethe und über die Entstehung des „Erlkönigs".

7 Bereite dich auf einen wirkungsvollen Vortrag des „Erlkönigs" vor. Beachte, dass es im Gedicht vier „Rollen" gibt, die unterschiedlich gesprochen werden müssen.
Du kannst den „Erlkönig" auch mit drei Partnerinnen oder Partnern vortragen.
Einigt euch, welche Textstellen jeder als Sprecher übernehmen wird und wie er sie vortragen sollte.
Im Anschluss übt jeder Sprecher seine Textstellen allein, dann üben alle gemeinsam.

→ **Seite 259,** Arbeitstechnik „Ein Gedicht wirkungsvoll vortragen"

8 Tragt eure Gedichte in der Klasse vor. Tauscht euch anschließend darüber aus, was euch besonders gut gelungen ist und was ihr noch verbessern könnt.

Ein s oder ss oder vielleicht ß?

1 Lies das Gedicht leise oder höre es dir an. Gib den Inhalt kurz mit eigenen Worten wieder.

Erich Kästner
Die Sache mit den Klößen

Der Peter war ein Renommist.
Ihr wisst vielleicht nicht, was das ist.
Ein Renommist, das ist ein Mann,
der viel verspricht und wenig kann.

5 Wer fragte: „Wie weit springst du, Peter?",
bekam zur Antwort: „Sieben Meter."
In Wirklichkeit – Kurt hat's gesehn –
sprang Peter bloß drei Meter zehn.

So war es immer: Peter log,
10 dass sich der stärkste Balken bog.
Und was das Schlimmste daran war:
Er glaubte seine Lügen gar!

Als man einmal vom Essen sprach,
da dachte Peter lange nach.
15 Dann sagte er mit stiller Größe:
„Ich esse manchmal dreißig Klöße."

Die anderen Kinder lachten sehr,
doch Peter sprach: „Wenn nicht noch mehr!"
„Nun gut", rief Kurt, „wir wollen wetten!"
20 (Wenn sie das bloß gelassen hätten.)

Der Preis bestand, besprachen sie,
in einer Taschenbatterie.
Die Köchin von Kurts Eltern kochte
die Klöße, wenn sie's auch nicht mochte.

25 Kurts Eltern waren ausgegangen.
So wurde endlich angefangen.
Vom ersten bis zum fünften Kloß,
da war noch nichts Besondres los.

Die andern Kinder saßen stumm
30 um Peter und die Klöße rum.
Beim siebenten und achten Stück
bemerkte Kurt: „Er wird schon dick."

Beim zehnten Kloß ward[1] Peter weiß
und dachte: Kurt erhält den Preis.
35 Ihm war ganz schlecht, doch tat er heiter
und aß, als ob 's ihm schmeckte, weiter.

Er schob die Klöße in den Mund
und wurde langsam kugelrund.
Der Anzug wurde langsam knapp.
40 Die Knöpfe sprangen alle ab.

Die Augen quollen aus dem Kopf.
Doch griff er tapfer in den Topf.
Nach fünfzehn Klößen endlich sank
er stöhnend von der Küchenbank.

45 Die Köchin Hildegard erschrak,
als er so still am Boden lag.
Dann fing er grässlich an zu husten,
dass sie den Doktor holen mussten.

„Um Gottes willen!", rief er aus,
50 „der Junge muss ins Krankenhaus."
Vier Klöße steckten noch im Schlund[2].
Das war natürlich ungesund.

Mit Schmerzen und für teures Geld
ward Peter wiederhergestellt.
55 Das Renommieren hat zu Zeiten
auch seine großen Schattenseiten.

[1] ward: alter Ausdruck für „wurde"

[2] der Schlund: Hals, Rachen

2 Trage das Gedicht mit entsprechender Betonung vor. Bemühe dich besonders,

– Peters angeberische Art in der wörtlichen Rede zum Ausdruck zu bringen,

– die Steigerung der Spannung durch den Klang der Stimme wiederzugeben.

→ **Seite 257,** Arbeitstechnik „Das Vorlesen eines Textes vorbereiten"

3 Übernimm die folgende Tabelle in dein Heft. Schreibe aus dem Gedicht alle Wörter mit *ss* und *ß* heraus. Trage sie in die entsprechende Spalte ein.

ss	ß
wisst	bloß

4 Untersucht, wann der Vokal (Selbstlaut) vor dem s-Laut lang und wann er kurz gesprochen wird. Untersucht, wann man *ß* schreibt. Schreibt eine Regel dazu auf.

5 Ein *s* oder *ß*? Schreibe die Wörter richtig auf.

au☙en, Be☙en, Häu☙er, wei☙er, Ro☙e, Ho☙e, drei☙ig, Mei☙el, äu☙ern, bö☙e, drau☙en, Glä☙er, Grä☙er, Stra☙e, flie☙en, Rie☙en, Va☙e,

→ **Seite 251,** Rechtschreibstrategie: Merken

6 Sprich diesen Satz überdeutlich in Silben, sodass du die s-Laute unterscheiden kannst.

Große Hasen hassen nassen Rasen.
Gro-ße Ha-sen has-sen nas-sen Ra-sen.

7 Ein *ss* oder *s*? Setze ein.

Wir haben die be☙eren Be☙en. Fre☙en E☙el Brennne☙eln?
Hast du die Ro☙en gego☙en?

8 Sprich deutlich, damit du die Unterschiede hörst. Erkläre die Schreibung bei folgenden Wörtern:

lasen – fraßen – hassen, Wiese – gießen – wissen, Düse – Grüße – Küsse

> **Merke**
>
> **Rechtschreibstrategie: Merken**
> Nach lang gesprochenem *a/ä, o/ö, u/ü* sowie nach *ie, ei* und *au/äu* schreibt man für einen (scharfen) s-Laut *ß*.

Ich weiß, dass ...

1 Seht euch die Sätze in den Sprechblasen an. Sie sollen euch helfen, selbst herauszufinden, wann die Konjunktion (das Bindewort) *dass* verwendet wird. Versucht, es zu erklären.

Ich hoffe, **dass** ...

Ich bin überzeugt davon, **dass** ...

Was denn?

Wovon denn?

..., **dass** ich das lernen werde.

..., **dass** du das bald nicht mehr verwechselst.

2 Hier sind weitere Beispiele, die du selbst ergänzen kannst. Schreibe die vollständigen Sätze auf.

Ich glaube, dass ... (Was denn?)
Sie verspricht, dass ... (Was denn?)
Ich erinnere mich, dass ... (Woran denn?)
Sie gehen davon aus, dass ... (Wovon denn?)
Wir wünschen euch, dass ... (Was denn?)

3 Finde selbst solche Beispiele mit den folgenden Verben.

sagen, hoffen, behaupten, vermuten, meinen, wissen, befürchten, gefallen, ahnen

4 EXTRA Bilde Sätze, z. B.

Es ist bewiesen, dass die Erde um die Sonne kreist.

	ist bewiesen.		ist wichtig.
	ist bekannt.		ist schade.
Etwas	ist (mir) klar.	Etwas	ist bemerkenswert.
	ist (mir) bewusst.		ist verständlich.

5 Verwandle die folgenden Sätze in *dass*-Sätze und unterstreiche das gebeugte Verb im Nebensatz, z. B.

1. Ich weiß, ein Computer <u>kann</u> nicht alles. → Ich weiß, dass ein Computer nicht alles <u>kann</u>.

1. Ich weiß, ein Computer kann nicht alles.
2. Aber es ist auch klar, mittlerweile ist er in vielen Bereichen unentbehrlich geworden.
3. Viele Erwachsene meinen, Kinder verbringen zu viel Zeit am Bildschirm.
4. Ich bin der Ansicht, diese Entwicklung ist nicht mehr aufzuhalten.
5. Ich bin froh, im 21. Jahrhundert zu leben.

6 Stelle die Sätze aus Aufgabe 5 so um, dass der *dass*-Satz am Anfang des Satzgefüges steht, z. B.

1. Dass der Computer nicht alles kann, weiß ich.

7 EXTRA Hier findest du eine Einleitung zu einer Geschichte.
Schreibe die Geschichte weiter.
Versuche, darin möglichst oft die Konjunktion *dass* zu verwenden. Unterstreiche die Konjunktion *dass*.

Ich weiß, dass meine Eltern heute Abend nicht zu Hause sind. Sie haben natürlich Angst, dass irgendetwas Schreckliches passieren wird …

8 EXTRA Stelle deine Geschichte in der Klasse vor.

Merke

Das Wort **das** ist ein Artikel oder ein Pronomen (Fürwort) und kann durch andere Wörter ersetzt werden, z. B. durch *dieses, jenes, welches.*

> *Das Auto,* **das** *in der Garage steht, gehört Familie Möller.*
> → *Das Auto,* **welches** *in der Garage steht, gehört Familie Möller.*

Die Konjunktion (das Bindewort) **dass** kann <u>nicht</u> durch ein anderes Wort ersetzt werden.

> Der *dass*-Satz kann am Anfang oder am Ende eines Satzes stehen:
> → *Einige Experten behaupten,* <u>*dass es in Zukunft nur noch E-Books geben wird*</u>.
> → <u>*Dass es in Zukunft nur noch E-Books geben wird,*</u> *behaupten einige Experten.*

Ein s, ss oder ß?

Schreibe ab und setze richtig ein. Wähle A, B, C oder D:

A

Sü⬚e Klö⬚e

Viel Spa⬚ und guten Appetit mit die⬚em Rezept:

Einen halben Liter Milch erhitzt man mit einer halben Ta⬚e Öl, fünf
E⬚löffeln Zucker und etwas geriebener Zitronenschale. Wenn die Milch zu
kochen beginnt, gie⬚t man 200 g Grie⬚ hinein und rührt so lange, bis sich
5 der Teig klo⬚artig zusammenballt und vom Topfboden lö⬚t.
Ein Ei wird in die noch hei⬚e Ma⬚e gerührt.
In einem zweiten, hohen Topf lä⬚t
man Wa⬚er mit etwas Salz auf-
kochen. Ist der Grie⬚ abgekühlt,
10 werden noch zwei Eier gut un-
tergerührt. Mit na⬚en Händen
werden nicht zu gro⬚e Klö⬚e
geformt, in das kochende Wa⬚er
gegeben und etwa 15 Minuten
15 gegart.

B

Sternenflüstern

Oimjakon scheint auf den ersten Blick ein ganz normales Dorf im sibi-
rischen Osten Ru⬚lands zu sein. Aber hier wird ein Weltrekord gehalten.
Da⬚ merkt freilich nur, wer im Winter kommt. Im Januar mi⬚t man eine
Durchschnittstemperatur von minus 50 Grad. Eine Stelle am Ortseingang
5 informiert über die niedrigste jemals geme⬚ene Temperatur. Sie lag im
Jahr 1926 bei minus 71,2 Grad. Wir sind am Kältepol der Erde.
Hei⬚er Wa⬚erdampf aus dem Heizkraftwerk und viele Öfen sorgen dafür,
da⬚ es in den Häusern mollig warm wird. Drau⬚en im feinen Pulverschnee aber mu⬚ man gut aufpa⬚en. Ganz schnell erfriert einem die
10 Na⬚enspitze, ein Zeh oder der kleine Finger.
Die knisternde Kälte lä⬚t auch die Feuchtigkeit der Atemluft sofort zu
kleinsten Ei⬚kristallen erstarren. Das geschieht in Sekundenbruchteilen
und erzeugt ein lei⬚es knisterndes Geräusch. Man nennt es das sibirische
Sternenflüstern.

C

Der Maßstab

Das Wort Ma✎stab ist sehr intere✎ant:
Zunächst fällt auf, da✎ es eine besondere Schreibweise hat. ß und s stehen
hintereinander, weil Ma✎stab aus Ma✎ und Stab zusammengesetzt ist.
Ein Ma✎stab ist also ein Stab zum Me✎en; mit dem man Gegenstände in
5 Zentimetern und Millimetern mi✎t.
Wird das Wort Ma✎stab aber im Zusammenhang mit Stra✎en-, Land-
oder Wanderkarten verwendet, gibt der Ma✎stab an, wie viel mal etwas
im Vergleich zur geme✎enen Grö✎e in der Wirklichkeit verkleinert oder
vergrö✎ert wurde.
10 Und schlie✎lich ist der Ma✎stab da✎, woran jemand oder etwas geme✎en
wird. Wenn man also bei jemandem einen hohen Ma✎stab anlegt, bedeutet da✎, da✎ man ihm viel zutraut.

D

Lemminge

Wohl da✎ bekannteste Denk- und Geschicklichkeitsspiel, da✎ je für
Computer entwickelt wurde, ist da✎ Spiel „Lemminge".
Man hat dabei die Aufgabe, die kleinen, putzigen Wesen von ihren Selbst-
mordgedanken[1] abzubringen.
5 Man muss sie dazu bringen, da✎ sie gewisse Tätigkeiten verrichten, da✎
sie zum Beispiel Treppen bauen, unterirdische Gänge buddeln oder ein
Hindernis sprengen, da✎ ihnen den Weg zum rettenden Ausgang versperrt.
Ständig besteht die Gefahr, da✎ sie abstürzen oder anderweitig zu Tode
kommen. Einige Spielstufen sind so schwer, da✎ auch der geübte Spieler
10 stundenlang nachdenken muss, bis er auf eine Lösung kommt. Da ist man
froh, da✎ es eine Pausentaste gibt.
Hat man es geschafft, einen vorgeschriebenen Prozentsatz an Lemmingen
in einer bestimmten Zeit zu retten, erreicht man da✎ nächste Level, da✎
meistens schwieriger ist.
15 Da✎ es von diesem witzigen Spiel schon einige Nachfolgespiele gibt,
verwundert nicht.

[1] die Selbstmordge-
danken der Lemminge:
Lemminge sind kleine
Nagetiere. Walt Disney
veröffentlichte 1958
einen Film, in dem
eine Massenwande-
rung der Tiere mit
anschließendem Freitod
dargestellt wurde. Die
Szene mit dem Freitod
war jedoch gestellt. Aber
seitdem hat sich das
angebliche Selbstmord-
verhalten im Gedächtnis
der Menschen gehalten.
Das Computerspiel
bezieht sich auf diesen
Film.

13 Fernsehen – gern sehen

Alina: „Ich verpasse keine einzige Sendung mit einer Talent-Show. Sehr gerne würde ich selbst mal mitmachen! Und die Folgen meiner Lieblingsserie gucke ich auch regelmäßig."

Johanna: „Eigentlich läuft bei mir der Fernseher die ganze Zeit, egal ob ich auf dem Bett liege und mich ausruhe oder irgendetwas für die Schule mache. Ich zappe durch und lasse das, was mir gerade gefällt."

Max: „Mich interessieren aktuelle Sendungen, besonders Sport. Die suche ich mir schon vorher aus dem Programmheft heraus."

1 Wie gehen Max, Alina und Johanna mit dem Fernsehen um? Beschreibe dein eigenes Fernsehverhalten.

2 Diskutiert darüber, welche Rolle das Fernsehen in eurer Freizeit spielt. Bezieht eure Erwartungen an das Fernsehen in die Diskussion ein.

Wie „guckst" du?

1 Führt in eurer Klasse eine kurze Umfrage zum Thema durch: Wie lange siehst du am Tag ungefähr fern? Fertigt dafür einen Fragebogen an, z. B.

> *Kreuze an!* ☐ *Mädchen* ☐ *Junge*
>
> **Fernsehzeiten**
> ☐ *unter einer Stunde* ☐ *ein bis zwei Stunden*
> ☐ *mehr als zwei Stunden*

2 Sammelt die Fragebögen ein und wertet sie aus, z. B.:

Fernsehzeiten	Mädchen	Jungen
unter einer Stunde	II	II
ein bis zwei Stunden	HHH	IIII
über zwei Stunden	HHHI	HHHI

3 Werte eure Klassenumfrage aus. Beantworte folgende Fragen schriftlich:
1. Wer sieht täglich länger fern, die Mädchen oder die Jungen?
2. Bei welcher Fernsehzeit sind die Unterschiede zwischen Mädchen und Jungen am größten?
3. Was ist dir noch aufgefallen?

4 Vergleicht eure Auswertung.

5 EXTRA Stelle die Ergebnisse der Auswertung aus Aufgabe 2 in einem Diagramm dar. Wähle dafür entweder ein Säulendiagramm, ein Balkendiagramm oder ein Kreisdiagramm; z. B.:

> **TIPP!**
> Berate dich mit einem Lehrer/einer Lehrerin über die Nutzung eines Computerprogrammes.

**Fernsehzeit
Mädchen – täglich**

**Fernsehzeit
Jungen – täglich**

■ unter einer Stunde
■ ein bis zwei Stunden
■ mehr als zwei Stunden

6 EXTRA Erläutere deine Ergebnisse in der Klasse.

Eine echte Erfolgsstory

Ein Fernseher erzählt

„Hallo du! Ja du, du bist gemeint. Ich
bin es, der Fernseher. Weißt du eigentlich, dass ich eine echte „Erfolgsstory"
bin? In der ersten Hälfte des 20. Jahr-
5 hunderts bin ich „auf den Markt" gekommen. Das heißt, da bin ich erfunden worden. So gegen 1950 bin ich auf der ganzen Welt bekannt geworden.
Gut, ich muss zugeben, dass ich in den ersten Jahren noch sehr teuer war.
Denn da gab es noch nicht so viele von mir zu kaufen. Es wird erzählt, dass
in Deutschland im Jahr 1950 von hundert Menschen nur einer das Geld
10 besaß, mich zu kaufen.
Doch schon 1970 konnten das fünfzig Menschen von den Hundert tun.
Heute stehe ich in jedem Haushalt mindestens einmal. Also können sich
heute von hundert Menschen alle einen Fernseher leisten. Ich bin nämlich
gar nicht mehr teuer.
15 Und deswegen stehe ich heute auch schon in ganz vielen Kinderzimmern.
Ach, du hast auch einen in deinem Zimmer? Na, dann sehen wir uns ja
bald. Ich bin gespannt, was du heute gucken möchtest."

1 Welche Informationen über das Fernsehgerät findest du in diesem Text?
Schreibe sie in dein Heft.

2 Hier wurde versucht, den Besitz von Fernsehgeräten in Deutschland
zu veranschaulichen. Wie müsste der Kreis in der Mitte gestaltet werden?
Zeichne ihn entsprechend (siehe Diagramm in Aufgabe 3).

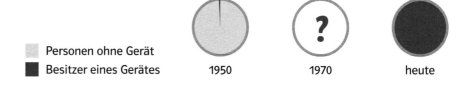

3 Wie hoch müsste die Säule rechts sein, wenn die mittlere Säule 1 cm
misst?

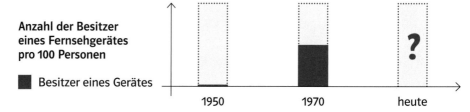

4 Untersucht: Wie lang müssten der mittlere und der obere Balken sein, wenn der untere Balken 1mm misst? Übernimm die Darstellung in dein Heft und zeichne alle drei Balken in der richtigen Länge.

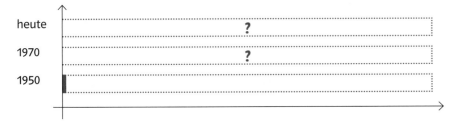

5 In den Aufgaben 2, 3 und 4 werden Diagramme dargestellt. Ihr kennt sie z. B. aus dem Mathematik- oder Erdkundeunterricht. Untersucht, wann es sich um ein Balkendiagramm oder ein Säulendiagramm handelt und wo ein Kreisdiagramm dargestellt wird.

6 Untersuche das Diagramm, das du in Aufgabe 4 gezeichnet hast. Welche Informationen kannst du diesem Diagramm entnehmen? Formuliere mit deinen eigenen Worten.

> **Arbeitstechnik**
>
> **Ein Diagramm lesen und verstehen**
> 1. Lies die Überschrift. Formuliere in einem Satz, was das Diagramm zeigt.
> 2. Notiere, um welche Art von Diagramm es sich handelt und woran du die Ergebnisse ablesen kannst (Größe des Ausschnittes, Höhe der Säulen, Länge der Balken).
> 3. Prüfe, welche weiteren Angaben das Diagramm enthält.
> 4. Notiere, was du über den höchsten und den niedrigsten Wert herausfinden kannst.
> 5. Formuliere deine Erkenntnisse in ganzen Sätzen.

7 **Diagramme im Alltag** Suche Diagramme in den Medien (Zeitschriften, Zeitungen, Internet, Gebrauchsanweisungen, Lebensmittelverpackungen, …)? Schneide oder drucke ein Diagramm für den Unterricht aus.

8 Schaut euch die mitgebrachten Diagramme an. Vermutet, welche Aufgabe sie jeweils erfüllen.

9 Wählt ein Diagramm aus. Erläutert, welche Informationen es liefert. Formuliert eure Erkenntnisse in einem kurzen Text.

Balken, Säulen und Kreise

Neben dem Balkendiagramm gibt es noch viele andere Möglichkeiten,
wie man Zusammenhänge bildlich darstellen kann.

1 Sicher erkennst du gleich, welche der drei Grafiken ein Balkendiagramm,
ein Säulendiagramm und ein Kreisdiagramm ist.
Schreibe zu jeder Bezeichnung eine kurze Erklärung und beschreibe, wie
ein hoher oder ein niedriger Wert dargestellt wird, z. B.

Das Säulendiagramm heißt so, weil …
Einen hohen oder niedrigen Wert erkennt man an …

❶ Bedeutung unterschiedlicher Medien – sehr wichtig/wichtig
Mädchen und Jungen (Alter: 12–19 Jahre)

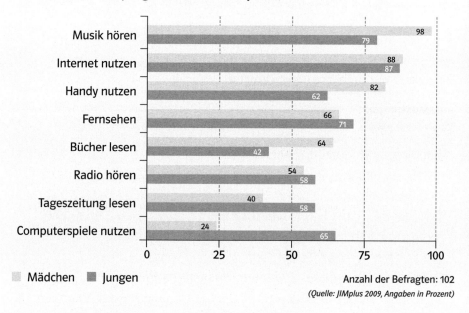

Anzahl der Befragten: 102
(Quelle: JIMplus 2009, Angaben in Prozent)

❷ Internet-Nutzungshäufigkeit (2007–2009) –
täglich/mehrmals pro Woche (Alter: 12–19 Jahre)

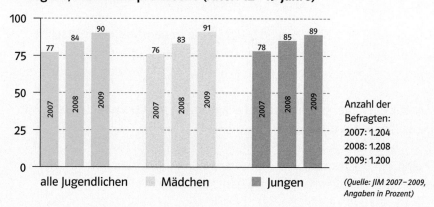

Anzahl der
Befragten:
2007: 1.204
2008: 1.208
2009: 1.200

(Quelle: JIM 2007–2009,
Angaben in Prozent)

2 Betrachte das Diagramm 2 und lies die Überschrift. Beschreibe, um welche Art von Diagramm es sich handelt und worüber es informiert. Beachte auch die verschiedenen Farben.

3 Untersuche das Diagramm 2 genauer. Nutze dazu die Punkte aus dem Arbeitstechnik-Kasten auf Seite 165. Schreibe alle Informationen, die du aus der Grafik gewinnen kannst, in einem zusammenhängenden Text auf.

③ Inhaltliche Verteilung der Internetnutzung bei Jugendlichen (Alter: 12 – 19 Jahre)

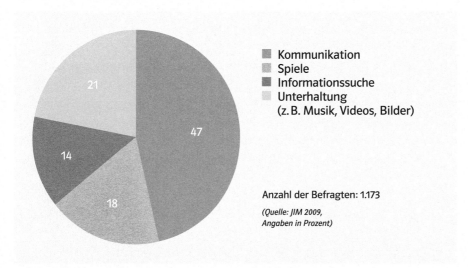

- Kommunikation
- Spiele
- Informationssuche
- Unterhaltung
  (z. B. Musik, Videos, Bilder)

Anzahl der Befragten: 1.173

(Quelle: JIM 2009, Angaben in Prozent)

→ **Seite 261**, Arbeitstechnik „Ein Diagramm lesen und verstehen"

4 Schau dir nun das Diagramm 3 an. Beschreibe, worüber es informiert, und erkläre, was die verschiedenen Farben bedeuten.

5 Hier hat jemand das Diagramm 3 ausgewertet. Welche Aussagen treffen zu und welche nicht? Begründe oder berichtige die Ergebnisse.
1. Im Internet verbringen die Jugendlichen die meiste Zeit mit Spielen.
2. Am wenigsten wird das Internet zur Informationssuche genutzt.
3. Jungen spielen länger im Internet als Mädchen.

6 Und wofür nutzt du das Internet? Schreibe auf, zu welchem Zweck du das Internet selten und sehr oft nutzt.

selten   sehr oft

Rechtschreibung   chatten
nachschauen

Im Fernsehen

1 Lies den Text über ein tragisches Ereignis in einer Fernseh-Show.

Wie groß darf das Risiko sein?

Samuel Koch studierte an der Hochschule für **Musik, Theater** und **Medien** Hannover. 2010 war der **22-Jährige** ein **Kandidat** bei *Wetten, dass…?* – einer **Show** im ZDF, in der es um Wetten geht. Samuel wettete, dass er nacheinander über fünf Autos von **verschiedener** Größe springen würde,
5 die **ihm**, während er sprang, **entgegenfuhren**. Er trug **spezielle** Sprung-stiefel und sprang im **Salto** vorwärts immer jeweils über ein **Fahrzeug**. Beim **vierten Auto**, das tragischerweise **von** seinem **Vater** gesteuert wurde, kam es zum Unfall: Samuel Koch stürzte **vor** laufender **Kamera**. Scho-ckiert erlebten **Millionen** Zuschauer den Unfall **live**. Der schwer **verletzte**
10 Samuel wurde **zunächst** in einer Düsseldorfer, dann in einer Schweizer **Klinik therapiert**[1]. Seine **Rehabilitation**[2] **verlief** gut, aber Samuel Koch ist seither **vom** ersten Halswirbel an **abwärts gelähmt**.
Der Unfall **führte** zu einer **Diskussion** über die Sicherheit bei Fernseh-Shows und über den Zusammenhang zwischen **Risiko** und **Einschalt-**
15 **quote**.

[1] therapieren: behandeln, heilen

[2] Rehabilitation, die: verschiedene helfen-de Maßnahmen, um jemanden nach einem Unfall/einer Krankheit wieder in die Lage zu versetzen, so selbst-ständig wie möglich am Leben teilzunehmen

2 Diskutiert über die Frage: Wie groß darf das Risiko sein?

3 Im Text sind Wörter fett gedruckt. Bei diesen Wörtern kann man die Schreibung nicht ableiten. Sie gehören zu den „Merkwörtern". Lege eine Tabelle mit sechs Spalten an. Ordne die Merkwörter zu, z. B.

> **TIPP!**
> Einige Wörter kannst du doppelt zuordnen.

> **TIPP!**
> Vorsilben wie bei *der Vortrag/vortragen*; *der Versuch/versuchen* werden immer mit V/v geschrieben.

Fremd-wörter	unhör-bares -h-	v	ä nicht ableitbar	-chs-	i statt ie
Show	✎ ✎	✎ ✎	✎ ✎	✎ ✎	✎ ✎

4 Ordne auch die folgenden Merkwörter den Gruppen in deiner Tabelle zu.

zahlreich – nehmen – wahrscheinlich – der März – vortragen – wachsen – nämlich – mehr – versuchen – vorbei – der Fehler – die Apotheke – das Ohr – der Wechsel – berühmt – die Figur – das Vertrauen – erzählen

5 Im Internet kannst du mehr über Samuel Koch erfahren. Lies den folgenden Text über ihn.

1. Samuel Koch sitzt in einem schwarzen **Rollstuhl**, den Kopf durch eine Halterung gestützt …
   Es muss eine **Tortur**[1] sein für einen Menschen wie Samuel Koch, der neben seinem Schauspielstudium als **Stuntman jobbte** und Kunsttur-
   5 nen **trainierte**. An solch ein tragisches Ende scheint Samuel bei der **Vorbereitung** in keiner Sekunde gedacht zu haben. Jeder **Skiurlaub** sei **riskanter** gewesen als die geplante Wette. Für keinen anderen Wettkampf zuvor habe er so oft geprobt wie für die **Vorführung** bei *Wetten, dass …?*, mindestens 500-, eher 600-mal.

   10 2. Samuel Koch jammert nicht, weint nicht, **lamentiert**[2] nicht, auch wenn ihn die **Verzweiflung** manchmal plagt. Die **Anteilnahme** ist ungebrochen. Fremde Menschen schreiben Briefe und **E-Mails**, sie schicken Geschenke, dichten, singen und basteln für **ihn – obwohl** sie ihn nur aus dem Fernsehen kennen, seinen Sturz miterlebten, davon
   15 hörten oder lasen. Die „aufrichtige Anteilnahme" an „der ganzen **Misere**[3]" habe ihn **gerührt**. „In dem Ausmaß hätte ich mir das nie vorstellen können", sagt Samuel im **Interview**. „Ich hätte nicht gedacht, dass es so etwas **gibt**."

   3. Durch die Anteilnahme kam von **vielen** Zielen, die der Student hat,
   20 ein weiteres hinzu: Eines Tages, egal wann, möchte er einige der vielen Kinder treffen, die **ihm** geschrieben haben. „**Vielleicht** könnte ich mit einer **Biologie**klasse über Rückenmark sprechen", sagt er und schmunzelt. Durch die monatelange Reha ist er **Experte** geworden, Experte am eigenen Körper.

[1] Tortur, die: die Quälerei, Schinderei

[2] lamentieren: beklagen, jammern, nörgeln

[3] Misere, die: eine schlimme Sache; eine ausweglose Lage

6 Schreibe die fett gedruckten Wörter in deine Tabelle (siehe Seite 168) in die richtige Spalte. Kläre unbekannte Wörter mithilfe eines Wörterbuchs.

7 EXTRA Stelle eine Liste mit eigenen Merkwörtern für einen Partner/eine Partnerin zusammen.

8 EXTRA Trage die Merkwörter deines Partners/deiner Partnerin in die Tabelle aus Aufgabe 3 ein.

9 EXTRA Kontrolliert die Tabelle eures Partners/eurer Partnerin.

Informationen einholen

1 Lies zunächst jeden Satz aufmerksam durch. Bei elf Wörtern fehlt das unhörbare *h*. Überlege, wo es fehlt. Nimm ein Wörterbuch zu Hilfe.

[1] der Animationsfilm: Figuren aus unterschiedlichen Materialien werden in einem Film zum Leben erweckt

1. Dir hat jemand erzählt, dass die Sängerin Lena in einem Animationsfilm[1] einer Schildkröte ihre Stimme geliehen hat. Über diesen Film möchtest du mehr erfaren.
2. Informationen über Filme kannst du auch im Internet erhalten. Aber leider hat man dir einen verkerten Titel genannt. Unter dem Stichwort „Filmempfelungen" suchst du zuerst, aber du erhältst keine brauchbare Information. Den Feler, zu allgemein zu bleiben, wirst du nicht mer machen.
3. Jetzt fürst du die Suche unter dem Stichwort „aktuelle Kinder- und Jugendfilme" durch. Du wälst die Adresse „Neu im Kino/ Kinderfilm-online" aus. Das ist ein Volltreffer. Bilder zu den Filmen nemen den größten Teil der Seiten ein.
4. Da siehst du eine Schildkröte. Das muss der passende Film sein. Die Erfarung zeigt, dass es gut ist durchzuhalten. Du klickst das Bild an und kannst dich informieren. Die Suche hat sich gelont.

2 Finde zu jedem Wortstamm mindestens fünf verwandte Wörter, z. B.

nehm ➤ *nehmen, benehmen, angenehm, vernehmen, Nehmer, …*

NEHM   LEHR   WOHN   WAHL

ZAHL   FÜHL   FAHR

3 Welche Wörter sind das? Schreibe sie vollständig auf.

allmä … lich   gefä … lich   gewö … lich

ausfü … lich   e … lich   wa … lich

4 Merke dir diese „kleinen" Wörter. Schreibe mit jedem Wort einen Satz.

sehr   obwohl   mehr   ihn

während   ihm   ihr

Ausnahmeschreibungen einprägen; Fremdwörter richtig schreiben

5 Ein *f* oder ein *v*? Wie viele f-Wörter und wie viele v-Wörter findest du? Wenn du unsicher bist, schlage in einem Wörterbuch nach.

Sammys Abenteuer

1. Dieser ?ilm mit dem Untertitel „Die Suche nach der geheimen Passage" stellt uns Sammy, einen Meeresschildkröterich, ?or. Er hat sein Schild-krötenmädchen ?erloren.
2. Und so ?ing es an. Als eine Möwe die beiden ?erspeisen will, ?erteidigt Sammy sich und seine ?reundin. Er ?asst all seinen Mut zusammen und spuckt der Möwe Sand ins Gesicht. Diese lässt sie daraufhin ?allen.
3. Sammy stürzt in die ?luten. ?on seiner Ge?ährtin Shelly ist nichts mehr zu sehen. Auf einem Holz?loß treibt er Ge?ahren entgegen, ?on denen er noch keine ?orstellung hat.
4. Am zweiten Tag trifft Sammy einen Schildkröten-Jungen. Sie werden ?reunde und sie treiben ?ortan gemeinsam durch die Meere. Das Schildkrötenmädchen Shelly ?indet wieder zu ihnen und sie sind für die Suche nach der geheimen Passage ?ollzählig.

6 Fremdwörter Der folgende Text enthält viele Fremdwörter. Notiere sie und suche ihre Bedeutung in einem Wörterbuch.

Seit es das erste Waveboard auf dem deutschen Markt zu kaufen gibt, haben sich viele Produzenten an diesem
5 Funsport-Artikel probiert. Das Ergebnis waren Modelle, die mit nur geringem Erfolg in der Streetsurfing-Szene ankamen. Das lag an der
10 schlechten Qualität und den billigen, zum Teil toxischen

Materialien. Viele Konkurrenzprodukte scheiterten an den Patentrechten. Nach all den Flops konnte sich aber in unserem Waveboard-Test ein neues Board durchsetzen: Das X-Board überzeugte in allen Komponenten. Bei
15 diesem Board wurden die bisherigen Schwachpunkte eines Waveboards eliminiert und dessen Stärken noch einmal nach oben korrigiert. Das X-Board ist damit der Favorit der Testredaktion.

7 Diktiert euch Abschnitte aus den Texten der Aufgaben 1, 5 oder 6 in Partnerarbeit. Wechselt euch dabei ab.

1 Lies das Märchen aufmerksam durch.

Hans Christian Andersen

Die Prinzessin auf der Erbse

Es war einmal ein Prinz, der wollte eine Prinzessin heiraten. Aber das sollte eine wirkliche Prinzessin sein. Da reiste er in der ganzen Welt herum, um eine solche zu finden, aber überall fehlte etwas. Prinzessinnen gab es genug, aber ob es wirkliche Prinzessinnen waren, das konnte er nie herausfinden. Immer war da etwas, was nicht in Ordnung war. Da kam er wieder nach Hause und war traurig, denn er wollte doch gern eine wirkliche Prinzessin haben.

Eines Abends zog ein furchtbares Wetter auf; es blitzte und donnerte, der Regen stürzte herab, und es war ganz entsetzlich. Da klopfte es an das Stadttor, und der alte König ging hin, um aufzumachen.

Es war eine Prinzessin, die draußen vor dem Tor stand. Aber wie sah sie vom Regen und dem bösen Wetter aus! Das Wasser tropfte ihr von den Haaren und Kleidern herab, lief in die Schnäbel der Schuhe[1] hinein und zum Absatz wieder hinaus. Sie sagte, dass sie eine wirkliche Prinzessin sei.

„Ja, das werden wir schon erfahren!", dachte die alte Königin, aber sie sagte nichts, ging in die Schlafkammer hinein, nahm alles Bettzeug ab und legte eine Erbse auf den Boden der Bettstelle. Dann nahm sie zwanzig Matratzen, legte sie auf die Erbse und dann noch zwanzig Eiderdaunendecken[2] oben auf die Matratzen. Hier sollte nun die Prinzessin die ganze Nacht über liegen.

Am Morgen wurde sie gefragt, wie sie geschlafen hätte.

„Oh, entsetzlich schlecht!", sagte die Prinzessin, „ich habe fast die ganze Nacht kein Auge geschlossen! Gott weiß, was in meinem Bett gewesen ist. Ich habe auf etwas Hartem gelegen, sodass ich am ganzen Körper ganz braun und blau bin! Es ist ganz entsetzlich!"

[1] die Schnäbel der Schuhe: die Schuhspitzen

[2] die Eiderdaune: die feinste und teuerste Feder, die als Füllung für Bettdecken verwendet wird

Daran konnte man sehen, dass sie eine wirkliche Prinzessin war, da sie durch die zwanzig Matratzen und die zwanzig Eiderdaunendecken die Erbse gespürt hatte. So feinfühlig konnte niemand sein außer einer echten
35 Prinzessin.

Da nahm sie der Prinz zur Frau, denn nun wusste er, dass er eine wirkliche Prinzessin gefunden hatte. Und die Erbse kam in die Kunstkammer, wo sie noch zu sehen ist, wenn sie niemand gestohlen hat.

Seht, das war eine wirkliche Geschichte!

2 Welche Überschrift passt zu welchem Abschnitt des Märchens? Ordne zu.
1. Die Königin macht das Bett
2. Schlecht geschlafen!
3. Ein trauriger Prinz
4. Es klopft – eine wirkliche Prinzessin?
5. Eine wirkliche Prinzessin!

3 *„Mama, wie habt ihr euch eigentlich kennen gelernt, Papa und du?"* – Wenn die Kinder des Prinzen und der Prinzessin das später einmal fragen, was wird ihre Mutter dann antworten?

> **TIPP!**
> Lies noch einmal den zweiten Abschnitt des Märchens.

4 *„Aber das sollte eine wirkliche Prinzessin sein."* – Überlege, was der Prinz wohl damit meint und was für eine Frau er sucht.

5 *„Ja, das werden wir schon erfahren!", dachte die alte Königin, aber sie sagte nichts, ...*
Suche diese Stelle im Märchentext. Was denkt sich die Königin wohl? Was will sie wissen? Wie will sie es herausbekommen?

> **TIPP!**
> Wer vorliest, steht am besten dafür auf.

6 EXTRA Bereitet euch gemeinsam darauf vor, den Text vorzulesen:
– Bildet Gruppen. Jede Gruppe übernimmt einen farbig unterlegten Abschnitt.
– Besprecht, worauf es in eurem Abschnitt ankommt. Was muss man eher lebhaft lesen, was eher ruhig? Was ist humorvoll, was ernst?
– Tragt den Abschnitt in eurer Gruppe reihum vor. Die anderen geben Hinweise zum guten Lesen. Wiederholt die Sätze, bis ihr zufrieden seid.
– Bildet dann neue Gruppen. Bereitet den Vortrag der anderen Abschnitte vor.
– Überlegt, wie ihr den Schlusssatz lesen wollt.

7 EXTRA Tragt den Text in der Klasse vor. Die Zuhörer sagen im Anschluss, was ihnen an dem Vortrag gefallen hat und geben Tipps zur Verbesserung.

→ **Seite 257**, Arbeitstechnik „Das Vorlesen eines Textes vorbereiten"

→ **Seite 261**, Arbeitstechnik „Ein Buch vorstellen"

→ **Seite 256**, Arbeitstechnik „Eine Rückmeldung geben"

Unterschiedliche Perspektiven

1 Seht euch die Bilder an. Wie heißt das Märchen?
- Erzählt, was in diesem Ausschnitt geschieht.
- Erzählt nun das ganze Märchen nach.

> **TIPP!**
> Erzählt in der Ich-Form.

2 Entscheidet euch für eine Figur: für das Rotkäppchen oder
für den Wolf.
- Erzählt den Märchenausschnitt aus der Sicht dieser Figur, z. B.

  Wolf: Ich lag im Bett und hatte die Haube und die Brille der Großmutter aufgesetzt. Da ging die Tür auf und ...

- Die Zuhörer erraten, aus wessen Sicht erzählt wird. Sie beobachten, ob
  der Erzähler in seiner Rolle bleibt und nur aus der Sicht dieser Figur
  erzählt.

> **Merke**
>
> In einer **Ich-Erzählung** wird das Geschehen aus der **Perspektive**
> (Sicht) einer Figur erzählt. Sie sagt z. B. *Ich lebte damals ...*
> *Dann ging ich ...* Der Erzähler tut so, als habe er alles selbst erlebt.

Ich bin die Prinzessin – ich bin der Frosch

… Nun trug es sich zu, dass die goldene Kugel der Königstochter nicht in ihr Händchen fiel, das sie in die Höhe gehalten hatte, sondern vorbei auf die Erde schlug und geradezu ins Wasser hineinrollte.

… Die Königstochter folgte ihr mit den Augen nach, aber die Kugel ver-
5 schwand und der Brunnen war tief, so tief, dass man keinen Grund sah. Da fing sie an zu weinen und weinte immer lauter und konnte sich gar nicht trösten. Und wie sie so klagte, rief ihr jemand zu: „Was hast du vor, Königstochter, du schreist ja, dass sich ein Stein erbarmen möchte." Sie sah einen Frosch,
10 der seinen dicken hässlichen Kopf aus dem Wasser streckte …

1 Kennt ihr auch dieses Märchen? Erzählt es.

2 Stellt euch vor, ihr seid die Prinzessin oder der Frosch. Was tut, denkt und fühlt ihr dann? Erzählt aus der Sicht dieser Figuren, was am Brunnen passiert ist. Beginnt so:

1. Prinzessin: An einem heißen Tag spielte ich mit meiner goldenen Kugel am Rand eines kühlen Brunnens. Ich freute mich so sehr über das schöne Spielzeug, dass ich es hoch und höher warf. Doch auf einmal …
Erzählt weiter als Prinzessin.
… Ich eilte nach Hause und hatte diesen ekligen Frosch bald vergessen. Baah!

2. Frosch: An einem heißen Tag döste ich auf dem kühlen Grund meines Brunnens und kaute an einer Fliege. Da hörte ich auf einmal von oben merkwürdige Geräusche …
Erzählt weiter als Frosch.
… Ich sah, wie die wunderschöne Prinzessin einfach fortlief, ohne sich umzuschauen. Enttäuscht stieg ich zurück in den Brunnen. Ach!

3 EXTRA Ihr habt jetzt so erzählt, als ob ihr als Prinzessin oder als Frosch alles selbst erlebt hättet. Erklärt, warum man dies eine Ich-Erzählung nennt.

> **Merke**
>
> In einer **Er-/Sie-Erzählung** wird das Geschehen aus der **Perspektive** eines „allwissenden" Erzählers dargestellt. Er sagt z. B. *Er lebte damals …, Sie ging …* Der Erzähler weiß alles über die Figuren, z. B. wie sie aussehen, was sie wollen und denken, was sie früher erlebt haben und was sie später erleben werden.

So erlebte ich es

1 Lies das Märchen. Stelle fest, welche Personen in diesem Märchen vorkommen und an welchen Orten die Handlung spielt.

Online-Link
Hörverstehen
313312-0176

Brüder Grimm

Der süße Brei

Es war einmal ein frommes Mädchen, das lebte mit seiner Mutter allein, und sie hatten nichts mehr zu essen. Da ging das Kind hinaus in den Wald, wo ihm eine alte Frau begegnete. Die wusste seinen Jammer schon und schenkte ihm ein Töpfchen, zu dem sollt es sagen: „Töpfchen, koche!", so
5 kochte es guten, süßen Hirsebrei, und wenn es sagte „Töpfchen, steh!", so hörte es wieder auf zu kochen. Das Mädchen brachte den Topf seiner Mutter heim, und nun waren sie ihrer Armut und ihres Hungers ledig[1] und aßen süßen Brei, sooft sie wollten. Auf eine Zeit war das Mädchen ausgegangen, da sprach die Mutter: „Töpfchen, koche!", da kocht es und sie
10 isst sich satt; nun will sie, dass das Töpfchen wieder aufhören soll, aber sie weiß das Wort nicht. Also kocht es fort[2], und der Brei steigt über den Rand hinaus und kocht immerzu, die Küche und das ganze Haus voll, und das zweite Haus und dann die Straße, als wollt's die ganze Welt satt machen, und ist die größte Not, und kein Mensch weiß sich da zu helfen. Endlich,
15 wie nur noch ein einziges Haus übrig ist, da kommt das Kind heim und spricht nur: „Töpfchen, steh!", da steht es und hört auf zu kochen; und wer wieder in die Stadt wollte, der musste sich durchessen.

[1] einer Sache ledig sein: von etwas befreit sein

[2] fort: weiter

2 Das Töpfchen hat besondere Eigenschaften. Schreibe eine Gebrauchs-anweisung für den Topf:
- Zweck (Wofür kann man ihn verwenden?),
- Benutzung (Wie funktioniert er?),
- Gefahrenhinweise (Was muss man beachten?).

3 Erzähle das Märchen vom süßen Brei schriftlich auf neue Weise, z. B.

1. als Ich-Erzählung aus der Sicht der alten Frau im Wald,
2. als Ich-Erzählung aus der Sicht des Mädchens,
3. als Ich-Erzählung aus der Sicht der Mutter,
4. als Ich-Erzählung aus der Sicht des Nachbarn im zweiten Haus oder aus der Sicht eines Bewohners im letzten Haus.

– Entscheide, aus welcher Perspektive du erzählen willst.
– Die folgenden Fragen sollen dir beim Erzählen des Märchens helfen:

> **TIPP!**
> Du kannst deine Ideen zunächst in einem Wörternetz sammeln.

→ **Seite 258,**
Arbeitstechnik „Ein Wörternetz knüpfen"

Die alte Frau
Wer war sie?
Woher hatte sie das Töpfchen?
Was wusste sie über den Topf?
Was dachte sie, als sie das Mädchen im Wald traf?
Wie erfuhr sie von den späteren Ereignissen?

Das Mädchen
Warum entschloss es sich, in den Wald zu gehen?
Was dachte es, als es die alte Frau traf und den Topf als Geschenk erhielt?
Was sagte es, als es den Topf der Mutter gab?
Was dachte es, als es heimkam?

Der Nachbar
Was wusste er über das Leben von Mutter und Tochter?
Erfuhr er von dem Töpfchen oder nicht?
Was sah er, als das Töpfchen nicht aufhörte zu kochen?
Wie reagierte er, als der Brei auch sein Haus erreichte?

Die Mutter
Was dachte sie, als das Mädchen in den Wald ging?
Was sagte sie, als ihre Tochter ihr das Töpfchen gab?
Was dachte sie, als das Mädchen ausgegangen war?
Wie fühlte sie sich, als das Töpfchen nicht aufhörte zu kochen?

4 Lies deinen Text in der Klasse vor. Achte darauf, dass nur das erzählt wird, was die gewählte Figur wissen und was sie selbst erlebt haben kann.

Ein russisches Märchen

1 Lies das Märchen oder höre es dir an.
Schreibe dir zu jedem Abschnitt einige Stichworte auf.

Online-Link
Hörverstehen
313312-0178

Leo N. Tolstoi

Der große Bär

Vor langen, langen Jahren war einmal eine große Trockenheit auf Erden:
Alle Flüsse, Bäche und Brunnen waren versiegt, alle Bäume, Sträucher und
Gräser vertrocknet, und Menschen und Tiere kamen vor Durst um.

Da ging eines Tages ein kleines Mädchen von daheim fort, mit einem Krug
5 in der Hand, um Wasser für die kranke Mutter zu suchen. Das Mädchen
fand nirgends Wasser und legte sich vor Müdigkeit im Feld auf das Gras
und schlief ein. Als es erwachte und nach dem Kruge griff, hätte es beinahe
das Wasser verschüttet. Er war nämlich voll frischen, klaren Wassers. Das
Mädchen freute sich und wollte trinken, aber da fiel ihm ein, dass es dann
10 für die Mutter nicht reichen würde, und sie lief mit dem Krug nach Hause.

Sie hatte es damit so eilig, dass sie gar nicht das Hündchen bemerkte,
stolperte und den Krug fallen ließ. Das Hündchen winselte kläglich. Das
Mädchen langte nach dem Krug. Sie dachte, nun habe sie das Wasser verschüttet, aber nein! Der Krug stand aufrecht auf dem Boden und nicht ein
15 Tropfen fehlte. Da goss sich das Mädchen ein wenig Wasser in die hohle
Hand und das Hündchen leckte es auf und wurde wieder ganz lustig.
Das Mädchen langte wieder nach dem Krug, aber siehe: Da war er nicht
mehr aus Holz, sondern aus Silber.

Das Mädchen lief mit dem Krug nach Hause und gab ihn der Mutter. Die
20 Mutter sprach: „Ich muss ohnedies[1] sterben, trink du lieber das Wasser.“
Sie gab dem Mädchen den Krug. Im selben Augenblick aber verwandelte
sich der silberne Krug in einen goldenen.

[1] ohnedies: sowieso

Da konnte das Mädchen nicht länger widerstehen und wollte den Krug
gerade an ihre Lippen setzen, als ein Wanderer ins Zimmer trat und um
25 einen Schluck Wasser bat. Das Mädchen schluckte den Speichel hinunter
und reichte dem Wanderer den Krug. Und da: Plötzlich erschienen auf
dem Krug sieben riesengroße Diamanten, und aus jedem floss ein großer
Strahl frischen, klaren Wassers. Die sieben Diamanten stiegen höher und
stiegen zum Himmel empor und wurden der Große Bär[2].

[2] der Große Bär:
ein Sternbild

2 Erzähle das Märchen mithilfe deiner Notizen.

3 Erinnere dich: Wie kannst du Satzglieder erkennen?

Satzglieder; Adverbialbestimmungen; Adverb

4 Vor langen Jahren war einmal eine große Trockenheit auf Erden.
Stelle die Wörter in dem Satz so oft wie möglich um. Schreibe alle Sätze
auf, z. B. *Vor langen Jahren war einmal auf Erden eine große Trockenheit.*
Auf Erden war einmal …

5 Was hast du bei der Umstellprobe erkannt? Stelle fest, welche Wörter
jeweils zusammengehören und deshalb ein Satzglied sind. Unterstreiche sie.

6 Schreibe die Sätze ab. Unterstreiche die verschiedenen Satzglieder
jeweils mit unterschiedlichen Farben.

Das Mädchen brachte Wasser mit. Es streckte dem Hündchen die Hand
hin. Das Tier leckte das Wasser auf. Das Mädchen gab seiner Mutter den
Krug. Die Mutter gab ihn der Tochter zurück. Das Mädchen reichte dem
Wanderer den Krug.

7 Übernimm die Tabelle in dein Heft. Trage die Sätze aus Aufgabe 6 richtig ein.

> **TIPP!**
> Achte darauf, dass
> der Satz grammatisch
> richtig bleibt und
> seinen Sinn nicht
> verändert.

→ **Seite 249**,
Umstellprobe

→ **Seite 249 f.**,
Satzglieder

→ **Seite 244 ff.**,
Wortarten

Subjekt	Prädikat	Dativobjekt (Wem?)	Akkusativobjekt (Wen? Was?)	Prädikat
Das Mädchen	brachte	////////	Wasser	mit.

Merke

Das Prädikat
- bildet in jedem Satz den **Satzkern**, um den sich die **Satzglieder**
  gruppieren.
- wird aus einer Verbform gebildet *(zog, ist, will)*.
- steht im Aussagesatz an der zweiten Stelle.
- kann auch aus zwei Teilen bestehen und Satzglieder wie eine Klammer umschließen *(Er leckte das Wasser auf.)*.

Das Subjekt
- besteht aus Nomen oder Pronomen im Nominativ (1. Fall).
- erfragt man mit *Wer?* oder *Was?*

Das Dativobjekt
- besteht aus Nomen oder Pronomen im Dativ (3. Fall).
- erfragt man mit *Wem?*

Das Akkusativobjekt
- besteht aus Nomen oder Pronomen im Akkusativ (4. Fall).
- erfragt man mit *Wen?* oder *Was?*

Wann? Wo? Warum? Wie?

1 Erweitere die Sätze mit den angegebenen Satzgliedern, z. B.
Eine große Trockenheit herrschte <u>vor langer Zeit</u> auf der Erde.

1. Eine große Trockenheit herrschte auf der Erde.	vor langer Zeit
2. Das Mädchen legte sich auf das Gras.	neben ihr Fahrrad
3. Es schlief sofort ein.	vor Erschöpfung
4. Es lief nach Hause.	eilig

→ **Seite 249,**
Umstellprobe

TIPP!
Die Merksätze unten
können dir helfen.

– Untersuche deine Sätze. Stelle fest, an welcher Stelle im Satz diese
  Satzglieder stehen können. Mache dazu die Umstellprobe.
– Wie fragst du nach den eingefügten Satzgliedern?
  Schreibe die Fragen auf.

2 Satzglieder, die auf die Fragen *Wann? Wo? Warum? Wie?* antworten,
heißen Adverbialbestimmungen. Bestimme die unterstrichenen Satzglieder in den folgenden Sätzen genauer.

1. Die Menschen und Tiere kamen <u>vor Durst</u> um.   2. Da ging <u>eines Tages</u>
ein kleines Mädchen <u>von daheim</u> fort, um Wasser zu suchen.
3. Der Krug stand <u>aufrecht</u> <u>auf dem Boden</u>.   4. Das Hündchen leckte das
Wasser auf und war <u>danach</u> wieder ganz lustig.   5. <u>Im selben Augenblick</u>
verwandelte sich der silberne Krug in einen goldenen.

3 ^{EXTRA} Lies auf Seite 181, was ein **Adverb** ist.
Stelle fest, welche der folgenden Wörter keine Adverbien sind.
Begründe deine Antwort.

immer	dort	heutig	gestern	ständig	morgens

genauso	hier	oben	damals	freudig	froh

> **Merke**
>
> Bei den **Adverbialbestimmungen** unterscheidet man:
> – **Adverbialbestimmung der Zeit** *(Wann? Seit wann? Wie oft? Wie
>   lange?)*
> – **Adverbialbestimmung des Ortes** *(Wo? Wohin? Woher?)*
> – **Adverbialbestimmung der Art und Weise** *(Wie? Auf welche Weise?)*
> – **Adverbialbestimmung des Grundes** *(Warum? Weshalb? Aus wel-
>   chem Grund?)*

Satzglieder; Adverbialbestimmungen; Adverb

4 Lies den Anfang dieses Märchens.

Brüder Grimm

Hänsel und Gretel (Ausschnitt)

<u>Vor einem großen Walde</u> wohnte ein armer Holzhacker mit seiner Frau und seinen zwei Kindern: Das Bübchen hieß Hänsel und das Mädchen Gretel. Er hatte wenig zu beißen und zu brechen und <u>einmal, als große Teuerung ins Land kam</u>, konnte er auch das tägliche Brot nicht mehr schaffen. Wie er sich
5 <u>nun</u> <u>abends</u> im Bette Gedanken machte und sich <u>vor Sorgen</u> herumwälzte, seufzte er und sprach <u>verzweifelt</u> zu seiner Frau: „Was soll aus uns werden? Wie können wir unsere armen Kinder ernähren, da wir für uns selbst nichts mehr haben?" „Weißt du was, Mann", antwortete die Frau, „wir wollen <u>morgen in aller Frühe</u>
10 die Kinder <u>hinaus</u> <u>in den Wald</u> führen." [...]

5 Erzähle, wie das Märchen weitergeht.

6 Bestimme in dem Märchen die unterstrichenen Satzglieder.

7 EXTRA Märchen erkennt man an bestimmten Merkmalen. Lies den folgenden Text und nenne Beispiele aus Märchen, die du kennst, z. B.

Anfang: Vor langer Zeit ...   Schluss: Und wenn sie nicht ...

Merkmale von Märchen

Märchen lassen sich <u>leicht</u> an den immer wieder verwendeten Formulierungen erkennen, die z. B. <u>am Anfang und am Schluss</u> stehen. <u>Zu Beginn</u> begeben sich die Hauptpersonen oft <u>von zu Hause</u> fort und wandern <u>durch die Welt</u>. Da begegnen sie häufig Wesen mit magischen Kräften – auch dem Bösen in verschiedener Gestalt. <u>Am Ende</u> siegt meist das Gute;
5 die Märchen vermitteln die Hoffnung, dass man auf das Glück treffen kann – selbst wenn man <u>vorher</u> viele Abenteuer bestehen muss.

8 EXTRA Bestimme in dem Text von Aufgabe 7 die unterstrichenen Satzglieder.

→ Seite 249, Satzglieder

> **Merke**
>
> **Adverb**, das: Wortart; Plural: die Adverbien (z. B. *heute, abends, dort, hier, gern, deshalb*). Im Unterschied zu den Adjektiven sind Adverbien **nicht veränderbar**. Man kann sie mit *Wann? Wo? Wie lange? Wie oft? Wie? Warum?* erfragen.
> Adverbien werden häufig als Adverbialbestimmungen verwendet.

Gemeinsam stark

Das Rübchen (Ausschnitt)

Der Großvater säte eine Rübe und sie ist riesengroß herangewachsen. Der Alte ging das Rübchen ernten, packte es am Kraut, zog und zog, konnte es aber nicht herausziehen.
Da rief der Großvater die Großmutter.
5 Die Großmutter hielt den Großvater fest, der Großvater packte das Rübchen an, sie zogen und zogen, konnten es aber nicht herausziehen.
Da rief die Großmutter die Enkelin.
Die Enkelin hielt die Großmutter fest, die Großmutter hielt den Großvater fest, der Großvater packte das Rübchen an, sie zogen und zogen, konnten es
10 aber nicht herausziehen.
Da rief die Enkelin die Hündin.
Die Hündin hielt die Enkelin fest,...

TIPP!
Sieh dir dazu das Bild genau an.

1 Erzähle, wie das Märchen weitergeht.

2 Stelle die Wörter im Satz so oft wie möglich um.

Im Frühjahr säte der Großvater in seinem Garten eine Rübe.

Schreibe die Sätze auf, z. B.

Der Großvater säte im ... Eine Rübe säte der ... In seinem Garten säte ...

3 Schreibe auf, wie man nach den unterstrichenen Satzgliedern fragt, z. B.

Im Frühjahr säte der Großvater in seinem Garten eine Rübe. → Wann?

1. Im Frühjahr säte der Großvater in seinem Garten eine Rübe.
2. Im Herbst ging er in den Garten, um die Rübe zu ernten.
3. Er zog mit aller Kraft an der Rübe.
4. Wegen der gewaltigen Größe der Rübe konnte er sie nicht herausziehen.
5. Gemeinsam konnten sie die Rübe herausziehen.

4 Schreibe aus den Sätzen von Aufgabe 3 alle Adverbialbestimmungen heraus.

Satzglieder; Adverbialbestimmungen; Adverb

Es war einmal . . .

1 Lies die Ausschnitte aus den Märchen. Erfrage und bestimme die unterstrichenen Satzglieder, z. B.

	Frage nach dem Satzglied	Antwort	Bestimmung des Satzgliedes
1.	Wann nahm sich der König eine neue Gemahlin?	nach einem Jahr	Adverbialbestimmung der Zeit

1. <u>Nach einem Jahr </u>nahm sich der König eine neue **Gemahlin**. (Schneewittchen)
2. Und also geschah es auch; es war noch kein Jahr vergangen, als die Königin <u>einen Sohn</u> **gebar**. (Rumpelstilzchen)
3. Es war einmal <u>eine kleine süße **Dirne**</u>, die hatte jedermann lieb, der sie nur ansah. (Rotkäppchen)
4. Ein König hatte <u>eine Tochter</u>, die war über alle Maßen schön, aber dabei so stolz und übermütig, dass ihr kein **Freier** gut genug war. (König Drosselbart)
5. Das Mädchen irrte <u>im Wald</u> herum, bis es Nacht **ward**, da kam es ebenfalls zu dem Haus des Alten, **ward** hereingerufen und bat um Speise und Nachtlager. (Das Waldhaus)
6. Das Mädchen arbeitete <u>fleißig</u>, wusch, spann und nähte für sieben, und sie war so schön wie sieben zusammen, <u>darum</u> **ward** sie Siebenschön **geheißen**. (Siebenschön)
7. Und obgleich <u>es</u> sein Hemdlein weggegeben, so hatte es ein neues an, und das war vom allerfeinsten **Linnen**. (Die Sterntaler)

> **zur Welt brachte   Ehefrau   wurde   wurde genannt**
>
> **Mädchen   Bewerber   Leinen**

2 In vielen bekannten Märchen findest du Wörter, die heute kaum noch gebräuchlich sind. Ersetze die farbig hervorgehobenen Wörter durch die modernen Wörter unter dem Text.

3 Bilde von den folgenden Wörtern die Verkleinerungsformen. Schreibe sie mit ihrem Artikel auf, z. B. *die Geiß* → *das Geißlein*.

~~die Geiß~~ – der Schneider – die Rose – die Schwester – der Baum – die Ente – die Kappe – das Auge – der Mann – die Maus

1 Was wisst ihr schon über Fabeln?
Tragt zusammen und formuliert einen Text.

> – kurze Erzählungen
> – Tiere handeln wie Menschen
> – Fabeln sollen …

2 Welche Fabeln kennt ihr? Erzählt sie.

3 Lest, was über den Fabeldichter Äsop berichtet wird.

Der Erfinder der Tierfabel

*Äsop lebte Mitte des 6. Jahrhunderts vor Christus als grie-
chischer Sklave auf der Insel Samos. Er gilt als der Erfinder
der Tierfabel. Er war beim Volk wegen seiner Fabeln so be-
liebt, dass es seine Freilassung aus der Sklaverei durchsetzte. Als freier Mann*
5 *ging er auf Reisen und erzählte auf den Märkten und Plätzen der Städte seine
Fabeln. So kam er eines Tages nach Delphi. Die Priester von Delphi wollten
Äsop loswerden, weil sie fürchteten, dass er in seinen Fabeln ihre Fehler und
Schwächen aufs Korn nehmen[1] könnte. Sie versteckten eine goldene Schale in
seinem Reisegepäck, und als Äsop weiterzog, eilten sie ihm nach und nah-*
10 *men ihn als „Dieb" gefangen. Zur Strafe wurde er von einem Felsen ins Meer
gestürzt. Kurz vorher soll Äsop noch folgende Fabel erzählt haben:*

[1] aufs Korn nehmen:
kritisieren

Maus und Frosch

Eine Maus gewann einen Frosch lieb und lud ihn zum Nachtmahl[2] ein.
Sie gingen miteinander in die Speisekammer eines reichen Mannes, in der
sie Brot, Honig, Feigen und mancherlei leckere Sachen fanden. Sie konnten sich nach Herzenslust satt fressen. Der Frosch, der der Maus das gute
5 Leben neidete, beschloss, sie umzubringen. Er sprach zu der Maus:
„Nun sollst du auch meine Speisen versuchen. Komm mit mir! Weil du
aber nicht schwimmen kannst, will ich deinen Fuß an meinen binden,
damit dir kein Leid geschieht." Nachdem er die Füße zusammengebunden
hatte, sprang er ins Wasser und zog die Maus mit sich hinab. Als die Maus
10 merkte, dass sie sterben musste, begann sie zu klagen: „Ich werde ohne
Schuld das Opfer gemeiner Hinterlist. Aber von denen, die am Leben
bleiben, wird einer kommen, der meinen Tod rächt." Während sie das
sagte, kam ein Habicht heran, ergriff die Maus und den Frosch und fraß
sie beide.

[2] das Nachtmahl (die
Nachtmähler): alter Aus-
druck für „Abendessen"

*Nach Äsops Tod sollen über die Stadt Hungersnöte und Seuchen herein-
gebrochen sein. Die Fabeln aber lebten weiter. Sie wurden später gesammelt
und aufgeschrieben und von vielen Dichtern neu erzählt.*

4 Gib den Inhalt der Fabel mit eigenen Worten wieder.

5 EXTRA Entwirf einen Steckbrief von dem Fabeldichter.
Nutze dazu die folgenden Stichworte:
*Name, Lebensort und -zeit, Tätigkeit, Meinung der Leute über ihn,
Todesort/Todesart, einige seiner Fabeln.*

Von Ameisen, Löwen und anderen Tieren

1 Die Bilder neben dem Text erzählen eine Geschichte. Schreibe zu jedem Bild 1–2 Sätze, die genau beschreiben, was auf dem Bild dargestellt wird:
1. Eine Taube fliegt …

2 Der Text ist verwürfelt. Lies die Abschnitte und ordne sie den Bildern richtig zu, z. B.: 1. b), …

Die Ameise und die Taube

1.

a) Die Taube flog näher heran und rief der Ameise zu. „Gib nicht auf! Ich werde dir helfen!"
Sofort flog sie zum nächsten Baum, brach einen kleinen Zweig ab und warf ihn der Ameise zu.

2.

b) Eine Ameise fiel einmal in einen Bach. Die Strömung riss sie mit und die arme Ameise war nahe daran zu ertrinken. Da flog eine Taube vorbei. Als sie die Ameise so verzweifelt mit den Beinchen zappeln sah, bekam sie Mitleid.

3.

c) Mit letzter Kraft konnte die Ameise auf den Zweig klettern. „Danke, liebe Taube! Du hast mir das Leben gerettet!", rief sie. „Eines Tages werde ich dir auch helfen."

4.

d) Die Ameise aber hatte den Jäger beobachtet. Sie zögerte keine Sekunde, der Taube zu Hilfe zu eilen. Sie biss den Jäger mehrmals kräftig ins Bein, der Jäger zuckte zusammen und schoss daneben. Die Taube bedankte sich bei der Ameise und flatterte davon.

5.

e) Einige Tage später kam ein Jäger in den Wald. Er zielte auf die Taube, die ahnungslos auf einem Baum saß.

3 Überprüfe, ob deine Sätze aus Aufgabe 1 zu den jeweiligen Textabschnitten passen.

TIPP!
Nutze dazu die Bilder.

4 Gib den Inhalt der Fabel mit eigenen Worten wieder.

5 Lies zuerst die Überschriften.
a) Der Besuch der Tiere
b) Die Idee des Löwen
c) Das Gejammer des Löwen
d) Der kluge Fuchs
e) Der alte, hungrige Löwe

Lies nun die **fett** gedruckten Wörter im Text. Ordne jedem Abschnitt die passende Überschrift zu, z. B.: 1. *e), . . .*

6 Lies jetzt den ganzen Text. Prüfe, ob du richtig zugeordnet hast.

Die Höhle des Löwen

1.
Der **Löwe** war **sehr alt** geworden. Seine Beine waren schwach, so schwach, dass er **nur** noch **langsam gehen** konnte. Er konnte **nicht mehr auf die Jagd gehen** und seine Nahrung erbeuten.

2.
„Wie soll ich mich nur **vor dem Hungertod retten?**", überlegte der Löwe. Er zog sich in seine Höhle zurück und dachte nach. Da kam ihm die **rettende Idee.** Er **sagte allen Tieren**, dass er sehr krank sei und schon **im Sterben liegen** würde.

3.
Immer, **wenn jemand** an seiner **Höhle vorbeiging, jammerte er** fürchterlich: „**Will mich denn keiner besuchen?** Will keiner sehen, wie ein armer, alter Löwe stirbt? Muss ich wirklich mutterseelen**allein**[1] **sterben**? Gibt es kein barmherziges[2] Tier, das mir die Beichte abnimmt[3]?"

4.
Einige Tiere hatten **Mitleid mit dem alten Löwen** und **gingen** zu ihm **in die Höhle. Andere** kamen voller Schadenfreude, denn sie **wollten sehen, wie ihr alter Feind im Sterben lag. Sobald** sich aber ein **Tier** in die **Höhle** des Löwen wagte, **tötete der Löwe das Tier** und fraß es.

5.
Einmal kam ein **Fuchs** an der **Höhle** vorbei und hörte das Löwengejammer. Der Fuchs blieb stehen. **„He du, Fuchs!", rief** der **Löwe** ihm von drinnen zu. **„Warum kommst du nicht herein?"** – „Oh, dafür habe ich einen guten Grund", antwortete der **Fuchs.** „Ich höre dich schrecklich jammern und **ich sehe viele Fußspuren, die in deine Höhle führen. Aber ich sehe keine einzige, die wieder herausführt."**

[1] mutterseelenallein: völlig allein

[2] barmherzig: mitfühlend

[3] Der Löwe will seine Untaten jemandem erzählen und dadurch sein Gewissen erleichtern.

7 Gib den Inhalt der Fabel mit eigenen Worten wieder.

> **TIPP!**
> Nutze dazu die Überschriften als Stichworte.

Wenn zwei sich streiten

Sicher kennst du das Sprichwort „Wenn zwei sich streiten, freut sich der Dritte". Weißt du, was damit gemeint ist? In Fabeln kommen solche Sprichwörter häufig vor.

1 Erinnere dich:
- Was ist das Besondere an Fabeln?
- Was weißt du noch über den Fabeldichter Äsop?

2 Lies die Fabel oder höre sie dir an.

Online-Link
Hörverstehen
313312-0188

Nach Äsop
Der Löwe, der Eber und die Geier

In einem sehr heißen Sommer waren alle Flüsse und Bäche ausgetrocknet, sodass die Tiere großen Durst litten. Da entdeckte ein Löwe in einem schattigen Gehölz eine Wasserlache. Gleichzeitig hatte aber auch ein durstiger Eber[1] das Wasser entdeckt. Beide stürzten auf die Lache zu.

5 „Wage ja nicht zu trinken!", fauchte der Löwe den Eber an. „Ich bin dein König, und du hast zu warten, bis ich getrunken habe."

„Du kannst dich meinetwegen ruhig König nennen", entgegnete der Eber, „aber du kannst mich nicht täuschen. Wenn ich dich zuerst trinken lasse, wirst du diese kleine Pfütze bis zum letzten Tropfen austrinken."

10 „Keine Widerrede!", brüllte der Löwe. „Tu, was ich dir sage! Fort mit dir!"

„Ich bleibe, wo ich bin", fletschte der Eber. „Das ist ebenso meine Pfütze wie deine. Wenn du willst, werden wir um sie kämpfen."

So kämpften sie denn. Der Löwe griff an und spreizte seine mächtigen Klauen wie zwanzig Dolche, aber der Eber sprang zur Seite und wich den
15 Prankenhieben des Gegners aus. Dann griff er selbst an und zerriss mit seinen zwei scharfen Hauern[2] des Löwen Fell. Der Kampf wurde immer erbitterter, sodass beide Tiere bald aus vielen Wunden bluteten.

Während einer Atempause sah der Löwe
20 in die Höhe und entdeckte eine Schar kreisender Geier, jener Todesvögel, die sich von Aas
25 ernähren.

„Schau!", rief der Löwe, „Geier! Sie warten darauf, dass einer

[1] der Eber: das männliche Schwein

[2] der Hauer: ein kräftiger Eckzahn

Fabeln erschließen und erzählen

von uns oder wir beide getötet werden. Lass uns diesen dummen Streit
30 abbrechen. Es ist besser, gut Freund zu sein, als zum Fraße zu werden für
andere. Komm, trinken wir beide!"

3 Fasse den Inhalt der Fabel in wenigen Sätzen zusammen.
Du kannst dazu die folgenden Stichworte nutzen:

Löwe und Eber   Streit um Wasser   Kampf um Leben und Tod

Geier schauen zu   Löwe erkennt die Unsinnigkeit des Kampfes

warten auf das Ende   einigt sich mit dem Eber

4 Lies die folgenden Sprichwörter.
Überlege, welches Sprichwort am besten zu dieser Fabel passt.
Begründe deine Meinung.

- Den Letzten beißen die Hunde.
- Der Klügere gibt nach.
- Wer andern eine Grube gräbt, fällt selbst hinein.
- Wer zuletzt lacht, lacht am besten.
- Streit schafft Leid.
- Wenn zwei sich streiten, freut sich der Dritte.

5 EXTRA Denke dir für die Fabel einen anderen Schluss aus:

1. Was würde zum Beispiel passieren, wenn ein noch stärkeres Tier,
   etwa ein Elefant, während des Streits zu der Wasserstelle käme?

2. Wie würden Löwe und Eber reagieren, wenn ein schwächeres Tier
   dazukäme und ebenfalls trinken wollte?

Merke

Merkmale von Fabeln
1. Tiere sprechen und handeln wie Menschen.
2. Sie verkörpern menschliche Eigenschaften (z. B. Neid oder
   Dummheit).
3. Oft gibt es einen Konflikt zwischen den Tieren und am Ende
   eine überraschende Wendung (Pointe).
4. Der Leser soll aus der Fabel eine Lehre ziehen.

Von Wolf und Storch

Auf dieser Doppelseite findest du zwei Fabeln. Wähle A oder B:

A

Nach Jean de La Fontaine

Der Wolf und der Storch

Ein gieriger Wolf fraß einmal so schnell, dass ihm ein großer Knochen im Hals stecken blieb. Der Wolf heulte laut: „Hilfe! Auuuaaa! Will mir denn keiner helfen?"
Ein Storch, der zufällig vorbeiging, fragte den Wolf: „Was ist denn mit dir
5 los? Warum ist dein Maul so weit offen?" – „Ich ersticke", jammerte der Wolf, „in meinem Rachen steckt ein großer Knochen."
Neugierig schaute der Storch in den Rachen des Wolfes. „Stimmt", sagte er, „ich sehe den Knochen."
„Kannst du den Knochen nicht herausholen mit deinem langen Schnabel?
10 Bitte rette mich. Ich werde dir ewig dankbar sein und dich fürstlich belohnen¹", bettelte der Wolf mit weinerlicher Stimme.
„Na gut", klapperte der Storch und steckte seinen Kopf in den Rachen des Wolfes. Schon bald hatte er den Knochen herausgeholt.

¹ fürstlich belohnen: reich belohnen

1 Lies die Fabel durch.

2 Sicher hast du bemerkt, dass der Schluss fehlt.
– Lies dir die drei Vorschläge für den Schluss durch.
– Überlege, welcher zur Fabel passt. Begründe!

❶ Der Wolf war überglücklich, bedankte sich bei dem Storch und versprach: „Wenn du einmal in Schwierigkeiten steckst, dann werde ich dir auch helfen."

❷ Der Storch wartete eine Weile. Dann fragte er: „Was ist mit meiner Belohnung? Ich habe dir das Leben gerettet." – „Und ich habe dir das Leben geschenkt", sagte der Wolf. „Dein Kopf war zwischen meinen Zähnen und ich habe nicht zugebissen."

❸ Der dankbare Wolf sagte: „Komm mit in meine Höhle, damit ich dich belohnen kann."
Die beiden gingen zur Höhle des Wolfes und machten sich gemeinsam über die Vorräte her, die der Wolf dort gesammelt hatte.

3 Lies die Fabel „Der Löwe und die Mücke".

Nach Äsop

Der Löwe und die Mücke

Eine Mücke forderte mit den übermütigsten Worten einen Löwen zum Zweikampf heraus: „Ich fürchte dich nicht, du großes Ungeheuer", rief sie ihm zu, „weil du gar nicht besser bist als ich; oder glaubst du, es sei heldenhaft, seine Beute mit den Zähnen zu zerreißen? Jedes andere feige Tier,
5 wenn es mit einem Tapferen kämpft, tut dasselbe, es beißt und kratzt. Du sollst aber spüren, dass ich stärker bin als du!"
Der starke Löwe lachte nur über die kleine Mücke. Da flog die Mücke in ein Nasenloch des Löwen und stach ihn so sehr, dass er sich vor Schmerz selbst zerfleischte und sich für besiegt erklärte. Stolz auf diesen Sieg flog
10 die Mücke davon, um ihn in aller Welt auszuposaunen[1].
Sie übersah aber das Netz einer Spinne und verfing sich darin. Gierig kam die Spinne heran.
Kurz vor ihrem Tod erkannte die Mücke, wie hochmütig sie gewesen war. Denn nun wurde sie, die Bezwingerin des Löwen, von so einem unbedeu-
15 tenden Tier wie einer Spinne besiegt!

[1] ausposaunen: laut und stolz verkünden

4 Gib den Inhalt der Fabel kurz wieder. Du kannst folgende Stichworte benutzen:

Löwe und Mücke	Mücke prahlt, sie sei stärker

Stich in die Nase	Löwe zerfleischt sich selbst

Mücke fliegt triumphierend davon	Mücke wird von Spinne besiegt

5 Untersuche die Fabel mit dem Kasten von Seite 189. Schreibe auf, welche Merkmale du wiederfindest, z. B. 1. Die Mücke kann sprechen. (Zeile 2)

6 Welches Sprichwort passt am besten zur Fabel? Begründe.

- Hochmut kommt vor dem Fall.
- Wer andern eine Grube gräbt, fällt selbst hinein.
- Wer zuletzt lacht, lacht am besten.
- Man soll den Tag nicht vor dem Abend loben.

7 Fasse die Lehre der Fabel in einem Satz zusammen.

8 ^EXTRA^ Male ein Bild zum Ausgang der Fabel.

Wie Tiere wirklich sind

1 Lies die Sachtexte über die Tiere, die du bereits auf den Seiten 188 und 189 kennen gelernt hast.

Löwe

¹ aus dem Hinterhalt: aus einem Versteck heraus

Nach den Tigern sind Löwen die zweitgrößten Katzen und damit die größten Landraubtiere Afrikas. Löwen sind keine besonders guten Renner. Sie überfallen daher die Beute aus dem Hinterhalt¹ oder folgen einer Spur bis
5 zum Schlafplatz eines Tieres. Sie verfügen über große Kräfte und haben ein kräftiges Gebiss, sodass sie kaum natürliche Feinde haben. Die größten männlichen Löwen erreichen mit Schwanz eine Länge von 3,30 Metern. Löwen erreichen ein Alter von 20 bis 25 Jahren. Sie jagen am liebsten am Ufer von Flüssen oder
10 in weiten Savannen². Ihre bevorzugte Nahrung sind große Tiere wie Büffel, Zebras oder Antilopen, bei großem Hunger auch tote Tiere (Aas).

² die Savanne: Grasland mit einzelnen Baumgruppen

Eber

Mit dem Begriff Eber bezeichnet man ein männliches Schwein. Unsere Hausschweine stammen von Wildschweinen ab. Das männliche Wildschwein wird auch Keiler genannt. Ausgewachsene Keiler erreichen eine Schulterhöhe
5 von einem Meter und eine Körperlänge von 1,50 Meter. Sie fallen besonders durch die mit zunehmendem Alter immer weiter hervorstehenden Eckzähne (Hauer) auf. Die Eckzähne sind gefährliche Waffen. Wildschweine können ungefähr 20 Jahre alt werden. Sie leben gern in Waldgebieten. Besonders sagen ihnen feuchte
10 und sumpfige Orte zu³. Gerne und oft wälzen sie sich in schlammigen Wasserlöchern. Sie gehören zur Gruppe der Allesfresser.

³ es sagt ihnen zu: es gefällt ihnen

Geier

Geier können hervorragend sehen. Selbst kleine Tiere sehen sie aus großer Höhe. Geier sind auch sehr gute Segelflieger. Sie können eine Flügelspanne von mehr als 2,50 Metern haben und bis zu 40 Jahre alt werden.
5 Es gibt verschiedene Arten von Geiern: Bartgeier sind die Riesen unter den Geiern. Ihre Nahrung besteht nur aus Knochen. Wo immer sie welche finden, schnappen sie diese und lassen sie aus großer Höhe auf die Felsen fallen, wo sie in Stücke zerbrechen. Die Splitter schlucken sie dann hinunter. Schmutzgeier dage-
10 gen fressen alles, was Menschen und Tiere übrig lassen: Tierreste, deren Haut, Muskelfleisch und Sehnen. Gänsegeier fressen am liebsten Aas.

Wortart: Adjektiv; Wortschatzarbeit; wörtliche Rede

2 Wähle A, B oder C. Schreibe die Sätze ab und ergänze dabei die passenden Adjektive.

→ **Seite 73, 246,** Adjektive

A

Löwen sind die ✎ Landraubtiere Afrikas. Die ✎ Löwen erreichen eine Körperlänge von 3,30 Metern. ✎ jagen Löwen am Ufer von Flüssen oder in ✎ Savannen. Löwenjunge sehen aus wie ✎ Kuscheltiere.

| groß | lieb | männlich | weit | niedlich |

B

Die ✎ Wildschweine nennt man Keiler. Sie fallen durch ✎ Eckzähne auf. Wildschweine leben gerne an ✎ und ✎ Orten. Mit Vorliebe wälzen sie sich in ✎ Wasserlöchern. Sie gehören zur Gruppe der Allesfresser.

| feucht | riesig | schlammig | männlich | sumpfig |

C

Geier sind ✎ Segelflieger. Sie können ✎ sehen und erkennen ✎ Tiere aus ✎ Höhe. Die Nahrung der meisten Geier besteht aus Resten ✎ Tiere.

| hervorragend | groß | tot | klein | gut |

3 Überprüft eure Sätze in Partnerarbeit.

4 Markiert die Einfügungen farbig. Unterstreicht die Wörter, die durch die Adjektive näher beschrieben werden.

> **Merke**
>
> **Adjektiv**
>
> Wenn man Nomen genauer beschreiben will, nennt man ihre Eigenschaften und Besonderheiten. Dazu verwendet man Adjektive.
> Die Adjektive gehören zu den veränderbaren Wortarten. Sie können kompariert (gesteigert) werden, z. B.
> *groß, größer, am größten* → *Die Löwen sind die größten Landraubtiere Afrikas.*
> Adjektive können aber auch zusammen mit einem Nomen dekliniert (gebeugt) werden, z. B.
> *Der große Löwe jagt am Fluss. Die Mähne des großen Löwen ist sehr lang. Dem großen Löwen gefällt es nicht im Zoo. Die Pfleger füttern den großen Löwen.*

Verdammte Schmeichler!

1 Lies die Fabel oder höre sie dir an. Notiere den Inhalt in Stichworten.

Online-Link
Hörverstehen
313312-0194

¹ Jupiter: höchster Gott der Römer

² Zeus: höchster Gott der Griechen

Nach Gotthold Ephraim Lessing

Der Rabe und der Fuchs

Ein Rabe trug ein Stück vergiftetes <u>Fleisch</u>, das der wütende <u>Gärtner</u> für die Katzen seines Nachbarn hingeworfen hatte, in seinen Klauen fort. Und eben wollte er es auf einer alten <u>Eiche</u> verzehren, als sich ein Fuchs herbeischlich und ihm zurief: „Ich grüße dich, Vogel des Jupiter¹!"

5 „Für wen hältst du mich?", fragte der Rabe.

„Für wen ich dich halte?", erwiderte der Fuchs. „Bist du nicht der starke <u>Adler</u>, der auf der rechten Hand des Zeus² seinen Platz hat und täglich zu dieser Eiche herunterfliegt, um mich Armen mit Essen zu versorgen? Warum verstellst du dich? Sehe ich denn nicht in deiner siegreichen <u>Klaue</u>

10 das erbetene <u>Geschenk</u>, das mir dein Gott durch dich bringen lässt?"
Der Rabe erstaunte und freute sich sehr, für einen Adler gehalten zu werden.
„Ich muss", dachte er, „den Fuchs nicht von diesem Irrtum abbringen."
Großzügig dumm ließ er seine Beute herabfallen und flog stolz davon. Der Fuchs lachte über den dummen <u>Raben</u> und fraß das Fleisch mit boshafter

15 <u>Freude</u>. Doch bald verwandelte sich seine Freude in Schmerz. Das Gift begann zu wirken und er starb unter schlimmen <u>Schmerzen</u>.
Hoffentlich bekommt ihr für ein falsches <u>Lob</u> nie etwas anderes als

20 Gift, ihr verdammten Schmeichler!

2 Fasse den Inhalt der Fabel mithilfe deiner Notizen zusammen.

3 Arbeitet zu zweit. Besprecht, welche Lehre der Fabeldichter wohl vermitteln wollte.

4 Schreibe die unterstrichenen Nomen mit den dazugehörigen Adjektiven auf, z. B.
vergiftetes <u>Fleisch</u>; der wütende <u>Gärtner</u>

5 EXTRA Suche zu den Nomen im Text weitere Adjektive, z. B.
vergiftetes **rotes** <u>Fleisch</u>; der **kleine** wütende <u>Gärtner</u>

Wortart: Adjektiv; Wortschatzarbeit; wörtliche Rede

Ein schmaler Steg

1 Lies die Fabel. Fasse sie kurz mit deinen eigenen Worten zusammen.

Nach Albert Ludwig Grimm

Die beiden Ziegen

Zwei Ziegen begegneten sich auf einem schmalen Steg, der über einen tiefen, reißenden Waldstrom führte. Die eine wollte hinüber, die andere herüber.

5 „Geh mir aus dem Wege!", sagte die eine.
„…!", rief die andere. „…"
„…!", schrie die erste. „…"
„…!", drohte die andere.
Keine wollte nachgeben. Jede wollte zuerst hinüber. Und so kam es zum
10 Streit und zu Tätlichkeiten. Sie hielten ihre Hörner vorwärts und rannten zornig gegeneinander. Von dem heftigen Stoße verloren beide das Gleichgewicht. Sie stürzten von dem schmalen Steg hinab in den reißenden Waldstrom, aus welchem sie sich nur mit großer Anstrengung ans Ufer retten konnten.

2 Ordne allen Sätzen mit wörtlicher Rede das passende Muster aus dem Merke-Kasten zu.

3 Welche Sätze der wörtlichen Rede konntest du nicht zuordnen? Erkläre, warum.

4 Überlege, was die Ziegen zueinander gesagt haben könnten. Schreibe die Sätze auf.

> **Merke**
>
> **Begleitsatz bei der wörtlichen Rede**
>
> 1. Begleitsatz **vor** der wörtlichen Rede:
>
> _____ : „~~~~~."
> _____ : „~~~~~?"
> _____ : „~~~~~!"
>
> 2. Begleitsatz **nach** der wörtlichen Rede:
>
> „~~~~~", _____ .
> „~~~~~?", _____ .
> „~~~~~!", _____ .
>
> 3. Begleitsatz **zwischen** der wörtlichen Rede:
>
> „~~~~~", _____ , „~~~~~."

Wortschatz in Fabeln

→ Seite 248,
Wortfelder

1 In der Fabel „Der Löwe, der Eber und die Geier" auf den Seiten 188 und 189 werden einige ungewohnte Wörter gebraucht. Ersetze die unterstrichenen Wörter durch die Wörter rechts. Schreibe so:

in einem schattigen Wald …

in einem schattigen <u>Gehölz</u>
eine <u>Wasserlache</u>
etwas <u>wahrnehmen</u>
der Durst <u>plagte</u> ihn
<u>entgegnete</u> der Eber
jemanden <u>täuschen</u>
<u>fletschte</u> der Eber
den <u>Prankenhieben</u> ausweichen
scharfe <u>Hauer</u>

~~Wald~~ Pfütze quälte

Schlägen mit den Tatzen entdecken

Eckzähne betrügen widersprach

zeigte drohend die Zähne

2 Ordne den folgenden Fabeltieren passende Eigenschaften zu, z. B.
der stolze Adler, der angeberische Frosch, …

Tiere: ~~Adler~~ – Ameise – Biene – Bär – Eber – Elefant – Esel – Elster – ~~Frosch~~ – Fuchs – Geier – Grille – Hahn – Hase – Hund – Lamm – Lerche – Löwe – Maus – Nachtigall – Pfau – Rabe – Schaf – Storch – Wolf

Eigenschaften: alt – ängstlich – ~~angeberisch~~ – begabt – böse – brutal – duldsam – dumm – ehrlich – eingebildet – eitel – emsig – feige – fleißig – freundlich – furchtsam – gefährlich – gefräßig – gerissen – geschwätzig – gutgläubig – habgierig – herrschsüchtig – hilfsbereit – hungrig – klug – kühn – listig – mächtig – musikalisch – raffiniert – ruhmsüchtig – schlau – schmeichlerisch – schön – stark – ~~stolz~~ – störrisch – stur – töricht – treu – tyrannisch – überheblich – unterwürfig – winzig – zornig

3 Vergleicht, welche Eigenschaften ihr den Tieren zugeordnet habt.

4 Bilde Wortgruppen z. B. *die lange Mähne des Löwen*

1. (lang) Mähne (Löwe)
2. (wuschelig) Schwanz (Eichhörnchen)
3. (funkelnd) Augen (Katze)
4. (scharf) Klauen (Habicht)
5. (borstig) Fell (Wildschwein)
6. (lang) Ohren (Hase)
7. (boshaft) Freude (Fuchs)
8. (angstvoll) Schreien (Maus)
9. (wütend) Fauchen (Tiger)
10. (prahlerisch) Geschwätz (Rabe)
11. (flehend) Bitten (Grille)
12. (laut) Trompeten (Elefant)

Wie im wirklichen Leben

1 Wähle A, B oder C:
Wähle eine Fabel aus und schreibe sie ab. Ergänze dabei die fehlenden
Satz- und Redezeichen bei der wörtlichen Rede.

→ **Seite 248 f.,** wörtliche Rede

A

Marie von Ebner-Eschenbach

Die Doppelfreude

Am Ufer eines spiegelklaren Teiches spazierte eine Entenmutter mit
ihren Kindern.
✎Ihr seid voll Staub✎ sagte sie zu ihnen. ✎Steigt ins Wasser und putzt
euch✎ ✎Wir möchten gern✎ erwiderten die Entlein ✎der Staub juckt uns
5   ja ganz fürchterlich. Aber es geht nicht✎ ✎Es geht nicht?
Warum denn?✎ ✎Drüben, schau nur, drüben steht ein Schwein und
lacht uns aus, wenn wir uns waschen✎
✎Umso besser! Da gibt es statt eines Vergnügens zwei. Macht euch
die Freude, euch zu säubern, und gönnt dem Schwein die Freude,
10 euch auszulachen✎

B

Günther Anders

Der Löwe

Als die Mücke zum ersten Male den Löwen brüllen hörte,
da sprach sie zur Henne✎ Der summt aber komisch✎
✎Summen ist gut✎ fand die Henne.
✎Sondern✎ fragte die Mücke.
✎Er gackert✎ antwortete die Henne. ✎Aber das tut er
allerdings komisch✎

C

Wilhelm Busch

Eule und Star

✎Guten Tag, Frau Eule!
Habt Ihr Langeweile✎
✎Ja, eben jetzt,
solang Ihr schwätzt✎

2 Trage die Fabeln so vor, dass man erkennt, wer gerade spricht.

1 Die dargestellten Sportarten kennt ihr alle. Aber wer von euch kann skaten, klettern ...? Berichtet darüber.

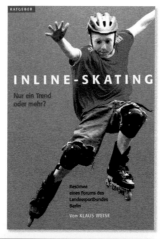

TIPP!
Ihr könnt die Schülerbücher auch ausleihen.

2 Wie geht ihr vor, wenn ihr euch für ein Thema interessiert und mehr darüber erfahren wollt?

3 Vielleicht besitzen einige von euch Sachbücher zum Thema Sport. Bringt sie mit.

Sich einen Überblick verschaffen

1 In den meisten Büchern erhält man im Klappentext einen Überblick über den Inhalt. Stelle fest, worüber der Klappentext des Buches „Lust auf Inline-Skating" informiert.

→ **Seite 259,** Arbeitstechnik „Einen längeren Text lesen und verstehen"

Lust auf Inline-Skating

Begeistert euch Inline-Skating, habt ihr Lust, es richtig zu lernen? Wisst ihr, wie man eine „Acht" läuft – auch „Sculling" genannt? Möchtet ihr wissen, wie man einen echten Powerslide auf den Asphalt legt? Träumt ihr davon, in voller Fahrt von einer Sprung-
5 schanze zu jumpen?

Dann lest selbst, was euch Chris Edwards, Weltmeister in „Vert Skating", zu sagen hat. Chris führt euch in die aufregende Welt des Inline-Skating ein. Er beleuchtet alle Einzelheiten dieser jungen Sportart, vom Balancehalten über die ersten Schritte auf Rollen, das
10 Abbremsen und das Fallen ohne Verletzungen, das Überwinden von Hindernissen und Gefällen bis hin zur schwierigen Kurventechnik des Übersetzens vor- und rückwärts. Die klaren, kurzgehaltenen Texte dieses Buches sind mit tollen Aufnahmen illustriert. Insgesamt eine perfekte Anleitung für alle Skater, die beim Gliding Spaß
15 haben wollen.

Hier lernt ihr:
- die Auswahl der passenden Skates,
- die verschiedenen Arten des Abbremsens,
- rückwärts zu laufen,
20 - Hindernisse zu überwinden.

Darüber hinaus erfahrt ihr alles über:
- die richtige Schutzausrüstung,
- Pflege und Reparatur der Skates,
- die besten Oberflächen zum Skaten
25 - und das Aufstehen nach einem Sturz.

2 Gib mit eigenen Worten wieder, was man über dieses Sachbuch erfährt.

Im Inhaltsverzeichnis nachschlagen

Ein Inhaltsverzeichnis ist ein guter Wegweiser durch ein Buch.

1 Lies dir das Inhaltsverzeichnis des Buches „Lust auf Inline-Skating"
durch.

Inhalt

2 Beantworte die Fragen:
- Wie ist dieses Buch aufgebaut?
- An wen wendet sich das Buch?
- Welche Kapitel interessieren dich besonders?
Vergleiche deine Ergebnisse mit deiner Partnerin, deinem Partner.

3 Stellt eure mitgebrachten Bücher mithilfe der Klappentexte und
Inhaltsverzeichnisse in der Klasse vor.

Glossar und Register nutzen

1 Die Abbildung zeigt einen Ausschnitt aus dem Buch „Lust auf Inline-Skating". Darin findet ihr Fachbegriffe der Inline-Skater. In Fachbüchern nennt man so eine Übersicht auch „Glossar". Besprecht, welche Aufgabe ein Glossar hat.

Glossar

Helm: Wichtigstes Stück der Schutzausrüstung, harte Kunststoffschale mit Innenpolsterung

I
Inbusschlüssel: Innensechskantschlüssel zum Lösen bzw. Festziehen der Achsbolzen für die kugelgelagerten Rollen

Inline-Racing, Speed-Skating: Sportart auf Inline-Skates, dem Eisschnelllauf vergleichbar, bei der es auf höchstes Tempo ankommt

Innenkanten der Rollen: Am rechten Skate die linke, am linken die rechte Kante der Rollen

Rollen, Gleiten: Laufen in der Ebene oder auf leichtem Gefälle ohne Abheben der Skates und ohne Beschleunigung

S
Schanze: siehe Rampe

Schneepflug: (vom Skilaufen entlehnt) Fersen weit auseinander, Fußspitzen zusammen, z. B. bei der „Eieruhr" angewandt

Schutzausrüstung: Helm; Ellenbogen-, Gelenk- und Knieschützer, die den Skater vor Verletzungen schützen sollen (siehe Helm und Ellenbogenschützer)

Sculling: siehe Eieruhr

2 Lest nach, was ihr im Glossar zum Stichwort „Schutzausrüstung" findet.

3 Manche Sachbücher enthalten außerdem ein Register. Tauscht euch darüber aus, was die Zahlen hinter den Stichwörtern bedeuten.
Stellt fest, wo ihr in dem Buch Informationen zum „Übersetzen vorwärts" findet.

Register

Q
Quaterpipe 32

R
Rahmen der Inline-Skates 10, 35
Rail-grinding 30, 32, 34
Rampe, Sprungschanze 32, 33
Ready Position 16, 17
Reparaturen 12, 13

U
Überholen 12
Übersetzen vorwärts 26, 27
Übersetzen rückwärts 28
Umsetzen der Rollen 13
Understroke 26

V
V-Stellung der Füße 17
Verletzungsfrei fallen 20, 21

Genauer nachlesen, was interessiert

1 Was zur Schutzausrüstung gehört, weißt du bereits aus dem Glossar. Lies den Text über das richtige Verhalten beim Fallen.

2 Lies noch einmal. Fasse mit eigenen Worten zusammen, was du über das Hinfallen, das Verletzungsrisiko und die Schutzkleidung erfährst.

Verletzungsfrei fallen

Irgendwann erwischt es jeden einmal: Du verlierst das Gleichgewicht oder ein Hindernis verfängt sich in den Rollen und du fällst zu Boden. Keine Sorge: Hinfallen gehört dazu, wenn man es lernt. Du musst bloß auch lernen, wie man sicher landet, also wie man „richtig" hinfällt und ohne Verletzungen wieder auf die Beine kommt. Je entspannter du bist, um so geringer ist das Verletzungsrisiko. Versuche nie, einen Sturz zu vermeiden, indem du an einem Baum, einem Zaun oder gar an einem Menschen Halt suchst. Stattdessen verlass dich auf deine Schutzausrüstung; und vor allem gilt: Ruhe bewahren!

Knick in der Taille ein.

Mach die Ellenbogen nicht steif.

Wenn du glaubst, gleich zu fallen, versuch dich nach vorn zu legen.

Halte die Knie gebeugt.

Informationen aus Sachtexten entnehmen; ein Sachbuch vorstellen

3 Lies die drei Abschnitte und gib jedem eine Überschrift. Fasse die wichtigsten Informationen in jedem Abschnitt mit Stichworten zusammen.

Der kontrollierte Sturz

1. Erfahrene Skater fallen meistens plötzlich, weil sie ziemlich schnell laufen. Als Anfänger dagegen bewegst du dich noch viel langsamer und wirst das Hinfallen häufig im Voraus spüren. Versuch immer, nach vorn zu fallen. Bleib ruhig und bring den Schwerpunkt nach
5 unten, indem du dich vornüberbeugst.

2. Beim Aufprall auf den Boden solltest du dich darauf konzentrieren, die Wucht des Falls mit dem schützenden Kunststoff aufzufangen, also zuerst auf den Knien, dann auf den Ellbogen und dann auf den Handgelenken zu landen. Halt die Finger hoch, um die Knöchel nicht
10 zu verletzen.

3. Rutsch auf den Knie- und Armschützern weiter, bis du flach auf dem Boden liegst. Damit wird die Wucht des Sturzes auf den ganzen Körper verteilt. Wenn du dich vor dem Hinfallen scheust, dann üb jede dieser Phasen für sich, bis du dich traust, den ganzen Sturz zu
15 proben.

4 Tauscht euch darüber aus,
- was ihr über die beste Fallrichtung erfahrt,
- wie ihr auf dem Boden aufkommen solltet,
- wie ihr die Wucht des Aufpralls am besten auf den gesamten Körper verteilen könnt.

Weitere Informationen einholen

1 Lies den Text aufmerksam durch.

Stürze genau wie Sprünge üben

Die meisten Verletzungen beim Skateboard-Fahren sind Folgen eines unkontrollierten Sturzes.

Skateboarden und Inline-Skaten sind bei Jugendlichen und auch zunehmend bei Erwachsenen außerordentlich beliebt. Beide Skate-Sportarten gelten aber allgemein als risikoreich und gefährlich. Daher verwundert es nicht, dass Eltern nur selten begeistert sind, wenn ihre
5 Sprösslinge die Liebe zum Skateboarden entdeckt haben. Zu schlecht ist der Ruf, den beide Sportarten im Hinblick auf das Verletzungsrisiko haben.

Dr. Henry Schulz, ein Experte für Sportverletzungen, hat die typischen Verletzungen untersucht, die sich Inline-Skater bei ihrer Sportart
10 zuziehen. Meist treten Prellungen und Schürfwunden auf, in schweren Fällen aber auch Brüche an Hand- und Fußgelenken. Solche Verletzungen sind typisch für diese Sportarten und fast immer die Folge eines unkontrollierten Sturzes ...

Wenn Skater stürzen, verletzen sie sich nur selten am Kopf. Ist dies
15 aber der Fall, stellen die Mediziner meist schwere Verletzungen wie Schädel- und Kieferbrüche fest. Dafür gibt es mehrere Gründe: „Kaum ein Skater trägt einen Helm", weiß Schulz zu berichten. Nur jeder zehnte jugendliche Skater schützt ausreichend seinen Kopf. Auch die Erwachsenen sind keine guten Vorbilder, denn nur drei von hundert
20 tragen einen Kopfschutz. Auch Gelenkschützer sind bei manchen unerfahrenen Skatern verpönt.

Jugendliche finden es nach eigenen Angaben einfach uncool, Protektoren[1] zu tragen, die darüber hinaus bei den Tricks nur stören würden. Ein angemessener Kopf- und Gelenkschutz ist unbedingt erforderlich,
25 reicht allein aber nicht aus. „Auch das Fallen-Üben ist wichtig", betont Henry Schulz ...

Am besten wäre eine professionelle Fallschule. „Jugendliche Skater müssen lernen, Situationen zu meistern, in denen sie sich unsicher fühlen", erklärt Schulz ...

[1] der Protektor: eine am Körper getragene Schutzausrüstung; sie dient dazu, vor Verletzungen zu schützen

2 Welche dieser Behauptungen stimmen, welche stimmen nicht?
Schreibe jeweils die richtige Aussage auf.
Gib als Beleg jeweils die Textstelle (Zeilenzahl) an, z. B.
1. → Zeile 3, …

1. Skateboarden und Inline-Skating gelten als risikoreich und gefährlich.
2. Die beiden Sportarten haben einen guten Ruf.
3. Typische Verletzungen sind Brüche von Knie- und Fußgelenken.
4. Skater verletzen sich nur selten am Kopf.
5. Jeder zehnte Jugendliche schützt seinen Kopf nicht ausreichend.
6. Auch Erwachsene schützen sich nicht ausreichend.
7. Gelenkschützer sind bei Skatern beliebt.

3 „Jugendliche finden es nach eigenen Angaben einfach uncool, Protektoren zu tragen, …" – Wie stehst du dazu? Schreibe deine Meinung auf.

4 Beschreibe, wie du vorgehst, wenn du auf der Suche nach einem Sachbuch zu einem bestimmten Thema bist, z. B.
Ich interessiere mich sehr für Steine und Mineralien. Im Internet gibt es natürlich eine Menge an Informationen, aber ich hätte gern ein Lexikon oder so etwas. Daher bin ich in den Buchladen neben der Schule gegangen und …

Fit sein – Zeichen setzen

1 Lies die Sätze über Fitness mit der richtigen Betonung. Welche Satzschlusszeichen setzt du ein: Punkt, Fragezeichen oder Ausrufezeichen?

Gemeinsames Trainieren macht Spaß ✎
Was ist besser für das Herz, Krafttraining oder Ausdauertraining ✎
Erst dehnen, dann starten ✎
Rauchen verboten ✎
Wie steht es mit deiner Kondition ✎
Übersäuerung der Muskeln vermeiden ✎
Ernährst du dich richtig ✎
Beweglichkeit und Kraft kann man mit täglichem Training verbessern ✎

2 Versuche, die folgenden Ratschläge zum Training zu lesen. Warum ist das so schwer?

Das gilt bei jedem Training
Vor jedem Training solltest du dich aufwärmen und dehnen Walken lockeres Laufen Hüpfen Seilspringen und Dehnübungen kann jeder von euch jetzt kannst du mit dem Training beginnen du solltest dich jedoch
5 nicht überanstrengen regelmäßiges Training ist wichtiger alle Leistungssportler wie Fußballer Schwimmer Tennisspieler und Skiläufer trainieren normalerweise täglich Duschen Umziehen Ausruhen und Trinken nach dem Training ist empfehlenswert lösche deinen
10 Durst mit Wasser Tee Fruchtsäften oder isotonischen Getränken

3 Arbeitet zu zweit. Lest den Text abwechselnd laut vor und klopft bei jedem fehlenden Satzzeichen. Wie viele Sätze findet ihr? Habt ihr auch Sätze gefunden, bei denen nicht nur am Satzende geklopft werden muss?

4 Schreibe nun den Text ab und füge die Satzzeichen ein. Achte auf die Großschreibung am Satzanfang.

> **Merke**
>
> **Die Glieder einer Aufzählung** werden durch ein **Komma** voneinander getrennt. Achtung: *und* und *oder* ersetzen das Komma, z. B.
> *Lösche den Durst mit Wasser, Tee **oder** Fruchtsäften.*

Trainiere den Satzbau und die Beweglichkeit

1 Erkläre, wie die folgenden Sätze zu einem Satz mit Aufzählungen zusammengefasst worden sind.

Sportler trainieren täglich.

Sportler ernähren sich gesund.

Sportler rauchen nicht.

} Sportler trainieren täglich, ernähren sich gesund und rauchen nicht.

2 **Aus drei mach eins!** Mach es bei diesen Trainingsratschlägen genauso wie oben. Bilde aus sechs Sätzen zum täglichen Training zwei Sätze mit allen Informationen.

1. Nach dem Training solltest du duschen.
2. Nach dem Training solltest du deine Kleidung wechseln.
3. Nach dem Training solltest du eine Ruhepause einlegen.

1. Trainiere nicht bei Fieber.
2. Trainiere nicht bei Schmerzen.
3. Trainiere nicht nach Medikamenteneinnahme.

3 Fasse die einzelnen Schritte dieser Beweglichkeitsübungen jeweils zu einem Satz zusammen.

> **ACHTUNG!**
> Wärmt euch auf, bevor ihr die Übungen ausprobiert!

Katzenbuckel
1. Du kniest dich hin.
2. Du stützt dich vor dem Körper mit etwas gebeugten Armen ab.
3. Du machst eine Katzenbuckel, indem du die Wirbelsäule nach oben drückst.

Stehauf-Männchen
1. Du legst dich auf den Bauch.
2. Du faltest die Hände hinter dem Rücken.
3. Du stehst danach auf, ohne die Hände zu benutzen.

Riesenschritt
1. Du setzt einen Fuß auf eine Bank.
2. Du nimmst eine weite Schrittstellung (mit den Fußspitzen nach vorne) ein.
3. Du drückst mit dem gestreckten hinteren Bein kräftig gegen den Boden.

Mit Ausdauer zum Ziel

1 Untersuche, wie die zwei Sätze verknüpft worden sind. Schreibe den Satz ab, der beide Sätze zusammenfasst.

> Ein Sportler ermüdet langsamer und erholt sich schneller.
>
> Der Sportler trainiert regelmäßig seine Ausdauer.

Ein Sportler, der regelmäßig seine Ausdauer trainiert, ermüdet langsamer und erholt sich schneller.

2 Lies den Merksatz (unten) und suche den Relativsatz in dem Beispiel aus Aufgabe 1.

3 Bilde aus den zwei Hauptsätzen jeweils einen Hauptsatz mit Relativsatz. Schreibe den Relativsatz in einer anderen Farbe. Achte auf die Kommas.

> Dauerlaufen, Schwimmen und Radfahren sind tolle **Ausdauersportarten.**
>
> Diese **Ausdauersportarten** kannst du überall ausüben.

... sind tolle Ausdauersportarten, die ...

> Dein **Ausdauertraining** ist gesund.
>
> Das **Ausdauertraining** solltest du mindestens zweimal pro Woche durchführen.

Dein Ausdauertraining, welches ...

> Dein **Herz** versorgt den Körper gut mit Sauerstoff.
>
> Das **Herz** wird durch Ausdauertraining gestärkt.

Merke

Relativsätze werden durch **Relativpronomen** (*der, die, das, welcher, welche, welches*) eingeleitet und durch **Kommas** vom Hauptsatz getrennt. Relativsätze heißen auch Attributsätze.

Ein eigenes Sportprogramm aufstellen

1 Schreibe dein eigenes Sportprogramm auf. Es sollen mindestens drei Sätze mit Aufzählungen und drei Relativsätze vorkommen. Achte besonders auf die Zeichensetzung.

Mein Sportprogramm
Fußball, Tischtennis und Streetball sind meine Lieblingssportarten.
Die Strecke, die ich täglich laufe, führt durch den Wald.

2 Arbeitet mit einer Partnerin, einem Partner. Tauscht eure Texte aus. Lest das Sportprogramm des Partners durch. Markiert darin die Aufzählungen und Relativsätze. Prüft, ob alle Kommas richtig gesetzt sind.

3 EXTRA Erinnerst du dich an die Umstellprobe? Auch Sätze, in denen ein Relativsatz vorkommt, lassen sich umstellen, z. B.

→ **Seite 249**, Umstellprobe

- Zum Ausdauertraining gehört eine Aufwärmphase, **die immer am Anfang des Trainings stehen sollte**.

- Eine Aufwärmphase, **die immer am Anfang des Trainings stehen sollte**, gehört zum Ausdauertraining.

4 EXTRA Stelle die folgenden Sätze ebenfalls um. Schreibe die ursprüngliche und die umgestellte Fassung auf.

- Ich gehe jede Woche zweimal in das Fitnessstudio, das sich in der Nähe unserer Schule befindet.

- Nils und Tobias trainieren jede Woche in der Schwimmhalle, die erst vor kurzem eröffnet wurde.

Zusammengesetzte Sätze; Haupt- und Nebensätze; Konjunktionen

Trendsportarten für jedermann

1 Nenne den Gegenstand, der hier beschrieben wird.

Es dient nicht nur als Fortbewegungsmittel. Man nutzt es auch als Sportgerät.
Seine Reifen sind breit. Die Federung ist gut.
Es eignet sich für steile Bergan- und Bergabfahrten. Es hat viele Gänge.
Man kann mit ihm sogar über Hindernisse springen. Das setzt auch eine
5 gute Körperbeherrschung voraus.

2 Die einzelnen Sätze kann man mit Konjunktionen (Bindewörtern) verbinden. Probiere es einmal mit den Sätzen des Rätsels aus. Verwende dazu
folgende Konjunktionen:

sondern	und	dann	aber

3 Besprecht, warum es sinnvoll sein kann, Sätze durch Konjunktionen zu
verbinden.

4 Hauptsätze sind selbstständige Sätze, sie können für sich allein stehen.
Verbindungen aus Hauptsätzen heißen Satzreihen.
Bilde Satzreihen mithilfe dieser Konjunktionen,
z. B.: Inline-Skaten ist bei Jugendlichen sehr beliebt, doch die Eltern sind oft
über das gefährliche Hobby ihrer Kinder nicht sehr erfreut.

Hauptsatz	Konjunktionen	Hauptsatz
Inline-Skaten ist bei Jugendlichen sehr beliebt.	aber	Die Eltern sind oft über das gefährliche Hobby ihrer Kinder nicht sehr erfreut.
Man kann gefährliche Stürze vermeiden.	und	Das professionelle Fallen lässt sich erlernen.
Skater sollten nicht nur einen Helm tragen.	sondern	Auch Gelenkschützer sind sehr wichtig.
Man muss also das richtige Fallen üben.	denn	Auch das sichere Bremsen gehört zur Fahrtechnik.
Irgendwann erwischt es jeden einmal: Man verliert das Gleichgewicht und fällt.	doch oder	Ein Fremdkörper verfängt sich in den Rollen und es reist einen zu Boden.

5 Lies die folgenden Sätze, die ebenfalls durch Konjunktionen miteinander verbunden sind. Besprecht, worin sich diese Sätze von denen aus Aufgabe 4 unterscheiden.

Die Eltern sind oft nicht sehr darüber erfreut, dass sich ihre Kinder für das Inline-Skaten entscheiden. Inline-Skater können sich schwere Kopfverletzungen zuziehen, wenn sie keinen Helm tragen. Auch Schürfwunden sind oft Folgen von Stürzen, weil Inline-Skater keine Gelenkschützer getragen
5 haben. Man kann gefährliche Stürze beim In-line-Skaten verhindern, indem man das richtige Fallen und das sichere Bremsen übt.

6 Nebensätze sind unselbstständige Sätze, sie können nicht für sich allein stehen. Verbindungen aus Haupt- und Nebensätzen heißen Satzgefüge. Untersucht und besprecht die Satzgefüge des Textes in Aufgabe 5.

> **Merke**
>
> **Hauptsätze** sind selbstständige Sätze, die für sich allein stehen können. Verbindungen aus Hauptsätzen nennt man **Satzreihen.** **Nebensätze** sind unselbstständige Sätze, die nicht für sich allein stehen können. Verbindungen aus Haupt- und Nebensätzen nennt man **Satzgefüge.** Hauptsätze werden von Nebensätzen durch Kommas getrennt. Wörter wie *und, oder, denn, aber, sondern, weil, da, wenn, dass, damit, während* nennt man **Konjunktionen** (Bindewörter). Sie können Wörter, Wortgruppen oder Sätze miteinander verbinden und gedankliche Zusammenhänge herstellen.

7 Welcher Gegenstand wird hier beschrieben?

Man fährt damit schneebedeckte Hänge hinunter, indem der Fahrer seitlich zur Fahrtrichtung darauf steht. Die Schuhe werden in Bindungen darauf befestigt, damit der Fahrer Halt hat. Anfangs waren die Nutzer dieses Sportgerätes an den Skihängen sehr unbeliebt, weil sie den Skibetrieb
5 scheinbar störten. Bald öffnete man aber die Pisten auch für diesen Sport, als sich immer mehr Menschen dafür begeisterten.

8 Untersuche die Sätze dieses Textes. Gehe dabei so vor:
- Schreibe den Text ab.
- Rahme im abgeschriebenen Text die Konjunktionen ein.
- Unterstreiche die Hauptsätze.
- Markiere die Nebensätze mit einer Wellenlinie.
- Umkreise die Kommas farbig.
- Tausche dich mit einem Lernpartner über die Ergebnisse aus.

Weiter, höher, schneller!

1 Aufwärmen Schreibe Anweisungen. Achte bei Aufzählungen auf die Kommas und auf das *und*, z. B. Strecke die Arme nach vorne aus, gehe tief in die Hocke, ...

Kniebeugen
- Arme nach vorne ausstrecken
- tief in die Hocke gehen
- zügig wieder aufrichten
- wieder in die Hocke gehen

Rumpfbeugen diagonal
- mit gegrätschten Beinen hinstellen
- den Rumpf vorbeugen
- mit den Fingerspitzen der rechten Hand nach den Zehen des linken Fußes greifen
- dann mit den Fingerspitzen der linken Hand nach den Zehen des rechten Fußes greifen

Bauchmuskeltraining
- auf den Rücken legen
- beide Beine angewinkelt aufstellen
- die Knie mit den Händen umfassen
- die Knie an die Brust drücken

2 Footbag Schreibe die Sätze ab. Setze die fehlenden Kommas mit einem Farbstift.
Unterstreiche jeweils das Wort, das näher erläutert wird, z. B.
Footbag ist eine Sportart, die jeder lernen kann.

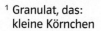

1. Dazu braucht man nur einen faustgroßen Ball der mit Granulat[1] gefüllt ist.
2. Footbag ist ein Spiel das viel Geschicklichkeit und die Fähigkeit zur Balance[2] erfordert.
3. Der Spieler muss den kleinen Ball der nur mit den Füßen berührt werden darf so lange wie möglich in der Luft halten.
4. Spieler die sich im Freestyle Footbag messen können perfekt mit dem Ball umgehen.
5. Als Mannschaftssport wird der Footbag über ein Netz das 1,74 m hoch ist ins gegnerische Feld gespielt.
6. Dabei stehen sich Teams die aus zwei bis drei Leuten bestehen gegenüber.
7. Aber erst durch die richtige Musik die das Spiel unterstützt und anheizt wird Footbag zum Funsport.

[1] Granulat, das: kleine Körnchen

[2] Balance, die: das Gleichgewicht

Zusammengesetzte Sätze; Haupt- und Nebensätze; Konjunktionen

3 Verschiedene Talente – verschiedene Sportarten

Verknüpfe die Hauptsätze jeweils zu einem Hauptsatz mit Relativsatz, z. B.

„Judo" ist ein japanisches Wort, das so viel wie „Weg des Nachgebens"
bedeutet.

1. „Judo" ist ein japanisches Wort.
   Es bedeutet so viel wie „Weg des Nachgebens".
2. „Fechter" sind bewegliche und ausdauernde Sportler.
   Sie brauchen eine gute Technik, Nervenstärke und viel „Köpfchen".
3. „Trampolinturnen" ist eine akrobatische Sportart.
   Sie erfordert von den Springern Bewegungsgenauigkeit, Dreh-
   verträglichkeit, eine ausgeprägte Raumorientierung und Mut.
4. „Reiter" sind Pferdeliebhaber.
   Sie sind gern im Stall, kümmern sich um ihr Pferd und trainieren
   fleißig.
5. „Tischtennis" ist ein Ballspiel.
   Es trainiert das Reaktionsvermögen und die Bewegungskoordination.
6. „Inline-Skating" ist eine leicht erlernbare Sportart.
   Sie ist bei Kindern und Erwachsenen gleichermaßen beliebt.

4 Ergänze die passenden Konjunktionen in den Satzgefügen und Satzreihen unten.

| wenn | weil | damit | sondern | aber | während |

Welche Sportart wird beschrieben?

1. Du kannst sie zusammen mit Freunden ausüben, … euch ein Stück
   Sandboden, ein Netz und ein Ball zur Verfügung stehen.
2. Diese Sportart ist sehr beliebt, … man Sommer, Sonne und Strand
   dabei richtig genießen kann.
3. Wie überall im Sport musst du tüchtig üben, … du Erfolg hast.
4. Diese Sportart begeistert nicht nur Freizeitsportler, … sie ist auch eine
   olympische Disziplin.
5. Bei offiziellen Wettbewerben besteht eine Mannschaft aus zwei Spie-
   lern, … bei Freizeitspielen oder im Training sind größere Mannschaften
   zulässig.
6. Die Sportler tragen offiziell Shorts und ein Shirt, … die Sportlerinnen
   in einem Bikini antreten.

17 Wer gewinnt den Vorlesewettbewerb?

Der Vorlesewettbewerb beginnt in den 6. Klassen meistens im Oktober. Nach der Klassensiegerin oder dem Klassensieger wird die Schulsiegerin oder der Schulsieger ermittelt. Dann geht es über die Stadt-, Kreis- und Landesebenen bis zum Wettbewerb für ganz Deutschland im Sommer des nächsten Jahres.

1 Jeweils die beiden besten Leserinnen oder Leser der 6. Klasse einer großen Schule haben sich hier in der Schulbibliothek zu einem Vorlesewettbewerb versammelt.
Was seht ihr auf dem Bild? Könnt ihr euch vorstellen, wie so ein Wettbewerb abläuft? Sprecht darüber.

2 Lest die Hinweise auf Seite 215. Besprecht dann in der Klasse, wie ein Vorlesewettbewerb abläuft und welche Bedingungen man einhalten muss.

Achtung!

Das muss man beim Vorlesewettbewerb beachten:

Vorlesebuch auswählen ...
Ihr müsst aus einem selbst ausgewählten Text und aus einem unbekannten Text vorlesen. Dazu müsst ihr euch aus dem Angebot der aktuellen Kinder- und Jugendliteratur ein Vorlesebuch aussuchen und aus diesem Buch eine geeignete Textpassage auswählen. Lasst euch dabei beraten und helfen.

Keine Schullesebücher ...
Nicht erlaubt sind Schullesebücher, Gedichte und Mundartstücke.

Texte nicht verändern ...
Die Texte dürfen nicht aus fotokopierten Blattsammlungen entnommen, nicht zusammengestrichen, ergänzt oder auf sonstige Art verändert sein.

3 – 5 Minuten ...
Die Textstelle müsst ihr so auswählen, dass ihr sie in drei bis fünf Minuten vorlesen könnt.

Titel und Autor/Autorin ...
Zu Beginn solltet ihr etwas zum Titel und zur Autorin oder zum Autor eures Buches sagen und kurz den inhaltlichen Zusammenhang erläutern.

3 Schaut euch die Hitliste der Bücher bei einem Vorlesewettbewerb der letzten Jahre an. Welche Bücher kennt ihr? Sprecht über ihren Inhalt.

→ **Seite 261,** Arbeitstechnik „Ein Buch vorstellen"

Wolfsblut

Joe aus der 6c ist als erster an der Reihe, sein Buch vorzustellen. Er ist ziemlich aufgeregt. Sein Buch ist schließlich schon recht alt und er befürchtet, die anderen könnten es langweilig finden. Aber es ist spannend, wie kein anderes, findet Joe. Und daher hat er es ausgesucht. Da noch keiner vor ihm dran war, konnte er sich nichts abschauen und muss nun einfach loslegen.

1 Lies, wie Joe sein Buch beim Vorlesewettbewerb vorgestellt hat.

→ **Seite 261,**
Arbeitstechnik
„Ein Buch vorstellen"

Ich lese euch heute einen Ausschnitt aus Jack Londons Buch „Wolfsblut" vor. Das Buch habe ich beim Umzug im vergangenen Sommer entdeckt. Mir hat das Cover gut gefallen. Als ich erfuhr, dass es das Lieblingsbuch meiner Mutter war, als sie so alt war wie ich, da bin ich richtig neugie-
5 rig geworden. Alles wird aus der Sicht eines Wolfsmischlings namens „Wolfsblut" geschildert. Nachdem er seine erste Lebenszeit in der Wildnis gelebt hat, kommt er zunächst mit Indianern, später mit Weißen in Kontakt. Er wird schlecht behandelt und an manchen Stellen fand ich die Schilderungen ziemlich grausam. Aber am Ende geht es gut aus. Der
10 Autor, Jack London, lebte von 1876 bis 1916 und hatte ein sehr abenteuerliches Leben mit vielen verschiedenen Jobs. Unter anderem war er Goldsucher in Alaska. Seinen Roman „Wolfsblut" schrieb er 1906.
Mein Leseausschnitt erzählt folgendes: Wolfsblut kommt mit seiner Mutter Kische, die halb Hund und halb Wolf ist, zurück in das Indianerdorf, in
15 dem Kische vor Wolfsblut Geburt gelebt hat. Die Menschen sind Wolfsblut fremd. Der Indianer Grauer Biber hat Kische erkannt und festgebunden. Wolfsblut macht nun seine ersten Erfahrungen mit den Menschen.

2 Überprüft, ob die Einleitung diesen Auszug aus dem Buch gut vorbereitet hat.

Kische leckte Wolfsblut beruhigend mit der Zunge und versuchte ihn bei sich zu behalten. Aber die Neugier drängte ihn fort und einige Minuten später wagte er sich auf ein neues
5 Abenteuer. Er traf auf den Grauen Biber, der am Boden saß und mit Reisig und trockenem Moos, die vor ihm lagen, herumhantierte. Wolfsblut ging nahe an ihn heran und schaute zu. Der Graue Biber machte mit dem Munde ein Ge-
10 räusch, doch da es nicht drohend klang, kam jener immer näher.

Foto aus dem Film
„Wolfsblut"

Die Frauen und Kinder trugen immer mehr Stöckchen und Zweige für den
Grauen Biber herbei. Es war augenscheinlich eine wichtige Sache. Wolfsblut kam so dicht heran, dass er das Knie vom Grauen Biber berührte,
15 so neugierig war er, so wenig dachte er daran, dass dieser auch eines der
furchtbaren menschlichen Wesen war. Plötzlich sah er unter den Händen
des Grauen Bibers aus dem Stöckchen und dem Moose etwas Sonder-
bares emporsteigen, das wie Nebel aussah. Dann erschien zwischen den
Holzstöckchen etwas Lebendiges, das sich wendete und drehte und eine
20 Farbe wie die Sonne am Himmel hatte. Wolfsblut wusste nichts vom Feuer,
aber es zog ihn an, wie das Licht am Eingang der Höhle in seinen ersten
Lebenstagen es getan hatte. Er kroch die wenigen Schritte bis zur Flamme
hin. Er hörte über sich den Grauen Biber kichern, doch der Ton klang
nicht feindselig. Dann berührte er mit der Nase die Flamme und im selben
25 Augenblick streckte er sein Zünglein aus.
Einen Augenblick war er wie gelähmt. Das Unbekannte, das in den Holzstöckchen und im Moos gelauert hatte, zwickte ihn derb an der Nase. Er
krabbelte zurück und brach in ein klägliches Geheul aus.
Bei dem Ton sprang Kische knurrend, so weit der Stock es erlaubte, vor-
30 wärts und raste, weil sie ihm nicht zu Hilfe kommen konnte. Der Graue
Biber aber lachte laut, schlug sich vor Vergnügen auf die Schenkel und
erzählte dem ganzen Lager, was sich zugetragen hatte, bis alle laut lachten.
Wolfsblut saß jedoch da und heulte kläglich – ein armes, verlassenes
Geschöpfchen mitten unter den Menschen.
35 Es war der ärgste Schmerz, den er je gefühlt hatte. Nase und Zunge waren
von dem sonnenfarbigen Wesen, das unter den Händen des Grauen Bibers
aufgesprungen war, versengt. Er heulte unausgesetzt und jeder neue Klage-
laut wurde von den Menschen mit lautem Gelächter begrüßt. Er versuchte,
den Schmerz in der Nase mit der Zunge zu lindern, aber auch diese tat weh
40 und er war hilfsloser und heute hoffnungsloser als je. Dann aber begann er
sich zu schämen. Er wusste, was das Gelächter bedeutete. Woher manche
Tiere wissen, dass man über sie lacht, das können wir Menschen allerdings
nicht begreifen; aber Wolfsblut wusste es, er fühlte sich beschämt, dass die
Menschen über ihn lachten. Darum machte er kehrt und lief weg, nicht
45 weil ihn das Feuer verbrannt hatte, sondern weil ihn das Gelächter tief verletzte. Er floh zu Kische, die am Ende ihres Stockes sich wie toll gebärdete,
zu Kische; dem einzigen Wesen der Welt, das mit ihm Mitleid fühlte.

3 Besprecht, wie euch Joes Einleitung geholfen hat, den Inhalt des Ausschnittes besser zu verstehen. Tauscht euch darüber aus, ob der Textausschnitt für das Vorstellen des Buches geeignet ist.

4 Lest nun den Text eurem Lernpartner ausdrucksvoll vor.

Bücher für jeden Geschmack

Bücher kannst du fast überall lesen, im Bus oder in der Straßenbahn, im Bett und natürlich auch in der Schule. Es gibt Bücher für jeden Geschmack: lustige, spannende und informative Bücher.

→ **Seite 261,**
Arbeitstechnik
„Ein Diagramm lesen und verstehen"

1 Was liest du am liebsten? Wo liest du am häufigsten?
Diese Fragen wurden von Schülern einer 6. Klasse sehr unterschiedlich beantwortet. Die Kreisdiagramme zeigen die Auswertung der Befragung. Ordne zunächst die Prozentzahlen den passenden Farben in den Kreisdiagrammen zu. Formuliere dann das Ergebnis jeweils in einem Satz, z. B.
10 Prozent der Schüler lesen am häufigsten in der Schule.

Wo liest du am häufigsten?

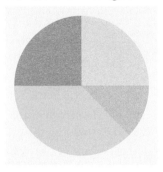

Was liest du am liebsten?

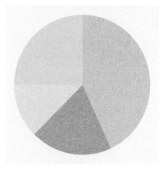

Schule	10%	Abenteuergeschichten	10%
Auto	25%	Tiergeschichten	20%
Bett	25%	Kriminalgeschichten	25%
Sofa	40%	Sachbücher	45%

→ **Seite 261,**
Arbeitstechnik
„Ein Buch vorstellen"

2 Stelle dein Lieblingsbuch in der Klasse vor.

Vom Buch zum Film

Verkauft sich ein Buch gut oder ist sein Inhalt besonders spannend, wird es oft verfilmt. Aus einem Buch von mehreren Seiten wird dann ein Film von ca. 90 Minuten Länge. Dafür benötigt man ein Drehbuch. Das ist eine schriftliche Vorlage für einen Film, in dem Dialoge und Regieanweisungen aufgeführt werden – wie bei einem Theaterstück.

1 Sucht im Internet, welche der auf Seite 215 genannten Jugendbücher – wie auch „Wolfsblut" – verfilmt wurden. Welche Buch-Verfilmungen habt ihr euch bereits angeschaut? Sprecht darüber.

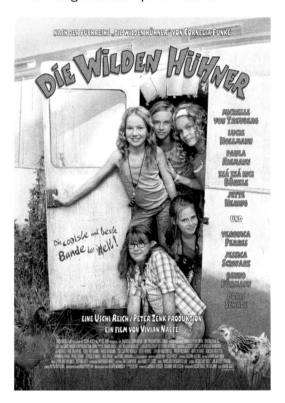

2 Diskutiert: Welche Schwierigkeiten ergeben sich eurer Meinung nach, wenn man ein umfangreiches Buch in ein Drehbuch umschreiben will?

3 „Ich lese lieber das Buch." – „Ich sehe mir lieber die Verfilmung an." Diskutiert die beiden Aussagen. Tauscht euch über eure eigenen Erfahrungen aus.

4 EXTRA In Büchereien kann man auch Filme ausleihen. Erkundige dich, welche Jugendbuch-Verfilmungen in der Bücherei deines Heimatortes vorhanden sind.

... und dann kam Joselle

Ein Schüler der Klasse 6a hat dieses Buch vorgestellt.

1 Betrachte das Umschlagbild und lies den daneben abgedruckten Klappentext. Schreibe auf, worum es in dem Buch gehen könnte.

[1] die Robinie: ein Laubbaum

Am liebsten sitzt Nick allein im Schatten einer großen Robinie[1]. Seine Mitschüler wohnen alle zu weit entfernt, um sie während der Ferien zu treffen. Nick stört das nicht wirklich. Aber irgendjemand scheint es auf ihn abgesehen zu haben: Als er eines Morgens aus dem Fenster sieht, entdeckt er riesige, aus Steinen geformte Worte, die ihn verwirren und verunsichern. Kurz darauf taucht Joselle auf und mit ihr beginnt ein Leben voller Geheimnisse und Überraschungen. Nick vergisst sogar die bösen Worte aus Stein. Bis er ganz unvermutet eine unglaubliche Entdeckung macht ...

2 Lies nun die folgenden Ausschnitte.

Nick

Nick war schmächtig, er hatte kleine Hände und Füße. Er fand, dass seine Finger dünn wie Geburtstagskerzen aussahen, vor allem neben den kräftigen, knubbeligen Fingern seines Vaters. Nick war der Kleinste in seiner Klasse. Dass viele Kinder aus anderen Klassen ihn kannten, lag nur daran,
5 dass er so klein und rothaarig war. Sein Haar war nämlich so auffallend, dass Passanten[2] oft stehen blieben und ihm nachstarrten. Auch seine hellen blauen Augen hatten manchmal diese Wirkung. Wangen und Nase waren mit Sommersprossen übersät. Er hatte dichte Wimpern, die jedoch durchsichtig wie Nylonfäden waren. Und – er war ängstlich. [...] Eigentlich ist
10 bei mir alles verquer, dachte er. Ich bin ein richtiger Angsthase. Er konnte eine ganze Liste von Dingen nennen, die ihm Schauer über den Rücken jagten, wenn er nur daran dachte.

[2] der Passant: ein Fußgänger; jemand, der vorbeigeht

Joselle

Joselle Stark trocknete sich mit dem Handrücken die Augen. „Nein, ich weine nicht", rief sie wütend. [...]
15 „Joselle? Was machst du da drin?"
„Ich komm schon, Omi!" Joselle rutschte vom Korb und sah in den Spiegel, der innen an der Badezimmertür hing. Wie ich ausseh!, dachte sie und schniefte. Ihr dunkelbraunes Haar hing in wirren Strähnen um ihr Ge-

sicht, ein paar widerspenstige Locken verdeckten ihr rechtes Auge. „Wenn
20 sie doch meinen Mund verdecken würden", murmelte sie und schüttelte
ihre Mähne zurück.
Sie hatte wunderbar ebenmäßige Zähne, die allerdings eine Nummer zu
groß für ihren Mund waren.

Das Ende der Freundschaft?
Sie sah weg. „Es tut mir leid", sagte sie. „Es war nur ein Spaß. Ich hab es
25 nicht böse gemeint. Und als ich dich dann kannte, hab ich sofort damit
aufgehört." Sie fingerte nervös an sich herum. „Echt."
„Ich dachte, du wärst meine Freundin", sagte Nick. Seine Stimme über-
schlug sich. Seine Hände und Finger standen von ihm ab wie die Zacken
von einem Stern. Er fuchtelte damit um seine Beine herum. „Hau ab." Er
30 warf ihr einen niederträchtigen[1] Blick zu.

[1] niederträchtig: gemein

„Jetzt magst du mich nicht mehr", flüsterte Joselle, wandte sich zur Seite
und verbarg ihr Gesicht. „Es tut mir doch leid", wiederholte sie und
wandte sich ihm wieder zu, während sie eine lose Haarsträhne aus dem
Gesicht wischte. Aber sie sah ihm nicht in die Augen. „Bitte, du darfst mich
35 nicht hassen." Einen Augenblick lang sah Nick alles rasierklingenscharf.
Die Poren[2] in ihrem Gesicht, das Feuchte in ihren Augen, jede Haarsträhne, jeden Regentropfen. Alles war so klar und gestochen, es tat zu
weh, um lange hinzusehen.

[2] die Pore: feine Haut-
öffnung

Und auf einmal stürzte sich Nick auf Joselle und stieß sie zu Boden, so
40 hart er konnte. Er traf sie an der Schulter. „Mach, dass du wegkommst",
sagte er. „Hau bloß ab." Und dann griff er nach einem der runden Knöpfe
an ihrem Pullover und riss ihn so heftig ab, dass ein Faden wie ein feiner
Schweif mit herauskam. Er schaute ihr nicht mehr ins Gesicht. Er sah, wie
sie aus dem Matsch aufstand, den Schirm nahm und über die Straße in
45 Richtung auf Floys Haus zustolperte, ohne sich noch mal umzusehen. Und
dann brach er in Tränen aus.

3 Was hast du über Nick und Joselle erfahren? Mache dir Notizen.

4 Überlege, was geschehen sein könnte, dass Nick plötzlich so wütend
reagiert. Schreibe deine Vermutungen auf.

5 Was müsste geschehen, damit Nick und Joselle wieder Freunde werden? Notiere deine Gedanken.

6 Bereite die Textabschnitte zum Vorlesen vor. Versuche, die Textstellen
mit wörtlicher Rede so vorzutragen, dass man die Gefühle und die Stim-
mungen der Personen erkennen kann.

Was Wörter alles bedeuten

1 Welcher Oberbegriff passt zu folgenden Abbildungen?

2 Ein und dasselbe Wort kann sowohl Ober- als auch Unterbegriff sein. Beweise das mithilfe der Abbildungen.

3 Finde zu folgenden Oberbegriffen möglichst viele Unterbegriffe:

Bücher   Zeitungen   Filme

4 Finde zu den Wörtern jeder Reihe jeweils einen Oberbegriff.
1. Bleistift – Kugelschreiber – Füllhalter – Farbstift
2. Deutsch – Englisch – Musik – Mathematik – Geschichte
3. Kuchen – Obst – Brot – Schokolade – Fleisch – Fisch
4. Espe – Eiche – Buche – Ahorn – Pappel – Birke – Kastanie

> **Merke**
>
> **Oberbegriffe** sind Wörter, mit denen man andere Wörter mit gemeinsamen Bedeutungsmerkmalen **(Unterbegriffe)** zusammenfassen kann. Ein und dasselbe Wort kann sowohl Unterbegriff als auch Oberbegriff sein, *Insekten* ist z.B. ein Unterbegriff zu *Tieren* und ein Oberbegriff zu *Mücke, Ameise, Fliege, Wespe.*

5 **Wie lauten die Antworten?** Denke daran, dass es Wörter gibt, die völlig gleich sind und doch ganz verschiedene Bedeutungen haben.

1. Welcher Hahn kann nicht krähen?
2. Welche Mutter bekommt nie ein Kind?
3. Welcher Schimmel braucht keinen Stall?
4. Mit welchem Kamm kämmt man sich nicht?

6 Kombiniere die Wörter mit Tieren. Erkläre, welche Begriffe du erhältst, z. B.
Wetter + Hahn → Wetterhahn = ein Windrichtungsanzeiger

1. Wetter …
2. Fleisch …
3. Bücher …
4. Draht …
5. Pech …
6. Klammer …
7. Frech …
8. Lese …
9. Schaukel …
10. Papier…
11. Land …
12. Schnaps …

7 **Unordnung in der Sprichwörterkiste** Wie lauten die Sprichwörter?
Schaffe Ordnung. Klärt gemeinsam die Bedeutung.

1. Neue Besen
2. Wie man sich bettet
3. Kinder und Narren
4. Morgenstund'
5. Kleinvieh
6. Müßiggang
7. Was sich neckt

a) sagen die Wahrheit.
b) macht auch Mist.
c) kehren gut.
d) ist aller Laster Anfang.
e) das liebt sich.
f) so schläft man.
g) hat Gold im Mund.

8 EXTRA Gestaltet Redensarten in der wörtlichen Bedeutung als Pantomime.
Arbeitet in Paaren. Lasst die anderen raten. Klärt gemeinsam die übertragene Bedeutung der Redensart, z. B.: die Nase hoch tragen:
– wörtliche Bedeutung (Pantomime) → mit erhobener Nase gehen
– übertragene Bedeutung (Erklärung) → eingebildet sein

1. die Nase hoch tragen
2. beide Augen zudrücken
3. sich etwas aus den Fingern saugen
4. den Kopf hängen lassen
5. jemanden vor den Kopf stoßen
6. mit dem Kopf durch die Wand wollen
7. jemandem unter die Arme greifen
8. jemandem den Kopf verdrehen
9. jemandem etwas ans Herz legen
10. den Mantel nach dem Wind hängen
11. jemanden auf den Arm nehmen
12. etwas mit links machen

Wörter und Sprichwörter

1 Finde für die Wörter jeder Reihe einen Oberbegriff. Begründe dann, welcher Begriff jeweils nicht in die Reihe passt, z. B.:

1. Kirsche, Pflaume, Apfel, Aprikose, Pfirsich und Mirabelle lassen sich dem Oberbegriff „Obst" zuordnen; Kürbis passt nicht in die Reihe

1. Kirsche – Pflaume – Apfel – Aprikose – Pfirsich – Kürbis – Mirabelle
2. Fechten – Schreiben – Boxen – Schwimmen – Ringen – Reiten
3. Tisch – Schrank – Stuhl – Kalender – Liege – Bett – Regal – Sessel
4. Espe – Eiche – Tanne – Buche – Ahorn – Pappel – Birke – Kastanie
5. Kleid – Hose – Jacke – Mütze – Tasche – Anorak – Pullover – T-Shirt
6. Gitarre – Radio – Trommel – Geige – Flöte – Saxofon – Posaune – Horn

2 Errate die Wörter, die völlig gleich sind und doch ganz verschiedene Bedeutungen haben, z. B.:

1. das Pflaster als Wundschutz und Straßenbelag

1. Ich kann sicher Wunden schützen, bin zum Laufen auch zu nützen.
2. In jedem Falle bin ich weiß – als Pferd oder auf verdorbner Speis.
3. Schütz ich vor Dieben, bin ich klein, doch groß – wollen Reiche in mir sein.
4. Ein Mensch, der mir sehr nahe steht, oder – was man an eine Schraube dreht.
5. Sie hat nicht ein bisschen Mut, doch als Frucht, da ist sie gut.
6. Als Sache ein Einlass, oft aus Holz, als Mensch ziemlich dumm, manchmal auch stolz.
7. Als Blumengebinde bin ich bekannt, als Vogel steck ich den Kopf in den Sand.
8. Am liebsten möchte ich ein Künstler sein, bin aber auch ein Vogel klein, eine Augenkrankheit gar!
   Ruf mich nur! Ich bin ein …!

3 **Wie muss es richtig heißen?** Korrigiere die Sprichwörter. Klärt gemeinsam, was sie jeweils bedeuten. Denkt euch eine Situation aus, in der man dieses Sprichwort sagen könnte, z. B.:

1. Wer A sagt, muss auch B sagen. → Wenn man eine Sache beginnt, muss man sie auch zu Ende führen. Benny hatte sich entschlossen, im Verein Handball zu spielen. Anfangs hat er viel Spaß. Aber als das Training schwer wird, hat er keine Lust mehr. Man könnte ihn ermahnen: „Wer A sagt, muss auch B sagen."

1. Wer A sagt, muss auch Z sagen.
2. Zum Lernen ist es immer zu spät.
3. Was sein muss, soll sein.
4. Am Tag sind alle Katzen grau.
5. Was nicht ist, kann nicht werden.
6. Der Appetit kommt beim Schlafen.
7. Ohne Fleiß kein Geld.
8. Wer nicht trinkt, soll auch nicht essen.
9. Es ist noch kein Schüler vom Himmel gefallen.
10. Man soll den Tag nicht vor dem Mittag loben.

4 **Wie lauten diese Wendungen richtig?** Korrigiere sie und verwende sie jeweils sinnvoll in einem Satz, z. B.:

Ebbe und Flut → An der Nordsee haben wir Ebbe und Flut erleben können.

1. Ebbe und Sturm
2. außer Rand und Pfand
3. mit Lust und Spaß
4. bei Wind und Sturm
5. etwas hoch und fest versprechen
6. ganz und voll

5 **Tierische Eigenschaften** Schreibe die Vergleiche auf, z. B.:

blind wie ein Maulwurf

1. blind
2. stumm
3. gierig
4. listig
5. stark
6. durstig
7. treu
8. gefräßig
9. nachtragend
10. falsch
11. fleißig
12. langsam
13. geschwätzig
14. störrisch
15. stolz
16. flink

18 Miteinander leben

Mi chiamo Chiara.
Sono italiana.

Benim adým Aydýn.
Ben Türkiyeden geldim.

Меня зовут Надя.
Я из России.

Je m'appelle Jacques.
Je viens du Kongo.

Me llamo Maria.
Yo soy de España.

My name is Indira.
I'm from India.

„Miteinander leben" ist das Thema dieses Kapitels. Ihr schreibt selbst
Texte über ausländische Freundinnen oder Freunde. Ihr experimentiert
mit Sprache, schreibt Gedichte und Geschichten oder bastelt Verschenk-
texte. Dabei habt ihr die Möglichkeit, selbstständig in einem Projekt zu
arbeiten. Wie das geht, erfahrt ihr auf der nächsten Seite. Ihr könnt auch
sofort allein oder gemeinsam mit den Arbeitsblättern (ab Seite 229)
beginnen.

1 Versucht herauszufinden, worum es in den Bildunterschriften auf der
Seite 226 geht. Probiert aus, ob ihr sie übersetzen könnt. Beschreibt, was
euch geholfen hat.

2 Bittet Schülerinnen oder Schüler aus eurer Klasse, die andere Sprachen
kennen, die Texte vorzulesen und zu übersetzen.

3 Menschen aus verschiedenen Nationen leben miteinander; Reisen ins
Ausland sind keine Seltenheit mehr.
Mithilfe des Internets sind wir mit der ganzen Welt verbunden. Deshalb
begegnen uns im Alltag immer mehr Wörter aus anderen Sprachen.
Tragt Wörter aus anderen Sprachen zusammen, die euch einfallen.
Sammelt sie an der Tafel.

4 Übersetzt diese Wörter in möglichst viele Sprachen. Beprecht, wo ihr
Ähnlichkeiten feststellt.

Selbstständiges Arbeiten

1 Planung

- Wir lesen die Arbeitsblätter auf den nächsten Seiten durch.
- Wir suchen Bücher, Geschichten, Gedichte, Sprüche ... zu den Themen „Freundschaft", „Zusammenleben mit anderen" und „Frieden".
- Zusätzlich können wir auch Lieder oder Tänze aus anderen Ländern suchen, Rezepte sammeln, Menschen zum Thema befragen ...
- Wir legen unseren Schwerpunkt fest.
- Wir entscheiden, ob wir allein oder mit anderen arbeiten wollen.
- Wir beschließen, wie wir das Ergebnis präsentieren (z. B. mit einer Ausstellung, einem Buch oder einer Vorführung).
- Wir stellen einen Zeitplan auf und verteilen die Aufgaben.

→ Seite 261, Arbeitstechnik „Im Team zusammenarbeiten"

2 Erarbeitung

- Wir wählen die Materialien aus, die zu unserem Thema passen.
- Wir überlegen, wie wir mit den Texten arbeiten wollen. Die Arbeitsblätter geben Anregungen dazu.
- In der Arbeitsgruppe besprechen wir Arbeitsergebnisse und Probleme und helfen uns gegenseitig.
- Wir bereiten die Präsentation vor.

→ Seite 258, Arbeitstechnik „Arbeitsergebnisse präsentieren"

3 Präsentation – Vorstellung der Ergebnisse

- Wir präsentieren unsere Arbeitsergebnisse so, dass es für die anderen interessant ist.
- Wir erklären, wie wir vorgegangen sind.
- Wir beschreiben, was wir gelernt haben.

Arbeitstechnik

Checkliste zur Freiarbeit

1. Planung
- ☑ Material zum Thema besorgen
- ☑ die Arbeitsweise und die Art der Präsentation festlegen
- ☑ einen Zeitplan erstellen und die Aufgaben verteilen

2. Erarbeitung
- ☑ wichtige Informationen und spannendes Material zusammentragen
- ☑ Informationen und andere Materialien interessant aufbereiten
- ☑ die Präsentation vorbereiten

3. Präsentation
- ☑ das Ergebnis und den Weg mit einem Plakat vorstellen

Arbeitsblatt 1

Herbert Lutz

Die fremden Schafe

Es war einmal eine Schafherde. Alle Schafe dieser Herde hatten blaue
Augen, weiße Haut und ein gelbes gelocktes Fell.
Eines Tages holte der Besitzer zwei Schafe aus der Herde heraus und nahm
sie auf eine Reise mit. Und als er zurückkam, brachte er zwei andere Schafe
5 mit. Diese beiden Schafe hatten aber braune Augen, eine schwarze Haut
und ein dunkles langhaariges Fell. Die Schafherde betrachtete die
Neuen misstrauisch: „Die sehen aber komisch aus", sagte ein Schaf.
„Da hast du Recht", erwiderte ein anderes. „Was die für ein zotteliges Fell
haben. Wahrscheinlich werden die immer Haare verlieren und
10 wir bekommen die dann beim Weiden in den Mund. Pfui!"
„Und wie schwarz die sind!", rief ein drittes. „Sicher sind sie so,
damit wir sie bei Nacht nicht sehen und sie uns besser
das Futter stehlen können!" „Ja, genau, so sieht kein
anständiges Schaf aus!", blökte daraufhin die ganze
15 Herde und begann die fremden Schafe zu knuffen
und zu boxen. Was die weißhäutige Schafherde
nicht wusste, war, dass zur selben Zeit ein paar
hundert Kilometer entfernt eine schwarzhäu-
tige Schafherde vor zwei weißhäutigen Schafen
20 stand und ganz Ähnliches sagte und tat.

1 Schreibe die Fabel um. Beginne so:
Es war einmal eine Schafherde. Alle Schafe dieser
Herde hatten braune Augen, schwarze Haut und …

2 In einer Fabel sprechen Tiere und zeigen etwas
über das Verhalten von Menschen. Welches Verhalten
soll hier deutlich gemacht werden? Ordne die Begriffe
unten den markierten Textstellen zu.

Gewalt	Misstrauen	Verallgemeinerung

Vorurteile	Angst vor Fremden	Überheblichkeit

3 Formuliere Sätze, mit denen du dein Arbeitsblatt gestalten könntest,
z. B. Viele Menschen haben Vorurteile.

Arbeitsblatt 2

Ilka und ich sehen uns fast jeden Tag, weil wir dieselbe Schule besuchen. Sie ist in meiner Parallelklasse. Wir haben die gleichen Interessen und wir gehen zweimal in der Woche gemeinsam zum Schwimmtraining. Auch am Wochenende sind wir oft zusammen, sie ist fast wie eine Schwester.

Mit einer besten Freundin kann ich einfach über alles reden, auch über Dinge, die ich nicht mal meinen Eltern erzählen würde. Eine beste Freundin hört einem zu. Chiara ist so eine Freundin. Man kann sich hundertprozentig darauf verlassen, dass sie nichts weitererzählt.

1 Entwirf Sprechblasen, die das Wichtigste einer Freundschaft zwischen Jungen enthalten, z. B.

Mit einem besten Freund ...

2 Gestalte auf einem DIN-A3-Blatt ein „ABC der Freundschaft", in dem du beschreibst, wie du dir eine Freundin oder einen Freund vorstellst, z. B.

Eine Freundin/ein Freund

A - kzeptiert mich so wie ich bin

B - ringt mich zum Lachen

C - heckt sofort, wenn ich nicht gut drauf bin

D - enkt ...

E - ...

3 Schreibe einen Text für eine Anzeige, mit der du dich um Freundschaft bewirbst, z. B.

Biete Freundschaft
Ich bin ziemlich witzig, sehr zuverlässig und kann Geheimnisse für mich behalten. Ich biete interessante Schachpartien und Skitouren im Winter. Außerdem koche ich gern mal für meine Freunde leckere Gerichte.

Arbeitsblatt 3

Karlhans Frank
Du und ich

Du bist anders als ich,   ich bin anders als du,
Gehen wir aufeinander zu,
schauen uns an, erzählen uns dann,
was du gut kannst,   was ich nicht kann,
was ich so treibe,   was du so machst,
worüber du weinst,   worüber du lachst,
ob du Angst spürst bei Nacht,   welche Sorgen ich trag,
welche Wünsche du hast,   welche Farben ich mag,
was traurig mich stimmt,   was Freude mir bringt,
wie wer was bei euch kocht,   wer was wie bei uns singt.
Und plötzlich erkennen wir – waren wir blind? –,
dass wir innen uns äußerst ähnlich sind.

1 Lies das Gedicht. Überlege, wem das Gedicht auch gefallen würde.

2 Gestalte das Gedicht als Schmuckblatt, z. B.
- in Schönschrift abschreiben,
- mit verschiedenen Farben abschreiben,
- mit dem Computer schreiben und gestalten,
- mit einer Zeichnung illustrieren,
- mit passenden Fotos illustrieren (mit eigenen oder mit Fotos aus Zeitschriften)
- …
Verschenke das Schmuckblatt.

3 Sucht euch eine Partnerin oder einen Partner. Sprecht das Gedicht mit verteilten Rollen. Legt fest, wer welche Sätze sprechen soll und welche Sätze ihr gemeinsam vortragen wollt. Übt das Sprechen so lange, bis ihr euch nicht mehr versprecht.

4 Nehmt den Vortrag auf und speichert ihn auf einem Tonträger ab.

Arbeitsblatt 4

Hans Manz

Was Worte alles können

erklären

verraten

verschweigen

Missverständnisse ausräumen

täuschen

preisgeben

Misstrauen schaffen

Herzen öffnen

verletzen

trösten

verführen

verwirren

Zugang finden

auf taube Ohren stoßen

Barrieren überwinden

aufmuntern

vernichten

ablenken

ermüden

Zwietracht säen

Frieden stiften

nörgeln

angreifen

erheitern

traurig machen

enttäuschen

Erwartungen wecken

wärmen usw.

1 Stelle dir vor, was HÄNDE, BLICKE … alles können. Schreibe alles, was dir dazu einfällt, wie in der Vorlage auf – schon hast du ein Gedicht!

2 Gestalte ein Verschenk-Gedicht. Schreibe dazu ganz klein geschriebene Texte und klebe sie auf Streichholzschachteln, kleine Dosen, Flaschen … Wisst ihr schon, wer sich über so ein selbst gemachtes Geschenk freut?

Arbeitsblatt 5

Die einzige Antwort auf Krieg ist Frieden.

Es gibt keinen Weg zum Frieden. Der Friede ist der Weg.
(Mahatma Gandhi)

Frieden kannst du nur haben, wenn du ihn gibst.
(Marie von Ebner-Eschenbach)

Der Friede in der Welt
beginnt mit einer leise zugemachten Tür.

Zum Frieden braucht's zwei. Zum Krieg reicht einer.
(Sprichwort der Beduinen)

Make love – not war.

Give peace a chance.

**Shall de Krieg mit'n Naber upholln,
muss du Free maken.**

1 Übersetze einige Sprüche in andere Sprachen oder Dialekte. Überlege, wer dir dabei helfen könnte.

2 Gestaltet Sprüche zum Frieden auf großen Papierstreifen oder auf einem Spruchband. Wo wollt ihr es aufhängen?
– in der Schule …
– in der Klasse …
– …

Kalles Brief

1 Lies den kurzen Auszug aus dem Kinderbuch „Oma" von Peter Härtling. Beantworte anschließend die Fragen zum Text schriftlich.

Peter Härtling
Oma (Ausschnitt)

Kalles Eltern sind bei einem Autounfall ums Leben gekommen. Seitdem lebt Kalle bei seiner Oma.

Oma beteiligt sich fast an jedem Preisaus-schreiben, das in den Zeitungen oder Illustrierten steht. Dabei hat sie Kalle angesteckt. Oft schicken sie die Lösungen doppelt ein.
5 Kalle hat schon einmal gewonnnen: einen Sturzhelm, knallgelb, der ihm viel zu groß war und der jetzt an einem Haken in seinem Zimmer hängt. Als das Paket mit dem Helm kam, ärgerte sich Oma. Kaum fängst du an
10 damit, gewinnst du auch schon. Ich mache das Jahre und kriege nichts.
Kalle tröstete sie: Du bekommst sicher einmal den ersten Preis.
Sie bekam ihn auch. Sie wusste gar nicht
15 mehr, für welches Preisausschreiben, da sie mindestens zwölf laufen hatte.
Der Erfolg wurde ihr zunächst telegrafisch mitgeteilt: „Sie erhalten eine Freiflugkarte für einen Rundflug über München. Wir gratulieren." Was soll das heißen? fragte Oma Kalle.
Na ja, dass du in einem Flugzeug einen großen Kreis über München
20 machst. Das ist doch klar.
Das lehne ich ab, sagte Oma. Ich will einen Ersatzpreis.
Warte doch erst einmal ab, sagte Kalle.
Mit dem Telegramm hatte sich die Firma beeilt; danach hörten sie tagelang nichts. Oma, die den Preis richtig fürchtete, konnte an nichts anderes mehr
25 denken. […]
Auf dem Schulweg dachte Kalle darüber nach, wie er Oma von ihrer Angst befreien könnte. Er beschloss, an die Firma, die den Preis vergab, zu schreiben. Am Nachmittag, als Oma Prospekte austrug, schrieb er den Brief. […]

2 Beantworte die Fragen zum Text schriftlich.

1. Welcher gemeinsamen Beschäftigung gehen Kalle und seine Oma gerne nach?
2. Was für einen Preis hat Kalle bekommen?
3. Warum ist die Oma böse, als Kalle einen Preis bekommt?
4. Was für einen Preis hat die Oma gewonnen?
5. Wie erfährt die Oma von ihrem Preis?

3 „Oma, die den Preis richtig fürchtete, konnte an nichts anderes mehr denken …" – Wie verstehst du diesen Satz? Erkläre das Verhalten der Großmutter in einigen Sätzen. Beschreibe, was die Oma denken und fühlen könnte.

4 Schreibe auf, was Kalle unternehmen will, um die Großmutter von ihrer Angst zu befreien. Was hältst du von diesem Plan? Begründe deine Meinung.

5 Kalle will an die Firma, die den Preis an die Oma vergeben hat, einen Brief schreiben. Schreibe diesen Brief für Kalle zunächst als **Entwurf**:

1. Überlege zuvor, was er der Firma mitteilen müsste. Halte die wichtigsten Informationen in einem Wörternetz fest.
2. Kalle will sich zunächst vorstellen. Schreibe auf, wie er sich beschreiben könnte.
3. Beschreibe aus der Sicht von Kalle, was passiert ist.
4. Kalle möchte, dass die Firma Verständnis für die Gefühle seiner Großmutter hat. Schreibe auf, wie er seine Oma darstellen könnte.
5. Formuliere, welchen Vorschlag Kalle der Firma unterbreitet, um der Großmutter zu helfen. Denke daran, dass es sich um eine Bitte handelt.

6 Überarbeite deinen Briefentwurf und formuliere nun den vollständigen Brief mit Briefanfang und Briefabschluss. Achte auf einen guten Ausdruck und fehlerfreies Schreiben.

> Sehr geehrte Damen und Herren,
> ich möchte mich zunächst kurz vorstellen: Ich …

7 Erfinde eine Fortsetzung der Geschichte. Schreibe, wie die Sache mit Omas Gewinn weitergeht und wie sie endet. Denke daran, dass du auch die Gedanken und Gefühle der beteiligten Personen darstellen und die wörtliche Rede verwenden solltest.

Die alten Ägypter

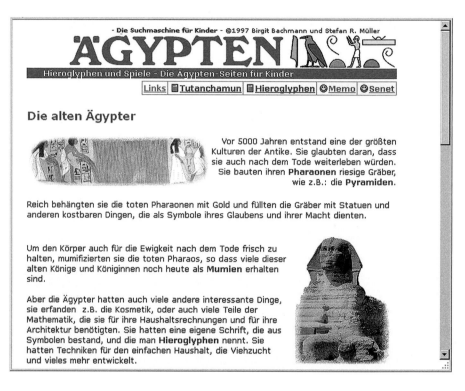

1 Lies den Text aus dem Internet. Vervollständige die Sätze mithilfe der Angaben aus dem Text. Schreibe die Sätze auf.

1. … entstand eine der größten Kulturen der Antike.
2. Die Ägypter mumifizierten die toten Pharaonen, um …
3. Die Mathematik brauchten die Ägypter …
4. Die Schrift der Ägypter bestand …

2 Sieh dir den Aufbau der Internetseite und ihre Informationen genau an. Welche Aussagen sind richtig, welche sind falsch? Notiere.

1. Der Alleinverantwortliche für diese Internetseite ist Stefan R. Müller.
2. Auf der Seite werden verschiedene Links angeboten.
3. Die fett gedruckten Wörter im Text zeigen an, welche Links auf der Seite angeboten werden.

3 Schreibe die Sätze ab und setze dabei die Verben im Präteritum ein.

1. Die Schrift der alten Ägypter (besteht) aus Hieroglyphen.
2. Die alten Ägypter (kennen) bereits Papier.
3. Sie (verwenden) dafür Papyrusstauden.
4. Die Papyrusstauden (werden) kurz über der Erde abgeschnitten.

4 Die alten Ägypter hatten nicht nur sehr früh eine Schrift, sie kannten auch schon Papier. Dessen Herstellung veranschaulicht die folgende Abbildung. Ordne auf deren Grundlage die Abschnitte der unten aufgeführten Vorgangsbeschreibungen.

A Diese Streifen werden in sich kreuzenden Lagen auf eine glatte und steinerne Unterlage so ausgelegt, dass sie ein regelmäßiges Viereck ergeben.

B Das nun freigelegte Mark wird in dünne Streifen geschnitten.

C Zum Schluss werden mehrere dieser so entstandenen einzelnen Papyrusblätter nebeneinander gelegt und an den Seiten miteinander verklebt, so dass man sie zu einer Papierrolle zusammenrollen kann.

D Zunächst wird von den dreikantigen Stauden mit einem dicken und scharfen Messer die Rinde entfernt.

E Die Papyrusstauden werden geerntet, indem die einzelne Staude mit einem scharfen Messer oder einer Sichel kurz über der Erde abgeschnitten wird. Sie werden gebündelt zur Weiterverarbeitung gebracht.

F Über die gekreuzten Papyrusstreifen wird anschließend ein saugfähiges Decktuch gelegt. Darauf hämmert man mit einem Schlegel aus Holz gleichmäßig an allen Stellen. Dadurch wird der Saft aus den Stauden gedrückt, wodurch die Papyrusstreifen miteinander verkleben und langsam austrocknen.

G Mit einem Polierstein wird das Papier anschließend geglättet.

Favoriten im Fernsehen

1 Lies den Text über ein wichtiges Fernsehereignis: die Paralympics.

Wahre Helden

Mit besonderen gefühlen verfolgen heute Tausende von Zuschauern die Übertragungen der paralympischen Wettkämpfe. Die Paralympischen Spiele, auch Paralympics genannt, sind die
5 Olympischen Spiele für Sportler mit behinderung.
Die Paralympics sind eines der faszinierendsten sportereignisse überhaupt. Sie sind organisatorisch mit den Olympischen Spielen verbunden
10 und finden jeweils drei wochen danach am gleichen Ort statt. Es sind athleten mit ungewöhnlichen Sportgeräten und Prothesen, die sich hier in phänomenaler Weise präsentieren und um die medaillen kämpfen. Es sind ganz besondere Typen mit sensationellen sportlichen leistungen und zum Teil heftigen
15 lebensläufen. Bei den Paralympics fasziniert also neben der sportlichen Höchstleistung die art, wie die meisten Athleten ihre äußerst schwierige Lebenssituation meistern. Es lohnt also ganz besonders, sich die spannenden wettkämpfe im fernsehen anzuschauen.

2 Großschreibung In dem Text sind elf Nomen fälschlicherweise kleingeschrieben. Finde sie und schreibe sie richtig mit dem entsprechenden Artikel auf.

3 Unhörbares *h* Lies zunächst jeden Satz aufmerksam durch. Bei zehn Wörtern fehlt das unhörbare *h*. Finde sie und schreibe sie richtig auf.

1. Du hast einen Film empfolen bekommen und möchtest mer über seinen Inhalt erfaren.
2. Also nutzt du das Internet, da du genug Anung davon hast, wie man ein Kinoprogramm aufruft.
3. Nachdem du das aktuelle Datum eingegeben hast, wälst du den Film aus.
4. Du erfärst, dass er änlich gut wie sein Vorgänger sein muss.
5. Kurz entschlossen holst du dir noch etwas Essbares aus dem Külschrank, schwingst dich auf dein Farrad, um dich mit dem Kinofilm für die gute Mathearbeit zu belonen.

Lernbereich: Rechtschreibung, Grammatik, Sprachbetrachtung

4 Ein *f* oder *v*?

a) Schreibe alle Wörter in den ersten beiden Abschnitten richtig auf.

b) Wie viele *f-Wörter* und wie viele *v-Wörter* findest du jeweils im Abschnitt 3 und 4?

Toy Story 3

1. Andy ist auch in diesem ?ilm die Hauptperson. ?or nicht allzu langer Zeit waren seine Spielzeuge seine liebsten ?ertrauten. Inzwischen wurden sie ?on seinem Computer abgelöst. Seinen alten Ge?ährten ge?ällt das überhaupt nicht. Sie ?erabreden: „Einen Umzug auf den Dachboden ?inden wir nicht schlecht."

2. Doch dann ?angen die Probleme an. ?ast landen die Spiel?iguren auf dem Müll, weil Andys Mutter den ?alschen Sack für die Müllab?uhr bereitgestellt hat. Die Spielzeuge ?ertrauen darau?, dass sie doch noch ihr Glück ?inden. „In der Kindertagesstätte können wir ?ielleicht besser leben", meinen sie.

3. Einige Spielfiguren werden ?on bekannten Schauspielern wie z. B. von Tom Hanks gesprochen. Sie sind alle aus den ?orgängerfilmen bekannt und mit un?erwechselbaren Eigenschaften ausgestattet. „Die Szenen-bilder", ruft ein Spielzeug, „ge?allen mir gut."

4. Toy Story 1 wurde Mitte der neunziger Jahre aufge?ührt. Es war der erste abend?üllende Animationsfilm[1] nur aus dem Computer. Die Geschichte von Toy Story 3 ist nicht nur lustig, sondern ?or allem spannend. Das Ende ist sehr ge?ühlsbetont. „Den Film", rät Andy, „solltest du dir mit der ganzen ?amilie ansehen."

[1] der Animationsfilm: Figuren aus unterschiedlichen Materialien werden in einem Film zum Leben erweckt

5 Zeichensetzung bei wörtlicher Rede Schreibe die folgenden Sätze ab. Ergänze die fehlenden Satz- und Redezeichen.

Ewige Spannung

1. Clarissa fragt unsicher ✎ Jonna, warum bist du so unkonzentriert ✎
2. Jonna antwortet ihr ✎ Ich will nach Hause ✎
3. ✎ Ist dir etwa langweilig mit mir ✎ meint Clarissa ✎
4. ✎ Nein ✎ sagt Jonna ✎ aber meine Lieblingsserie fängt gleich an ✎
5. ✎ Meinst du etwa diese neue Soap ✎ will Clarissa wissen ✎
6. ✎ Ja genau, die finde ich total spannend. Jeden Tag passiert etwas Neues und Aufregendes ✎ erzählt Jonna begeistert ✎
7. ✎ Erklär das mal ein bisschen genauer ✎ bittet Clarissa ✎
8. Jonna berichtet ✎ Da gibt es eine Familie, die meiner sehr ähnlich ist und die die gleichen Probleme hat ✎
9. ✎ Das klingt ✎ meint daraufhin Clarissa ✎ als würdest du beim Fernsehen etwas lernen ✎
10. ✎ Ja, vielleicht. Es macht mir Spaß, jeden Tag die gleichen Gesichter zu sehen und zu erfahren, wie es weitergeht ✎ erklärt Jonna ✎

In einem Supermarkt

1 Informiere dich durch den folgenden Polizeibericht über die Vorkommnisse in einem Supermarkt.

Von Amts wegen

[1] Funkstreifenwagen

Am 5.5.2012, 22.03 Uhr erhielt der FuStw.[1] Peter 7/19 den Einsatz: Wiesendamm 52, Ecke Kronweg, Supermarkt Möllenbrook, Einbruchsverdacht.

Dort wartete der Zeuge Hermann Korbmacher, wohnhaft in X-Stadt, Triftweg 39, der auch die Polizeizentrale angerufen hatte. Er gab an, mit seinem Hund nochmal auf die Straße gegangen zu sein und dabei vom Seiteneingang des Supermarktes Möllenbrook ein verdächtiges Klirren gehört zu haben.

[2] Polizeiobermeister

POM[2] Suhrbier und ich verließen den FuStw. und kontrollierten das bezeichnete Gebäude, in dem sich der Supermarkt Möllenbrook befindet. An der Ostseite des Gebäudes fanden wir das etwa 70 cm mal 100 cm große Oberlichtfenster an der hinteren (zweiten) Tür zum Lagerraum des Supermarktes zertrümmert vor.

POM Suhrbier und ich zogen uns zwischen das Buschwerk gegenüber der Lagertür zurück, nachdem POM Suhrbier den FuStw. einen Häuserblock weitergefahren hatte. Wir beobachteten etwa 5 Minuten die Lagerraumfenster und die auf dieser Seite des Gebäudes gelegenen Schaufenster des Supermarktes. Den Zeugen Korbmacher hatten wir zuvor aus Sicherheitsgründen in seine Wohnung geschickt.

Wir bemerkten innen im Supermarkt dreimal einen sich bewegenden Lichtstrahl, vermutlich von einer Taschenlampe. Wir beschlossen, die Einbrecher vor dem Tatort zu erwarten, um eine mögliche Verfolgung und Flucht bzw. Zerstörung im Inneren des Supermarktes zu vermeiden.

Nach etwa 12 Minuten erschien an dem zertrümmerten Oberlichtfenster der Beschuldigte Lindner und stieg heraus, nachdem er sich vorsichtig nach allen Seiten umgesehen hatte. Ihm folgte direkt der Beschuldigte Schuch. Dieser reichte dem draußen stehenden Lindner das Diebesgut durch das zertrümmerte Oberlichtfenster. Es waren fünf weiße, bedruckte Plastiktüten voll entwendeter Waren. Als dann auch Schuch herausgestiegen war und beide Täter zu den Fahrrädern gingen, traten wir aus unserer Deckung hervor und nahmen sie fest.

Lindner versuchte zu fliehen, konnte jedoch nach wenigen Schritten von POM Suhrbier gestellt werden. Sonst leisteten beide keinen Widerstand. Der Beschuldigte Schuch weinte heftig. Wir stellten das Diebesgut sicher, sicherten auch die zwei Fahrräder mittels einer Kette und verbrachten die Jugendlichen, die verstockt und wütend waren, auf die für uns zuständige PRW[3] 23 ,wo wir sie dem Diensthabenden, POM Krüger, übergaben und Bericht erstatteten.

X-Stadt, 6.5.2012

Zugegen: POM Suhrbier

Unterschrift: *Meinert PM* [4]

[3] Polizeirevierwache

[4] Polizeimeister

2 Schreibe den Polizeibericht in einen kurzen Bericht für eine Tageszeitung um.

Denke beim Schreiben an die Leserinnen und Leser: Was wird sie wohl besonders interessieren? Auf welche Angaben und Informationen solltest du bei deinem Bericht verzichten?

3 Hast du eine Lieblingssportart, die du selbst betreibst oder dir gern anschaust: schwimmen oder Skateboard fahren, tanzen oder Hindernislauf? Wähle bei deiner Lieblingssportart eine immer wiederkehrende Bewegungsfolge aus und beschreibe diese. Wenn notwendig: Beziehe das Sportgerät ein. Achte bei deiner Beschreibung auf die richtige Reihenfolge der Bewegungen.

Was ist denn hier passiert?

PASCAL KIRCHMAIR

1 Betrachte die Bildergeschichte auf der Seite.

2 Beschreibe in je einem Satz: Was wird dargestellt? Wer wird dargestellt?

3 Notiere, was in jedem Bild dargestellt wird. Gib jedem Bild eine Überschrift.

4 Schau dir die Figuren genau an. Versuche mit wenigen Worten, ihren Gesichtsausdruck und ihre Körperhaltung auf jedem einzelnen Bild zu beschreiben, z. B.

Bild 1:   Die beiden sind entspannt und neugierig. Sie stehen aufrecht.
Bild 2:   …

5 Schreibe nun eine Geschichte. Beachte folgende Hinweise:

- Gib jeder Figur einen Namen.
- Nenne den Ort des Geschehens.
- Beschreibe mithilfe von Stichworten die einzelnen Handlungs-schritte.
- Lege fest: Wo liegt der Höhepunkt der Handlung?
- Beschreibe genau, was sich jeweils ereignet und was zwischen den einzelnen Bilder passiert sein könnte.
- Nutze deine Aufzeichnungen aus Aufgabe 4 (Gesichtsausdruck und Körperhaltung der Figuren).
- Was sagen, denken und fühlen die Figuren?
- Verwende die wörtliche Rede.
- Verwende Vergleiche, um deine Geschichte anschaulicher zu ma-chen.
- Setze passende Verben und spannende Adjektive ein.
- Schreibe im Präteritum
- Kontrolliere zum Schluss, ob deine Geschichte keine „Löcher" hat.
- Korrigiere deinen Text.

6 EXTRA Schreibe eine Fortsetzung der Geschichte.

7 EXTRA Zeichne zwei Bilder, die zeigen, wie die Geschichte weiter-gehen könnte.

Rechtschreibung, Grammatik und Sprachbetrachtung

Wortarten

→ Seite 31ff., 44, 46ff., 60, 254, Wiederholung aus Klasse 5

1. Verben (Verb)

- informieren darüber, was jemand tut *(ich schreibe, lese, …)*, was geschieht *(es regnet, donnert, …)*, in welchem Zustand jemand/etwas ist *(er liegt, sitzt, …)*.
- haben einen **Infinitiv** (eine **Grundform**) *(lesen, schreiben, hören)*
- haben **Personalformen** *(ich singe, du singst, er/sie/es singt, wir singen, ihr singt, sie singen)*.
- bilden **Zeitformen** *(ich schwimme, ich schwamm, ich bin geschwommen)*.
- werden **konjugiert (gebeugt)**:

Person	Präsens	Präteritum	Perfekt	Plusquam-perfekt	Futur
1. Person Singular	ich gehe	ich ging	ich bin gegangen	ich war gegangen	ich werde gehen
2. Person Singular	du gehst	du gingst	du bist gegangen	du warst gegangen	du wirst gehen
3. Person Singular	er/sie/es geht	er/sie/es ging	er/sie/es ist gegangen	er/sie/es war gegangen	er/sie/es wird gehen
1. Person Plural	wir gehen	wir gingen	wir sind gegangen	wir waren gegangen	wir werden gehen
2. Person Plural	ihr geht	ihr gingt	ihr seid gegangen	ihr wart gegangen	ihr werdet gehen
3. Person Plural	sie gehen	sie gingen	sie sind gegangen	sie waren gegangen	sie werden gehen

→ Seite 31

Präsens

Das **Präsens** verwendet man,

- wenn man über etwas spricht, das gerade geschieht *(sie geht, sie sieht …)*,
- wenn man etwas sagt, das immer gilt *(ich heiße …)* oder
- wenn man über etwas spricht, das in der Zukunft geschieht *(Morgen fahre ich nach Hause.)*.

Perfekt und Präteritum

→ Seite 33 ff.

- Das **Perfekt** und das **Präteritum** verwendet man, wenn man von etwas Vergangenem erzählt oder über Vergangenes berichtet *(ich bin gelaufen, ich habe gehört; ich lief, ich hörte)*.
- Die Wörter *haben* und *sein* dienen zur Bildung des Perfekts *(ich habe gelesen, ich bin gefahren)*. Sie heißen deshalb **Hilfsverben**.

Die Verben der Fortbewegung *(fahren, fliegen, gehen, laufen, reiten, schwimmen …)* und die Verben *sein, werden, bleiben, kommen, reisen* bilden das Perfekt mit *sein* *(ich bin gegangen, ich bin gewesen, ich bin geblieben)*.
Alle anderen Verben bilden das Perfekt mit *haben* *(ich habe geschrieben, ich habe erzählt, ich habe eingekauft)*.

Plusquamperfekt

→ Seite 44 f.

Das **Plusquamperfekt** verwendet man, wenn man von einem Geschehen erzählt oder über ein Geschehen berichtet, das noch vor dem geschehen ist, was man im **Präteritum** ausdrückt *(Nachdem die Wächter den Heulton **gehört hatten**, **rannten** sie los.)*.
Beim Bilden des Plusquamperfekts braucht man die Hilfsverben *haben* und *sein* im Präteritum *(hatten, waren)*.

Futur

→ Seite 46 f.

Das **Futur** bezeichnet das, was in der Zukunft geschehen wird.
- Es wird mit dem Hilfsverb *werden* und dem Infinitiv des Verbs gebildet *(Morgen werde ich anrufen.)*.
- Oft wird das Futur durch das Präsens ersetzt *(Morgen rufe ich an.)*.

Modalverben

→ Seite 60

Die Wörter *können, mögen, dürfen, müssen, wollen, sollen* sind **Modalverben**.

2. Nomen

→ Seite 20, 70–75, 87, 192 ff., 251

- werden großgeschrieben.
- bezeichnen Lebewesen *(Lehrer, Lehrerin, Mutter, …)*; Dinge *(Schirm, Haus, Heft, …)*; Ideen, Gefühle, Zustände *(Physik, Trauer, Durst, Regen, …)*.
- sind **männlich** *(Himmel)*, **weiblich** *(Wolke)* oder **sächlich** *(Wetter)*.
- haben im Satz **Begleiter**, und zwar: bestimmte Artikel *(der, die, das, …)*; unbestimmte Artikel *(ein, eine, …)*; Possessivpronomen (besitzanzeigende Fürwörter) *(mein, dein, sein, ihr, unser, euer, …)*.
- stehen im **Singular** (in der **Einzahl**) oder im **Plural** (in der **Mehrzahl**).
- stehen im Satz in einem bestimmten **Kasus (Fall)** und haben dann **Deklinationsendungen** *(des Hundes, den Hunden, …)*.

Kasus (Fall)	Singular (Einzahl)		Plural (Mehrzahl)
	männlich/sächlich	weiblich	
1. Fall/Nominativ	der Hund/das Rind	die Kuh	die Hunde/die Rinder/die Kühe
2. Fall/Genitiv	des Hundes/des Rindes	der Kuh	der Hunde/der Rinder/der Kühe
3. Fall/Dativ	dem Hund/dem Rind	der Kuh	den Hunden/den Rindern/den Kühen
4. Fall/Akkusativ	den Hund/das Rind	die Kuh	die Hunde/die Rinder/die Kühe

→ Seite 20, 70–73

3. Artikel

- treten als **Begleiter** des Nomens auf (_der_ Affe, _ein_ Floh, …).
- werden unterteilt in **bestimmte Artikel** (_der, die, das_) und **unbestimmte Artikel** (_ein, eine, einer_).

→ Seite 20, 70–73, 87, 98–101, 193 ff.

4. Adjektive

- bezeichnen **Eigenschaften** und **Merkmale** (_alt, klein, gelb_).
- können zwischen Artikel und Nomen stehen und haben dann Endungen (_das kleine Männchen, ein junges Mädchen_).
- können meist **gesteigert** werden

Grundstufe (Positiv)	1. Vergleichsstufe (Komperativ)	2. Vergleichsstufe (Superlativ)
glücklich	glücklicher	am glücklichsten

- werden beim **Vergleichen** verwendet:
  Die Grundstufe verwendet man in Verbindung mit **wie**: _Er ist so **groß wie** du._
  Die 1. Vergleichsstufe verwendet man in Verbindung mit **als**: _Sie ist **größer als** ihre Schwester._

→ Seite 73

Nach den Wörtern _etwas, alles, nichts, manches, viel, wenig_ werden Adjektive wie Nomen gebraucht. Sie werden deshalb großgeschrieben: _Wir wünschen dir alles Gute._

→ Seite 181

5. Adverbien

- sind **nicht veränderbar** (_heute, abends, dort, hier, gern_).
- können mit _Wann? Wo? Wie lange? Wie oft? Wie? Warum?_ erfragt werden.
- werden häufig als Adverbialbestimmungen verwendet.

6. Konjunktionen

→ Seite 159, 160, 210–213

- helfen bei der sinnvollen Verknüpfung von Sätzen.
- *aber, wenn, da, weil, obwohl, dass, denn* sind Beispiele für Konjunktionen (Bindewörter).
- verlangen oft ein Komma.
- Die Konjunktionen *und*, *oder* und *sowie* ersetzen ein Komma.

7. Präpositionen

→ Seite 77, 85

Die Wörter *an, auf, aus, bei, durch, gegen, hinter, vor, in, nach, über, zu* sind **Präpositionen** (Verhältniswörter). Nach diesen Wörtern stehen Nomen:
- im **Dativ** (3. Fall) *(Der Koffer steht in der Kammer/auf dem Boden.)* → Wo?
- im **Akkusativ** (4. Fall) *(Er bringt den Koffer in den Keller/auf den Boden.)* → Wohin?

Manchmal verschmelzen die Präpositionen mit dem Artikel *(an + dem → am; an + das → ans; in + dem → im; in + das → ins; zu + dem → zum; zu + der → zur; bei + dem → beim; von + dem → vom).*

→ Seite 85 ff.

8. Pronomen

→ Seite 120 f.

Man unterscheidet unter anderem:

- **Personalpronomen (persönliche Fürwörter):** *ich, du, er, sie es, wir, ihr, sie* sowie die gebeugten Formen *mir, mich, ihm, ihn, ihr, euch, uns, …*
  Personalpronomen können im Text stellvertretend für Nomen stehen, damit diese nicht ständig wiederholt werden müssen
  (Janina schreibt der Lehrerin einen Brief. Janina möchte mit der Lehrerin sprechen. Sie möchte mit ihr sprechen.).

- **Possessivpronomen (besitzanzeigende Fürwörter):**
  mein, dein, sein, ihr, unser, euer, …
  Possessivpronomen können als Begleiter von Nomen auftreten.
  Sie geben dann an, zu wem etwas gehört *(mein Heft, deine Eltern, seine Freundin, ihr Haustier, unsere Lehrer, eure Klasse, ihr Vorschlag).*

- **Demonstrativpronomen (hinweisende Fürwörter):** *dieser, jener, …*
  Demonstrativpronomen können als Begleiter von Nomen auftreten
  (diese Lehrerin).

- **Fragepronomen:** *wer, was, wie, welcher, …*

- **Anredepronomen:** *du, dir, dich, Sie, Ihnen, Ihres, Ihren*
  Anredepronomen schreibt man groß, wenn man jemanden mit „Sie" anspricht
  (Sie, Ihr, Ihre, Ihnen).

→ Seite 121

Wortfamilie, Wortbildung und Wortfeld

1. Wortfamilie

→ Seite 96 ff.,

Dazu gehören verwandte Wörter mit gleichem oder ähnlichem **Wortstamm** (Grundbaustein) (*fahren, wegfahren, Fahrrad, Auffahrt*).

2. Wortbildung

→ Seite 97

Die meisten Wörter bestehen aus verschiedenen Wortbausteinen. Typische **Nachsilben** (Endbausteine) von Nomen sind *-heit, -keit, -nis, -schaft, -tum, -ung*. Typische **Nachsilben** (Endbausteine) von Adjektiven sind *-ig, -isch, -lich, -bar, -sam*.
Wörter mit demselben **Wortstamm (Grundbaustein)** gehören zu einer Wortfamilie (*fahren, Gefahr, gefährlich*).

→ Seite 96

Neue Wörter können durch Zusammensetzung aus zwei oder mehreren Wörtern gebildet werden. Bei **zusammengesetzten Wörtern** können *s, es, er* oder *n* Verbindungsbausteine sein (*Klasse (= Grundwort) + Fahrt (= Bestimmungswort) = Klassenfahrt*).

→ Seite 99

An der **Nachsilbe** (am Endbaustein) erkennt man oft die Wortart.

→ Seite 196

3. Wortfeld

Zu einem Wortfeld gehören Wörter mit ähnlicher Bedeutung (*sagen, flüstern, sprechen, murmeln*). Man kann mithilfe eines Wörternetzes Wörter zu einem Wortfeld sammeln.

Satzarten

- . **Aussagesätze** werden verwendet, wenn man etwas mitteilen will.
- ! **Aufforderungssätze** werden verwendet, wenn man jemanden um etwas bittet oder zu etwas auffordern will.
- ? **Fragesätze** werden verwendet, wenn man etwas wissen will.
- ! **Ausrufesätze** werden verwendet, wenn man etwas stark betonen will, wie einen Befehl oder einen Ausruf.

→ Seite 129, 158 f., 233

Wörtliche Rede

In Texten wird ein Gespräch in wörtlicher Rede wiedergegeben und mit Anführungszeichen gekennzeichnet. Wer etwas sagt und wie es gesagt wird, steht im Begleitsatz:
Sebastian sagt: „*Jetzt bin ich an der Reihe.*"
Begleitsatz : „*wörtliche Rede.*"

Der Begleitsatz kann vor, nach und zwischen der wörtlichen Rede stehen. Die Anführungszeichen stehen immer am Anfang der wörtlichen Rede unten und am Schluss der wörtlichen Rede oben:

1. Begleitsatz **vor** der wörtlichen Rede:

——————— : „ ～～～～ .“   ——————— : „ ～～～ ?“   ——————— : „ ～～～ !“

2. Begleitsatz **nach** der wörtlichen Rede:

„ ～～～～ “, ——————— .   „ ～～～ ?“, ——————— .   „ ～～～ !“, ——————— .

3. Begleitsatz **zwischen** der wörtlichen Rede:

„ ～～～～ “, ——————— , „ ～～～ .“

Satzglieder

Wörter und Wortgruppen, die man in einem Satz umstellen kann (Umstellprobe),
ohne dass sich dessen Bedeutung verändert, heißen **Satzglieder**.

→ **Seite 179 ff.,
209**

1. Das Prädikat

– bildet in jedem Satz den Satzkern, um den sich die Satzglieder gruppieren
  (*Helene <u>schreibt</u> ihrer Freundin.*).
– wird aus einer Verbform gebildet.
– steht im Aussagesatz an der zweiten Stelle.
– kann auch aus zwei Teilen bestehen und Satzglieder wie eine Klammer umschließen (*Sie <u>hat</u> Geburtstag <u>gefeiert</u>.*).

2. Das Subjekt

– besteht aus Nomen oder Pronomen im 1. Fall (Nominativ).
– erfragt man mit *Wer?* oder *Was?* (*<u>Alex</u> will Lehrer werden.*).

3. Das Dativobjekt

– besteht aus Nomen oder Pronomen im 3. Fall (Dativ).
– erfragt man mit *Wem?* (*Ferhat hilft <u>seiner Schwester</u>.*).

4. Das Akkusativobjekt

– besteht aus Nomen oder Pronomen im 4. Fall (Akkusativ).
– erfragt man mit *Wen?* oder *Was?* (*Anna isst <u>Erdbeerkuchen</u>.*).

→ Seite 180 f.

5. Adverbialbestimmungen

Adverbialbestimmung der Zeit (Temporalbestimmung)
Man erfragt sie mit *Wann? Seit wann? Wie oft? Wie lange?*
(Tobias geht <u>jeden Mittwoch</u> zum Training.)

Adverbialbestimmung des Ortes (Lokalbestimmung)
Man erfragt sie mit *Wo? Wohin? Woher?*
(Marcus fährt mit dem Fahrrad <u>zum Kino</u>.)

Adverbialbestimmung der Art und Weise (Modalbestimmung)
Man erfragt sie mit *Wie? Auf welche Weise?*
(Sie schreibt das Wort <u>mit großen Buchstaben</u>.)

Adverbialbestimmung des Grundes (Kausalbestimmung)
Man erfragt sie mit *Warum? Weshalb? Aus welchem Grund?*
(<u>Deshalb</u> kann man es gut lesen.)

→ Seite 159, 193, 208

6. Relativsätze

Relativsätze werden mit den Relativpronomen *der/die/das* oder *welcher/welche/welches* eingeleitet.
*(Der Fuchs, **der** <u>die Situation erkannt hatte</u>, schmeichelte dem Raben.*
*Die Ameise, **die** <u>sich ans andere Ufer retten konnte</u>, kam mit dem Leben davon.)*

Rechtschreibstrategien

1. Beim Schreiben mitsprechen
→ Seite 18

1. Achte darauf, langsam und deutlich zu schreiben.
2. Gliedere dabei die Wörter in Silben und sprich Silbe für Silbe wie ein Roboter mit.
3. Lies nach jedem Wort noch einmal genau, was du geschrieben hast.
4. Berichtige die Wörter, die du falsch oder undeutlich geschrieben hast.

2. Ableiten
→ Seite 19, 108 ff.

1. Wenn du wissen willst, ob am Ende ein *b, d, g* oder *p, t, k* geschrieben wird, verlängere das Wort (**Verlängerungsprobe**). Bilde:
   - bei Verben den Infinitiv (die Grundform): *er folgt?* → *fol-gen*.
   - bei Nomen den Plural (die Mehrzahl): *Kind?* → *Kin-der*;
   - bei Adjektiven die 1. Vergleichsstufe (Komparativ): *gelb?* → *gel-be*.
2. **t-Signal:** Bilde bei Verben den Infinitiv (die Grundform) und sprich dann in Silben: *kippt* → *kippen*; *schreibt* → *schrei-ben*.
3. Um festzustellen, ob du *ä oder e* bzw. *äu oder eu* schreiben musst: Suche dir ein Wort aus der Wortfamilie, das dir weiterhilft: *täglich* → *der Tag*; *häufig* → *der Haufen*.
4. Wird ein h geschrieben? – Mach das **h am Silbenanfang hörbar,** indem du das Wort verlängerst: *flieht* → *flie-hen*; *dreht* → *dre-hen*.

3. Großschreibung
→ Seite 20, 72

1. Kann man das Benannte sehen und anfassen?
2. Gibt es einen Begleiter, wie *der, die, das; eine; mein* …? (Artikelprobe)
3. Hat das Wort am Ende eine der folgenden Nachsilben (Endbausteine): *-ung, -heit, -keit, -nis, -schaft, -tum?*
4. Lässt sich unmittelbar vor das Wort ein Adjektiv setzen, das sich dabei verändert (Einfügetest): *DER? MANN?* → *alt* → *der alte Mann*
→ Seite 70

4. Merken

Bei manchen Wörtern lassen sich die Rechtschreibstrategien *Mitsprechen, Großschreibung* und *Ableiten* nicht anwenden. Die Schreibung dieser Wörter muss man sich einprägen. Das gelingt durch regelmäßiges Üben oder Eselsbrücken.
→ Seite 21

Wörter mit ä
→ Seite 109

Zu einigen Wörtern mit *ä* gibt es **keine** verwandten Wörter mit *a*.
Diese Wörter musst du dir **einprägen:** *allmählich, Bär, Dämmerung, gähnen, gebären, Käfer, Käfig, Käse, während, nämlich, schräg.*

Wörter mit ß
→ Seite 157

Nach lang gesprochenem *a/ä, o/ö, u/ü* sowie nach *ie, ei* und *au/äu* schreibt man für einen (scharfen) s-Laut *ß.*

Schreibung von Eigennamen

→ Seite 87

Eigennamen bezeichnen eine bestimmte Person oder eine bestimmte Sache, z. B. Straßen, Gebäude, Flüsse und Institutionen *(Braunstraße, Fernsehturm, Elbe, Universität).*

Wenn Adjektive und Präpositionen (Verhältniswörter) als Teile von Eigennamen verwendet werden, schreibt man sie groß *(Breite Straße, Vor dem Alten Tor, Grünes Gewölbe, Gasthof Zum Goldenen Löwen).*

Bindestriche setzt man bei Zusammensetzungen mit mehreren oder mehrteiligen Namen *(Ernst-Reuter-Platz, Johann-Sebastian-Bach-Schule, Sankt-Marien-Kirche, Friedrich-Schiller-Straße).*

Worttrennung am Zeilenende

Mehrsilbige Wörter trennt man nach Sprechsilben, die sich beim langsamen Sprechen von selbst ergeben *(Re-gen-ton-ne, Ba-de-man-tel).*

Einzelne Buchstaben am Wortanfang oder Wortende werden jedoch nicht abgetrennt *(Über-see, Abend-rot).*

Zusammengesetzte Wörter werden nach ihren sprachlichen Bestandteilen getrennt *(Schluss-szene, Glas-auge, Trenn-übung, See-elefant, Straußen-ei, Druck-erzeugnis).*

Man trennt: **pf** und **st** *(Ap-fel, Kis-te).*

Nicht getrennt werden: **ch** *(ko-chen),* **ck** *(ba-cken),* **sch** *(Ti-sche),* **ph** *(Pro-phet),* **th** *(ka-tholisch).*

Schreibung von das/dass

→ Seite 159 ff.

Das Wort **das** ist ein Artikel oder ein Pronomen (Fürwort) und kann durch andere Wörter ersetzt werden, z. B. durch *dieses, jenes, welches.*

Das Auto, **das** *in der Garage steht, gehört Familie Möller.*
→ *Das Auto,* **welches** *in der Garage steht, gehört Familie Möller.*

Die Konjunktion (das Bindewort) **dass** kann <u>nicht</u> durch ein anderes Wort ersetzt werden.

Der *dass-Satz* kann am Anfang oder am Ende eines Satzes stehen:
→ *Einige Experten behaupten, <u>dass es in Zukunft nur noch E-Books geben wird.</u>*
→ *<u>Dass es in Zukunft nur noch E-Books geben wird,</u> behaupten einige Experten.*

Komma bei Aufzählungen

1. Die einzelnen Wörter oder Wortgruppen einer Aufzählung werden durch **Kommas** getrennt, z. B.: → **Seite 206 ff.**
   Im Zirkus gab es Affen, Pinguine, Lamas, Elefanten, Zebras, Löwen.
   Im Zirkus gab es lustige Affen, niedliche Pinguine, spuckende Lamas, Elefanten mit großen Ohren, eine Gruppe Zebras, mehrere Löwen.

2. Die Konjunktionen (Bindewörter) **und** oder **oder** ersetzen das Komma, z. B.:
   Affen und Pinguine, Lamas und Elefanten, Zebras und Löwen haben wir früher schon im Zoo gesehen. Miriam möchte Tierpflegerin oder Tierärztin oder Reitlehrerin werden.

Im Wörterbuch nachschlagen

Abkürzungen und Zeichen im Wörterbuch
→ **Seite 134 ff.**
Erklärungen zu den verwendeten Zeichen und Abkürzungen findet man meist in den „Hinweisen für den Benutzer":

- Ein senkrechter Strich dient zur Angabe der Silbentrennung, z. B. **Amei|sen|hau|fen.**
- Ein Strich unter einem Vokal kennzeichnet die lange, betonte Silbe, z. B. **Ameise.**
- Ein Punkt unter einem Vokal kennzeichnet die kurze, betonte Silbe, z. B. **Amsel.**

Verbformen
→ **Seite 136**
In vielen Wörterbüchern stehen schwierige konjugierte (gebeugte) Formen des Verbs bei dem dazugehörigen Infinitiv (Grundform), z. B. *stram|peln < strampelst, strampelte, hat/ist gestrampelt.*

Liste unregelmäßiger Verben

Grundform	Präsens	Präteritum	Perfekt
befehlen	du befiehlst	ich befahl	ich habe befohlen
beißen	du beißt	ich biss	ich habe gebissen
biegen	du biegst	ich bog	ich habe gebogen
binden	du bindest	ich band	ich habe gebunden
bitten	du bittest	ich bat	ich habe gebeten
blasen	du bläst	ich blies	ich habe geblasen
bleiben	du bleibst	ich blieb	ich bin geblieben
brechen	du brichst	ich brach	ich habe gebrochen
brennen	du brennst	ich brannte	ich habe gebrannt
bringen	du bringst	ich brachte	ich habe gebracht
denken	du denkst	ich dachte	ich habe gedacht
dürfen	du darfst	ich durfte	ich habe gedurft
essen	du isst	ich aß	ich habe gegessen
fahren	du fährst	ich fuhr	ich bin gefahren
fallen	du fällst	ich fiel	ich bin gefallen
fangen	du fängst	ich fing	ich habe gefangen
finden	du findest	ich fand	ich habe gefunden
fliegen	du fliegst	ich flog	ich bin geflogen
fliehen	du fliehst	ich floh	ich bin geflohen
fließen	es fließt	es floss	es ist geflossen
fressen	es frisst	es fraß	es hat gefressen
frieren	du frierst	ich fror	ich habe gefroren
geben	du gibst	ich gab	ich habe gegeben
gehen	du gehst	ich ging	ich bin gegangen
geschehen	es geschieht	es geschah	es ist geschehen
gewinnen	du gewinnst	ich gewann	ich habe gewonnen
gießen	du gießt	ich goss	ich habe gegossen
graben	du gräbst	ich grub	ich habe gegraben
greifen	du greifst	ich griff	ich habe gegriffen
haben	du hast	ich hatte	ich habe gehabt
halten	du hältst	ich hielt	ich habe gehalten
hauen	du haust	ich haute	ich habe gehauen
heißen	du heißt	ich hieß	ich habe geheißen
helfen	du hilfst	ich half	ich habe geholfen
kennen	du kennst	ich kannte	ich habe gekannt
klingen	es klingt	es klang	es hat geklungen
kommen	du kommst	ich kam	ich bin gekommen
können	du kannst	ich konnte	ich habe gekonnt
kriechen	du kriechst	ich kroch	ich bin gekrochen
lassen	du lässt	ich ließ	ich habe gelassen
laufen	du läufst	ich lief	ich bin gelaufen
lesen	du liest	ich las	ich habe gelesen
liegen	du liegst	ich lag	ich habe gelegen
lügen	du lügst	ich log	ich habe gelogen
messen	du misst	ich maß	ich habe gemessen
mögen	du magst	ich mochte	ich habe gemocht
müssen	du musst	ich musste	ich habe gemusst
nehmen	du nimmst	ich nahm	ich habe genommen

Grundform	Präsens	Präteritum	Perfekt
pfeifen	du pfeifst	ich pfiff	ich habe gepfiffen
raten	du rätst	ich riet	ich habe geraten
reißen	du reißt	ich riss	ich habe gerissen
reiten	du reitest	ich ritt	ich bin geritten
rennen	du rennst	ich rannte	ich bin gerannt
riechen	du riechst	ich roch	ich habe gerochen
rufen	du rufst	ich rief	ich habe gerufen
schieben	du schiebst	ich schob	ich habe geschoben
schießen	du schießt	ich schoss	ich habe geschossen
schlafen	du schläfst	ich schlief	ich habe geschlafen
schlagen	du schlägst	ich schlug	ich habe geschlagen
schleichen	du schleichst	ich schlich	ich bin geschlichen
schließen	du schließt	ich schloss	ich habe geschlossen
schneiden	du schneidest	ich schnitt	ich habe geschnitten
schreiben	du schreibst	ich schrieb	ich habe geschrieben
schreien	du schreist	ich schrie	ich habe geschrien
schweigen	du schweigst	ich schwieg	ich habe geschwiegen
schwimmen	du schwimmst	ich schwamm	ich bin geschwommen
sehen	du siehst	ich sah	ich habe gesehen
sein	du bist	ich war	ich bin gewesen
singen	du singst	ich sang	ich habe gesungen
sinken	du sinkst	ich sank	ich bin gesunken
sitzen	du sitzt	ich saß	ich habe gesessen
sprechen	du sprichst	ich sprach	ich habe gesprochen
springen	du springst	ich sprang	ich bin gesprungen
stechen	du stichst	ich stach	ich habe gestochen
stehen	du stehst	ich stand	ich habe gestanden
stehlen	du stiehlst	ich stahl	ich habe gestohlen
steigen	du steigst	ich stieg	ich bin gestiegen
sterben	er stirbt	er starb	er ist gestorben
stinken	es stinkt	es stank	es hat gestunken
stoßen	du stößt	ich stieß	ich habe gestoßen
streichen	du streichst	ich strich	ich habe gestrichen
streiten	du streitest	ich stritt	ich habe gestritten
tragen	du trägst	ich trug	ich habe getragen
treffen	du triffst	ich traf	ich habe getroffen
trinken	du trinkst	ich trank	ich habe getrunken
tun	du tust	ich tat	ich habe getan
vergessen	du vergisst	ich vergaß	ich habe vergessen
verlieren	du verlierst	ich verlor	ich habe verloren
verzeihen	du verzeihst	ich verzieh	ich habe verziehen
wachsen	du wächst	ich wuchs	ich bin gewachsen
waschen	du wäschst	ich wusch	ich habe gewaschen
werden	du wirst	ich wurde	ich bin geworden
werfen	du wirfst	ich warf	ich habe geworfen
wissen	du weißt	ich wusste	ich habe gewusst
ziehen	du ziehst	ich zog	ich habe gezogen
zwingen	du zwingst	ich zwang	ich habe gezwungen

Arbeitstechniken

→ Seite 81 **Was dich stark macht: Einen Fremden etwas fragen** 👄

Sprich einen fremden Erwachsenen immer mit „Sie" an.

Beginne mit einer Begrüßung oder mit „Entschuldigen Sie bitte" oder mit „Entschuldigung", wenn du jemanden ansprichst.

Schau deinen Gesprächspartner an, während du mit ihm sprichst.

Bedanke dich mit einem gut hörbaren „Danke", wenn du eine Antwort bekommen hast.

Wenn du dich schriftlich an eine fremde Person wendest, gilt:

Du redest Erwachsene mit „Sie" an und stellst dich zuerst kurz vor.

Bei einer Bitte oder Frage verwendest du „bitte", und am Schluss bedankst du dich im Voraus für die Bemühungen.

→ Seite 117 **Was dich stark macht: Ein Fest oder ein Projekt planen** ✎

1. Schreibe alles auf, was für dein Fest oder dein Projekt erledigt werden muss. Notiere auch die Dinge, die hinterher getan werden müssen (z. B. aufräumen oder den Helfern danken).
2. Entwirf eine Tabelle als Organisationsplan. Trage alle Aufgaben möglichst geord- net in die linke Spalte ein. Notiere zu jedem Punkt, bis wann er erledigt sein muss.
3. Trage ein, wer dir helfen kann.
4. Wenn du etwas erledigt hast, hake es im Organisationsplan ab.
5. Überprüfe während der Vorbereitung immer wieder, ob du noch im Zeitplan liegst oder ob du an deinem Plan etwas ändern musst.

→ Seite 75, 111 **Ein Selbstdiktat schreiben** ✎

Bei einem Selbstdiktat geht man so vor:

- Lies zuerst den ganzen Text, um den Inhalt zu verstehen.
- Lies danach den ersten Satz und präge ihn dir ein.
- Decke den Text ab und schreibe den Satz aus dem Gedächtnis. Sprich leise oder „in Gedanken" mit. Schwierige Wörter sprichst du am besten, indem du sie nach Silben trennst.
- Danach kommt der zweite Satz: lesen, abdecken, aufschreiben usw.

→ Seite 15, 69, 173 **Eine Rückmeldung geben** 👄

1. Höre beim Vortrag aufmerksam zu. Du kannst dir auch Notizen machen.
2. Nenne zuerst alles, was gut gelungen ist.
3. Beschreibe dann, was dir aufgefallen ist, ohne es zu bewerten.
4. Gib am Schluss deine Tipps so, dass sie dem anderen helfen.

→ Seite 55 **Was dich stark macht: Sich streiten und sich einigen** 👄

1. Setze dich nur mit Worten und nicht mit Fäusten auseinander.
2. Erkenne an, dass andere Menschen eine andere Sicht und andere Interessen haben können.

3. Entschuldige dich, wenn du jemanden gekränkt hast.

4. Gehe kritisch mit Gerüchten um.

5. Beachte die Gesprächsregeln. Beleidige niemanden und nenne gute Gründe für deine Vorschläge.

6. Bemühe dich bei einem Streit um eine faire Lösung für beide Seiten.

Von Erlebnissen erzählen → Seite 24–27

1. Wähle ein Erlebnis aus, das für andere interessant ist.

2. Denke daran, dass die Zuhörer von dem, was du erzählen willst, noch nichts wissen.

3. Mache deine Geschichte spannend. Versuche, die Spannung langsam zu steigern, und komme nach dem Höhepunkt zügig zum Ende.

4. Gestalte deine Erzählung durch passende und auch ungewöhnliche Wörter. Bilde verständliche Sätze, die nicht zu lang sind.

5. Achte auf Mimik und Gestik; mit deiner Körpersprache kannst du die Erzählung eindringlicher gestalten.

6. Beachte die Reaktionen deiner Zuhörer: Komme zur Sache oder steigere die Spannung, wenn das Interesse nachlässt. An manchen Stellen kannst du auch eine Frage stellen, auf die du aber gar keine Antwort erwartest. Das erhöht die Aufmerksamkeit deiner Zuhörer.

Einen Dialogtext auswendig lernen → Seite 65

1. Lies einen Satz, decke ihn ab und wiederhole ihn auswendig.

2. Lerne zuerst nur einen Satz, danach zwei, dann drei usw.

3. Bitte eine Partnerin/einen Partner, den Text der anderen Darsteller zu lesen oder nimm ihn mit einem Aufnahmegerät auf.

4. Präge dir für deinen Einsatz jeweils das letzte Wort deines Vorredners ein.

Ein Rollenspiel durchführen → Seite 53–57

In einem Rollenspiel lernen alle: Spieler *und* Beobachter.
Die Spieler übernehmen eine Rolle. Ihr Verhalten wird vorher abgesprochen.
Sie spielen nicht sich selbst, bringen aber ihre Erfahrungen mit ein.

Die Beobachter beobachten und beurteilen die angebotenen Lösungen.
Sie beurteilen aber nicht die schauspielerische Leistung.

Das Vorlesen eines Textes vorbereiten → Seite 15, 157, 173

1. Lies den Text einige Male halblaut.

2. Mache bei jedem Satzzeichen eine Pause.

3. Senke bei einem Punkt die Stimme.

4. Entscheide, wo du laut und wo du eher leise sprichst.

5. Überlege dir, welche Stellen du besonders betonst.

→ Seite 228

Arbeitsergebnisse präsentieren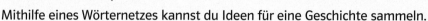

1. Überlege dir vorher, wie du deine Präsentation interessant und anschaulich machen kannst (mit Bildern, Geräuschen, Gegenständen, Plakaten, ...).
2. Wenn du einen Text vorträgst, markiere dir vorher mit Zeichen, welche Wörter du betonen willst, wo du Pausen machst, wo du laut und leise sprichst.
3. Atme ruhig durch, bevor du beginnst. Sprich laut und deutlich und nicht zu schnell.
4. Unterstütze deinen Vortrag mit passenden Handbewegungen.
5. Schau deine Zuhörer an.

→ Seite 104, 107, 177

Ein Wörternetz knüpfen 🖊

Mithilfe eines Wörternetzes kannst du Ideen für eine Geschichte sammeln.

1. Schreibe ein wichtiges Wort, das in der Geschichte vorkommen soll, in die Mitte des Blattes.
2. Überlege, welche Wörter dir dazu einfallen.
3. Schreibe sie um das Wort herum.

Ein Wörternetz kannst du auch nutzen, wenn du z. B. Wörter zu einem Wortfeld sammeln willst.

→ Seite 38, 103, 107

Interessant und spannend schreiben

1. Denke daran, dass die Leser deine Geschichte nicht kennen. Schreibe, wann und wo sie sich ereignet hat und wer daran beteiligt war.
2. Die Geschichte wird spannender, wenn du solche Zeitangaben verwendest: *plötzlich, auf einmal, gerade als, ...*
3. Auch durch Adjektive kannst du die Spannung erhöhen: *stockdunkel, gefährlich, ...*
4. Erinnere dich daran, was du während des Erlebnisses gedacht und gefühlt hast, z. B. *Was war das? Ob das gut geht? Ich hatte Herzklopfen. Ich zitterte, ...*
5. Schreibe auch, was gesprochen wurde. Verwende die direkte/wörtliche Rede.
6. Gib deiner Geschichte eine Überschrift, die neugierig macht, aber nicht zu viel verrät.

→ Seite 39, 95 f.

Eine Geschichte mithilfe eines Erzählplans weiterschreiben

1. Überlege, welche Möglichkeiten es für den Fortgang der Geschichte gibt (z. B. wie die Personen handeln könnten). Entscheide dich für eine Möglichkeit. Schreibe deine Entscheidung auf.
2. Überlege, was dann passieren könnte. Dabei kommst du wieder an einen Entscheidungspunkt. Notiere deine Entscheidung.
3. Durchdenke auf diese Weise die gesamte Geschichte. Halte die einzelnen Erzählschritte fest und entwirf so deinen Erzählplan.
4. Gehe am Schluss mithilfe des Erzählplans deine Geschichte in Gedanken durch: Passt alles zusammen? Fehlt etwas?
5. Schreibe die Geschichte nun anhand deines Plans auf.

Eine Schreibkonferenz durchführen → Seite 103, 129, 131

1. Setzt euch in Gruppen zusammen.
2. Einer aus der Gruppe liest seine Geschichte vor. Dann können die anderen Fragen stellen, falls etwas in der Geschichte unklar sein sollte.
3. Besprecht gemeinsam folgende Fragen und gebt dem Verfasser eine Rückmeldung: *Was hat euch besonders gut gefallen? Was hat euch nicht gefallen? Konntet ihr der Geschichte bis zum Schluss folgen oder gab es „Erzähllöcher"? Passt die Überschrift zum Text? Weckt sie das Interesse der Zuhörer/Leser?*
4. Der Verfasser macht sich Notizen und überarbeitet anschließend seine Geschichte. Dabei achtet er auf die sprachliche Richtigkeit.

Was dich stark macht: Ein Gedicht wirkungsvoll vortragen → Seite 153, 155

1. Übe den Gedichtvortrag vor einem Spiegel: Schaue dich an und kontrolliere deine Haltung.
2. Stehe entspannt und selbstbewusst. Achte auf ein angemessenes Sprechtempo, mache an den passenden Stellen Pausen.
3. Warte beim Vortrag vor Zuhörern so lange, bis es ganz ruhig geworden ist.
4. Schaue während deines Vortrags die Zuhörer an.
5. Unterstütze deinen Vortrag durch Mimik und Gestik. Untermale ihn mit passender Mimik
6. Bleibe nach dem Vortrag noch einen Moment stehen, bis sich die Spannung bei den Zuhörern gelöst hat.

Eine Einladung schreiben → Seite 115

1. Inhalt
– Nenne das Ereignis, zu dem du einlädst.
– Gib an, wer das Ereignis veranstaltet und wer einlädt.
– Informiere über das Datum, die Uhrzeit und den Veranstaltungsort.
– Gib an, ob die Besucher sich anmelden sollen und ob ein Eintrittspreis erhoben wird.

2. Form
– Entscheide, welche Form die Einladung haben soll (Einladungskarte, Einladungsbrief, Plakat, Flyer, E-Mail, Anzeige in einer Zeitung).

3. Gestaltung
– Ordne die Inhalte klar und übersichtlich auf dem Papier an (Tabelle, fortlaufender Text).
– Hebe wichtige Inhalte besonders hervor (Überschrift als Blickfang, Unterstreichungen, große Schrift, Farben).
– Entscheide, ob Zeichnungen oder Bilder verwendet werden sollen.

Einen längeren Text lesen und verstehen → Seite 199

1. Lies die Überschrift: Was erzählt sie dir?
2. Gibt es Bilder zum Text? Was zeigen sie dir?

3. Lies den ganzen Text Abschnitt für Abschnitt. Überlege nach jedem Abschnitt, was darin steht. Wenn du dir unsicher bist, lies ihn noch einmal.

4. Wichtige Informationen kannst du mit W-Fragen (Wer? Was? Wann? Wo? Wie? Warum? Mit welchen Folgen?) herausfinden. Du kannst auch jedem Abschnitt eine Überschrift geben.

5. Welche Wörter oder Sätze helfen dir, den Inhalt des Textes einzuprägen? Schreibe sie auf oder unterstreiche auf Folie.

6. Welche Wörter oder Sätze verstehst du noch nicht? Kläre sie!

→ Seite 129, 133   Einen Bericht schreiben

Ein Bericht soll über Ereignisse informieren. Schreibe daher **sachlich** und **genau**. Vermeide das Darstellen aller persönlichen Eindrücke, Wertungen und Gefühle.
Formuliere eine passende **Überschrift**.
Beantworte im **Einleitungssatz** die Fragen: Wer? Wann? Wo? Was?
Anschließend folgen die **genaueren Informationen** über den Grund (Warum?), den Hergang (Wie? Was ist passiert?) und die Folgen des Geschehens (Mit welchen Folgen?).
Schreibe stets im **Präteritum**.
Vermeide wörtliche Rede.
Prüfe abschließend, ob dein Bericht alle **W-Fragen** beantwortet.

→ Seite 131   Vorgangsbeschreibung: Kochen nach Rezept

1. Zähle im ersten Teil deines Rezeptes alle notwendigen Zutaten mit den nötigen Mengenangaben auf, z. B. *zwei Eier, 300 g Mehl, eine Messerspitze Zimt, ...*

2. Erwähne, für wie viele Personen das Rezept gedacht ist.

3. Entscheide, wie du den Leser/die Leserin des Rezeptes ansprechen willst. Verwende
   – den Imperativ: *Nimm eine Prise Salz und streue sie ...*
   – die unpersönliche Form: *Man verwendet dafür ... mixt man ...*
   – die du-Form: *Du halbierst die Tomaten ... anschließend erhitzt du ...*
   – die Sie-Form (Höflichkeitsform): *Bereiten Sie am Vorabend ... Zerschneiden Sie ...*

4. Beschreibe im zweiten Teil die einzelnen Arbeitsschritte. Achte dabei besonders auf eine sinnvolle Reihenfolge: *Zunächst bringst du die Milch zum Kochen, erst dann schlägst du die Eier auf ...* oder *Lege als Vorbereitung drei Stunden vor dem Grillen das Fleisch ein. Vermenge dafür das Olivenöl, den Knoblauch und einige Blätter frischen Salbei ...* oder *Man erhitzt das Fett und bäckt darin den Teig aus.*

5. Verwende das Präsens.

6. Schreibe sachlich, d. h. ohne Gefühle oder Bewertungen. Gib aber Hinweise, wenn z. B. die Gefahr besteht, sich zu verletzen.

Ein Diagramm lesen und verstehen

→ Seite 165, 167, 218

1. Lies die Überschrift. Formuliere in einem Satz, was das Diagramm zeigt.
2. Notiere, um welche Art von Diagramm es sich handelt und woran du die Ergebnisse ablesen kannst (Größe des Ausschnittes, Höhe der Säulen, Länge der Balken).
3. Prüfe, welche weiteren Angaben das Diagramm enthält.
4. Notiere, was du über den höchsten und den niedrigsten Wert herausfinden kannst.
5. Formuliere deine Erkenntnisse in ganzen Sätzen.

Ein Buch vorstellen

→ Seite 173, 216 ff.

1. Suche dir ein Buch aus, das dir gefällt.
2. Wähle eine geeignete Textstelle aus, die du vorlesen willst.
3. Prüfe beim ersten lauten Lesen, wie viel Zeit du dafür benötigst.
4. Übe nun das Vorlesen. Lies die besonders schwierigen Textstellen mehrmals. Achte auf deutliche Aussprache, angemessenes Lesetempo und passende Betonung.
5. Überlege dir, mit welchen Worten du deine Buchvorstellung einleiten möchtest und wie du zu dem ausgewählten Textausschnitt hinleiten willst.
6. Übe die Einleitung, als würdest du einen Vortrag halten.
7. Schreibe dir Redekärtchen mit Stichpunkten. Denke auch an die Begrüßung der Zuhörer und den Dank am Ende.
8. Übe deine Präsentation.

Checkliste zur Freiarbeit

→ Seite 228

1. **Planung**
   - ☑ Material zum Thema besorgen
   - ☑ die Arbeitsweise und die Art der Präsentation festlegen
   - ☑ einen Zeitplan erstellen und die Aufgaben verteilen
2. **Erarbeitung**
   - ☑ wichtige Informationen und spannendes Material zusammentragen
   - ☑ Informationen und andere Materialien interessant aufbereiten
   - ☑ die Präsentation vorbereiten
3. **Präsentation**
   - ☑ das Ergebnis und den Weg mit einem Plakat vorstellen

Im Team zusammenarbeiten

→ Seite 228

1. Halte dich an das, was ihr vereinbart habt.
2. Grenze niemanden aus und lass auch andere Meinungen gelten.
3. Bringe deine Ideen ein.
4. Sei bereit, Schwächeren zu helfen.
5. Stelle deine Interessen für das gemeinsame Ziel zurück.

Autorenverzeichnis

Anders, Günter wurde 1902 in Breslau geboren und starb 1992 in Wien. Er floh 1933 vor den Nationalsozialisten, weil er jüdischer Herkunft war. In seinen Schriften zeigte er sich als Gegner des Nationalsozialismus. Günther Anders war Philosoph. Er schrieb zahlreiche Sachbücher, einige Erzählungen sowie Gedichte.

Der Löwe, Seite 197

Andersen, Hans Christian wurde 1805 in Odense/Dänemark geboren und starb 1875 in Kopenhagen. Mit dem Buch „Märchen, für Kinder erzählt" wurde er als Schriftsteller weltberühmt. Seine bekanntesten Märchen sind „Das Mädchen mit den Schwefelhölzern" und „Das hässliche Entlein".

Die Prinzessin auf der Erbse, Seite 172/173

Äsop lebte etwa in der Mitte des 6. Jahrhunderts vor Christi Geburt in Thrakien/Griechenland, angeblich als Sklave. Nach seiner Freilassung soll er großen Ruhm erlangt haben. Er ist einer der bekanntesten Fabeldichter.

Der Löwe, der Eber und die Geier, Seite 188/189
Der Löwe und die Mücke, Seite 191
Maus und Frosch, Seite 185

Browne, Anthony wurde 1946 in Sheffield/England geboren und ist ein bekannter Illustrator und Autor von Kinderbüchern. Für seine vielen Bilderbücher erhielt er bereits zahlreiche internationale Auszeichnungen. Besonders beliebt sind die Bücher über den Schimpansen „Willy".

Der Tunnel, Seite 36/37

Busta, Christine wurde 1915 in Wien geboren, wo sie 1987 auch starb. Sie führte ein schweres, entbehrungsreiches Leben. Bereits im Alter von 14 Jahren musste sie selbst für ihren Lebensunterhalt sorgen. In ihren Gedichten verarbeitete sie ihre Erfahrungen. Christine Busta wurde mit zahlreichen Literaturpreisen für ihr dichterisches Schaffen geehrt.

Der Sommer, Seite 151

Busch, Wilhelm wurde 1832 in Wiedensahl bei Hannover geboren und starb 1908 in Mechtshausen/Harz. Er ist von den deutschen Autoren, die lustige Texte verfasst haben, einer der bekanntesten. Seine Bildergeschichten (z. B. „Max und Moritz" oder „Die fromme Helene") sind weltweit bekannt. Auch seine Kalendergeschichten werden heute noch gern gelesen.

Eule und Star, Seite 197

Ebner-Eschenbach, Marie von wurde 1830 in Mähren geboren und starb 1916 in Wien. Sie gehört zu den bedeutendsten Erzählerinnen des 19. Jahrhunderts. Bekannt wurden auch ihre Aphorismen und Gedichte.

Die Doppelfreude, Seite 197

Erhardt, Heinz gehörte zu den beliebtesten Komikern Deutschlands. 1909 in Riga geboren, lebte er abwechselnd in Lettland, Russland und Deutschland. In den dreißiger Jahren des 20. Jahrhunderts trat er mit komischen Texten und selbst komponierten Liedern auf und erhielt im Berliner „Kabarett der Komiker" sein erstes Engagement. Während des II. Weltkrieges schrieb er Friedensgedichte. Nach Kriegsende zog Erhardt nach Hamburg, wo er als Moderator fürs Radio und später auch für Film und Fernsehen arbeitete. Der Entertainer, Schauspieler und Dichter starb im Alter von 70 Jahren in Hamburg-Wellingsbüttel.

Die Made, Seite 149

Frank, Karlhans wurde 1937 in Düsseldorf geboren und starb 2007 in Gelnhaar (Hessen). Er war Schriftsteller, arbeitete aber auch als Regisseur und Übersetzer. Neben zahlreichen Geschichten und Gedichten für Kinder und Erwachsene schrieb er auch Hörspiele und Filmdrehbücher.

Du und ich, Seite 231

Fühmann, Franz wurde 1922 in Rokytnice/Rochlitz in Böhmen geboren und starb 1984 in Berlin. In der DDR war er ein bekannter Autor und veröffentlichte vor allem Romane und Essays für

Erwachsene. Sehr beliebt waren aber auch seine Kinder- und Jugendbücher.

Die Geschichte vom kleinen Und, Seite 94

Goethe, Johann Wolfgang (von) wurde 1749 in Frankfurt am Main geboren und starb 1832 in Weimar. Er gilt als der bedeutendste deutsche Dichter. Sein berühmtestes Werk ist das Drama „Faust", doch auch viele seiner anderen Theaterstücke werden heute noch gespielt. Darüber hinaus schrieb Goethe auch Romane („Die Leiden des jungen Werther") und naturwissenschaftliche Abhandlungen. Viele seiner Balladen (u. a. der „Erlkönig") und Gedichte sind sehr bekannt.

Erlkönig, Seite 154

Grimm, Albert Ludwig wurde 1786 in Schluchtern bei Heilbronn geboren und starb 1872 in Baden-Baden. Er war ein Verwandter von Jakob und Wilhelm Grimm und veröffentlichte ebenfalls Märchen.

Die beiden Ziegen, Seite 195

Grimm, Jacob wurde 1785 in Hanau geboren und starb 1863 in Berlin. Er war ein bedeutender Sprach- und Literaturforscher und gilt als Begründer der Wissenschaft von der deutschen Sprache und Literatur. Zusammen mit seinem Bruder Wilhelm veröffentlichte er die Kinder- und Hausmärchen (1812 – 1815 in zwei Bänden) sowie das Deutsche Wörterbuch.

Grimm, Wilhelm wurde 1786 in Hanau geboren und starb 1859 in Berlin. Er gilt als der eigentliche Sammler der deutschen Märchen und Sagen, die er zusammen mit seinem Bruder Jacob herausgab.

Der Froschkönig (Ausschnitt), Seite 175
Der süße Brei, Seite 176
Hänsel und Gretel (Ausschnitt), Seite 181

Grosche, Erwin wurde 1955 in Anröchte geboren. Er ist Schauspieler, Sprecher, Kabarettist, Musiker und Autor von Kinder- und Jugendbüchern. Seine Reime

und Lautgedichte für Kinder und Erwachsene, seine Gebetbücher, Geschichten und Bühnentexte sind oft skurril und komisch, lautmalerisch und voller Poesie. Grosches Bücher wurden in zahlreiche Sprachen übersetzt. Er ist Botschafter der *Stiftung Lesen* und wurde u. a. mit dem *Peter-Hille-Literaturpreis für Kabarett und poetische Kleinkunst* geehrt. Erwin Grosche lebt und arbeitet in Paderborn.

Der Föhn, Seite 153

Hacks, Peter stammt aus Breslau, wo er 1928 geboren wurde. Er studierte Soziologie, Philosophie, Literatur- und Theaterwissenschaft in München. 1955 siedelte Hacks in die DDR über. Er arbeitete als Schriftsteller, Essayist und Übersetzer, schrieb Hör- und Fernsehspiele und gehörte schon bald zu den bedeutendsten und einflussreichsten Dramatikern der DDR. Er starb 2003 in der Nähe von Groß Machnow.

Der Herbst steht auf der Leiter, Seite 150

Härtling, Peter wurde 1933 in Chemnitz geboren. Nach dem II. Weltkrieg arbeitete er zunächst als Redakteur für verschiedene Zeitungen. Er war Cheflektor des S. Fischer Verlages in Frankfurt am Main. Seit 1974 arbeitet Peter Härtling als freier Schriftsteller. Er schreibt vorwiegend Lyrik und Prosa. Bekannt sind seine zahlreichen Romanbiografien z. B. über Friedrich Hölderlin, Franz Schubert und Robert Schumann. 2003 erhielt Peter Härtling für sein Gesamtwerk den *Deutschen Bücherpreis*.

Oma (Ausschnitt), Seite 234

Henkes, Kevin wurde 1960 in Racine/Wisconsin, USA geboren. Er begann früh mit dem Malen und gestaltete mit 19 Jahren sein erstes Bilderbuch, das 1981 veröffentlicht wurde. Seitdem hat er zahlreiche Kinderbücher geschrieben und illustriert. In Deutschland wurde er vor allem mit dem 1996 erschienenen Kinder- und Jugendroman „... und dann kam Joselle" bekannt, der in vielen Schulen zur offiziellen Lektüre gehört.

... und dann kam Joselle (Ausschnitt), Seite 220/221

Kästner, Erich wurde 1899 in Dresden geboren und starb 1974 in München. Er zählt zu den beliebtesten Kinder- und Jugendbuchautoren Deutschlands. Zu seinen bekanntesten Werken gehören „Emil und die Detektive", „Das doppelte Lottchen", „Pünktchen und Anton" und „Das fliegende Klassenzimmer", die auch alle verfilmt wurden. Seine Gedichte voller Humor und Zeitkritik werden ebenfalls gern gelesen.
Die Sache mit den Klößen, Seite 156

Kilian, Susanne wurde 1940 in Berlin geboren und lebt in Wiesbaden. Sie war Lehrerin und Buchhändlerin und schreibt Geschichten für Kinder- und Jugendliche.
Träumen, Seite 28/29

La Fontaine, Jean de wurde 1621 in Château-Thierry/Frankreich geboren und starb 1695 in Paris. Er studierte Jura und begann zu dichten. Weltberühmt wurde La Fontaine durch seine über 200 Fabeln. Da die meisten davon in Versform geschrieben sind, wird er häufig als „König der Verse" bezeichnet.
Der Wolf und der Storch, Seite 190
Die Ameise und die Taube, Seite 186

Lessing, Gotthold Ephraim wurde 1729 in Kamenz/Lausitz geboren und starb 1781 in Braunschweig. Er studierte in Leipzig Theologie und Medizin, später arbeitete er als Bibliothekar in der „Herzog-August-Bibliothek" in Wolfenbüttel. Lessing war ein vielseitig interessierter Schriftsteller. Sein Theaterstück „Nathan der Weise" wird regelmäßig in deutschen Theatern gespielt. Seine Fabeln machen ihn bis heute zu einem bekannten und beliebten Autor.
Der Rabe und der Fuchs, Seite 194

London, Jack wurde 1876 in San Francisco/USA geboren. Früh lernte er das harte Leben in den amerikanischen Fabriken kennen, fuhr zur See und ging auf Goldsuche in Alaska. Diese Erfahrungen verarbeitete er in seinen Romanen und Berichten. Er wurde berühmt und wohlhabend. Jack London starb mit nur 40 Jahren auf seiner Farm in Kalifornien.
Wolfsblut (Auszug), Seite 216/217

Lutz, Herbert wurde 1950 in Calw geboren und lebt in Bad Teinach. Er ist Verlagslektor und Autor.
Die fremden Schafe, Seite 229

Maar, Paul wurde 1937 in Schweinfurt geboren und lebt in Bamberg. Er schreibt fast nur für Kinder und Jugendliche und illustriert seine Bücher meist selbst. Besonders bekannt sind seine Geschichten vom „Sams", die auch verfilmt wurden.
Eine Woche voller Samstage (Ausschnitt), Seite 66/67

Manz, Hans wurde 1931 in Wila/Schweiz geboren und lebt als freier Schriftsteller und Journalist in Zürich und in der Toskana. Bekannt wurde er durch seine Sprachspielbücher, etwa das „Sprachbuch für Kinder und Neugierige: Die Welt der Wörter". Daneben veröffentlichte er Erzählungen, einen Roman und verschiedene Kinderbücher.
Was Worte alles können, Seite 232

Morgenstern, Christian wurde 1871 in München geboren. Er studierte Jura, Kunstgeschichte und Philosophie in Berlin und arbeitete als Journalist, Dramaturg und Übersetzer. Berühmtheit erlangte er mit seinem lyrischen Schaffen. Besonders seine Gedichtsammlung „Galgenlieder" zeugen vom Sinn fürs Groteske, von Humor und außerordentlichem Sprachwitz. Morgenstern starb 1914 in Meran.
Der Schnupfen, Seite 151

Petzoldt, Leander Zum Leben dieses Autors gibt es keine gesicherten Informationen.
Tom und der Neue (Hörspiel von Leander Petzoldt nach Mark Twain), Seite 56/57

Rhenius, Barbara
Zur Biografie dieser Autorin gibt es keine gesicherten Informationen.
Geisterstunde, Seite 152

Ringelnatz, Joachim wurde 1883 in Wurzen geboren und starb 1934 in Berlin. Er übte etwa dreißig Berufe aus und fuhr sein Leben lang als Matrose zur See. Von seinen Erlebnissen und Erfahrungen versuchte er als Kabarettist auf der Bühne, als Maler und als Schriftsteller zu erzählen. Sein dichterisches Werk ist sehr vielfältig. Berühmt wurde seine humoristische Gedichtsammlung „Kuddel Daddeldu". Ringelnatz veröffentlichte aber auch Erzählungen, Grotesken, Märchen und Kinderbücher. Während der Zeit des Faschismus galt sein Werk als „entartet".

Die Seifenblase, Seite 148

Schnurre, Wolfdietrich wurde 1920 in Frankfurt am Main geboren und starb 1989 in Kiel. Er arbeitete als Theater- und Filmkritiker und wurde in Deutschland vor allem durch seine zahlreichen Kurzgeschichten bekannt. Er schrieb zudem Fabeln, Hör- und Fernsehspiele, Romane und Kinderbücher.

Mein Umgang mit Geistern, Seite 14/15

Tolstoi, Leo N. wurde 1828 in Jasnaja Poljana/Russland geboren und starb 1910 in Astapowo/Russland. Er war ein bedeutender russischer Dichter. Zahlreiche seiner oft mehrteiligen Romane wurden weltberühmt, so zum Beispiel „Krieg und Frieden" oder „Anna Karenina".

Der große Bär, Seite 178

Twain, Mark, mit richtigem Namen Samuel Langhorne Clemens, wurde 1835 in Florida/Missouri, USA geboren und starb 1910 in Redding/Connecticut, USA. Seine Werke gehören zu den wichtigsten in der amerikanischen Literatur. Seine Romane „Die Abenteuer Tom Sawyers" und „Die Abenteuer und Fahrten des Huckleberry Finn" sind bis heute vor allem bei jugendlichen Lesern sehr beliebt.

Tom und der Neue (Hörspiel von Leander Petzoldt nach Mark Twain), Seite 56/57

Textarten

Bericht

Bei einem Bericht wird ein Ereignis oder Geschehen in sachlicher Sprache und meist im Präteritum dargestellt. Der Berichtende verzichtet dabei auf eine Wertung des Geschehens und überlässt es dem Hörer oder Leser, sich eine eigene Meinung zu bilden. Mithilfe der W-Fragen kann man einem Bericht die notwendigen Informationen entnehmen.

Exkursion in die Hauptstadt, 82
Von Amts wegen, 240/241
Wie groß darf das Risiko sein?, 168

Bildzeichen (Piktogramm)

Ein grafisch gestaltetes Zeichen, das der Betrachter möglichst schnell verstehen soll.

Bildzeichen, 78/79

Brief/E-Mail

Briefe sind schriftliche Mitteilungen, die von einem Absender (der den Brief verschickt) an einen Adressaten (der den Brief erhält) geschickt werden. Die wichtigsten Briefformen sind Privatbriefe und Geschäftsbriefe. Vor allem bei Geschäftsbriefen müssen bestimmte Regeln für den Aufbau eingehalten werden. Zunehmend nutzen viele Menschen die Möglichkeiten des Internets und verschicken E-Mails (siehe **Kleines Computerlexikon, Seite 269**).

Bewerbung, 31
Briefe aus einer Schülerzeitung, 75
Carolines E-Mail, 130
Einladungen (Muster), 112-115, 118, 120/121, 122
Elternbrief, 127
Heulgeräusche rauben Nachtruhe, 30
Hülya an Johanna, 32
Jules E-Mail, 142
Leserbriefe, 75
Liebe Debora, 49
Liebe Eltern, 35
Sorgenbriefkasten, 61

Erzählung/Geschichte

In der Literatur versteht man unter Erzählungen – im Gegensatz beispielsweise zum Roman – kürzere Texte, zu denen z. B. Märchen, Kurzgeschichten und Novellen gehören. Inhaltlich gibt es dabei keine Einschränkungen. Eine genaue Zuordnung der Erzählung ist oft sehr schwer. So sollte sie zum Beispiel einen Umfang von etwa sechs bis 60 Seiten haben. Häufig bezeichnet man kürzere Texte auch als Geschichten.

Fabel

In diesen kurzen Geschichten treten meist Tiere auf, die wie Menschen sprechen und handeln und unterschiedliche Eigenschaften (zum Beispiel Neid, Geiz, Dummheit, Klugheit oder Faulheit) besitzen. Am Ende kommt es zu einer überraschenden Wendung (Pointe). Oft formuliert der Dichter außerdem eine Lehre. Damit will er den Leser zu einem bestimmten Verhalten anregen.

Gedicht

In der Antike begleiteten fahrende Sänger ihren Vortrag auf der „Lyra", einem Saiteninstrument. Deshalb heißt der Oberbegriff für alle Gedichtformen Lyrik. Gedichte sind meist kürzere Texte in einer besonderen Gestaltung. Die Einteilung in Strophen und Verse, ein besonderer Sprachrhythmus, gereimt oder auch ungereimt, Wiederholungen von Wörtern oder Sätzen, eine bildreiche Sprache und bildhafte Anordnungen sind kennzeichnend für die Textart Gedicht.

Gespräch

Wenn sich mehrere Personen in ständigem Wechsel miteinander unterhalten, nennt man das ein Gespräch. Sind es nur zwei Personen, dann nennt man dieses Gespräch einen Dialog.

Jugendbuch

Als Kinder- und Jugendliteratur bezeichnet man Bücher, die für junge Menschen zwischen drei und etwa 18 Jahren geschrieben werden. Allerdings gibt es nicht immer eine klare Alterstrennung. So lesen auch viele Erwachsene zum Beispiel gerne Märchen oder Fantasy-Romane, während Jugendliche durchaus auch Gedichte oder Erzählungen verstehen, die ursprünglich nicht für sie geschrieben wurden. Im 18. und 19. Jahrhundert dienten Jugendbücher fast nur der Erziehung. Die heutige Jugendliteratur möchte unterhalten, spannende und interessante Geschichten erzählen, die natürlich auch zum Nachdenken anregen sollen. Das Zusammenleben der Menschen, schulische und familiäre Probleme, geschichtliche Ereignisse, Freundschaft und erste Liebe, lustige Situationen, abenteuerliche Expeditionen und kriminalistische Ermittlungen sind nur einige der vielfältigen Themen heutiger Kinder- und Jugendliteratur.

Märchen

„Es war einmal" – wenn eine Geschichte mit diesen Worten beginnt, weiß der Leser sofort, dass es sich nur um ein Märchen handeln kann. Die Handlung ist fantastisch, Tiere können sprechen, Hexen und Zauberer erfüllen Wünsche oder bestrafen böse Menschen. Über Jahrhunderte hinweg haben sich die Menschen immer wieder diese Geschichten erzählt. Jeder hat die Handlung etwas ausgeschmückt. Diese sogenannten Volksmärchen wurden erstmals im 19. Jahrhundert von den Brüdern Grimm gesammelt und veröffentlicht. Später haben Dichter wie Hans Christian Andersen oder Wilhelm Hauff neue Märchen geschrieben (sie heißen deshalb Kunstmärchen). Sie sind heute bei Jung und Alt genauso beliebt.

Sachtext: Sachtexte sind keine literarischen Texte wie Romane oder Erzählungen; sie erzählen also keine „erfundenen" Geschichten. Meist beschäftigen sie sich mit einem bestimmten Thema (zum Beispiel aus der Geschichte, dem Sport oder den Naturwissenschaften) und sollen dem Leser Informationen dazu geben. Sachtexte gibt es in den unterschiedlichsten Formen – vom Lexikonartikel bis zum Fachbuch, von Gesetzestexten bis hin zu Protokollen, Zeitungsmeldungen, Anleitungen oder Unfallberichten. Sie können auch Fotos, Illustrationen oder grafische Übersichten enthalten.

Spielszene (Szenisches Spiel)

In einem Film oder einem Theaterstück spricht
man von einer Szene, wenn in einem Zeitabschnitt
die Personen und der Ort der Handlung gleich
bleiben. Spielszenen sind sozusagen sehr kurze
Theaterstücke ohne großen Aufwand. Zu ihnen
zählt man auch Dialoge (ein Gespräch zwischen
zwei Personen), pantomimische Stücke (eine
Szene ohne Worte, nur mit Mimik und Gestik)
sowie Stegreifspiele (eine Szene, die vorher nicht
geprobt wird). Ohne Publikum sollte eine Spiels-
zene natürlich nicht aufgeführt werden.

Spruch (Ausspruch)

Früher wurden vor allem Gedichte oder Dramen
durch Sinn- und Denksprüche unterbrochen oder
beendet. Viele dieser „geflügelten Worte" sind
auch heute noch bekannt. In der heutigen Zeit
werden Aussprüche von Persönlichkeiten (zum
Beispiel von Künstlern oder Politikern) aber auch
in vielfältiger Form aus Texten oder Reden entnommen.

Zeitungsmeldung

Eine Meldung informiert sehr kurz, sachlich und
ohne eine persönliche Meinung über ein Ereignis.
Sie enthält Antworten auf die W-Fragen: Wer?
Was? Wann? Wo? Warum? Meist steht eine Meldung im Präteritum. Ein Bericht enthält darüber
hinaus einige zusätzliche Informationen zum
Geschehen.

Kleines Computerlexikon

Adressbuch

In einem elektronischen Adressbuch kannst du zum Beispiel die E-Mail-Adressen deiner Freunde oder anderer wichtiger Kontaktpersonen sowie weitere Angaben zu ihnen speichern. Dieses Programm läuft unter MS-Windows, der Zugriff erfolgt vor allem durch die bekannten Anwendungen Word Outlook (Outlook Express) oder Access.

Automatische Weiterleitung

Wenn du eine Webadresse eingibst, kann es sein, dass du unmittelbar oder nach einer bestimmten Zeit automatisch auf eine andere (neue oder aktualisierte) Webseite weitergeleitet wirst. Dies kann zum Beispiel geschehen, wenn es sich bei deiner Eingabe um eine veraltete Web-Adresse handelt, der Besitzer also „umgezogen" ist. In vielen Fällen findest du auf der „leeren" Seite dazu eine kurze Information. Manchmal erfolgt die automatische Weiterleitung aus gestalterischen Gründen (zum Beispiel öffnet sich eine kurze Begrüßungsseite, bevor man auf die tatsächliche Seite gelangt). Das gefällt jedoch nicht immer allen Besuchern der Seite, vor allem, wenn sie diese häufig aufrufen.

Datei-Anhang

Einer E-Mail kannst du eine Datei (zum Beispiel ein Word-Dokument) anhängen und mit versenden. Eine Datei ist eine Sammlung von Informationen mit jeweils ähnlichem Inhalt. Das können zum Beispiel Zeichen, Texte oder Bilder sein. Man nennt diese Informationen Daten. Sie werden in einem „Speicher" aufbewahrt, damit man sie wieder lesen oder auch verändern kann. Der Begriff Datei ist von dem Wortpaar Daten/Kartei abgeleitet. Man spricht deshalb von einem Kunstwort.

E-Mail

Im Internet kannst du blitzschnell, ohne Briefmarken, Nachrichten versenden oder erhalten. Mit der elektronischen Post (electronic mail = E-Mail) lassen sich aber nicht nur Texte, sondern auch Bilder, Musik und sogar Videos mithilfe von angehängten Dateien in die ganze Welt verschicken.

E-Mail-Adresse

Die persönliche Postadresse ist für dich als Benutzer (User) im Internet wichtig, damit du dich eindeutig identifizieren (ausweisen) kannst. Außerdem benötigst du sie häufig als Zugangsberechtigung, um an bestimmte Informationen zu gelangen. Eine E-Mail-Adresse besteht aus drei Teilen: Name (tatsächlicher oder Fantasiename), Symbol @, Name des Internetserviceanbieters (zum Beispiel: marko.frisch@verline.de).

Internet

Das Internet ist ein weltweiter Verbund von Computersystemen. Den Inhalt des Internets bestimmen seine Dienste. Das World Wide Web (WWW) oder auch kurz nur Web, ist der wichtigste und bekannteste Dienst. Häufig wird er daher auch als Bezeichnung für das Internet gebraucht.

Kindersuchmaschine

Im Internet gibt es spezielle Suchmaschinen für Kinder (*Blinde Kuh, Helles Köpfchen* und andere). Sie helfen bei der Suche nach altersgerechten Informationen und schützen gleichzeitig vor Links zu Seiten, die für Kinder und Jugendliche nicht geeignet sind.

Link/Online-Link

Auf vielen Internetseiten befinden sich oftmals Querverweise. Ein solcher Hyperlink (Kurzform: Link) verknüpft dabei verschiedene Dokumente unterschiedlicher www-Seiten. Dies geschieht mithilfe einer besonderen Programmiersprache (HTML). Durch Anklicken eines solchen Links gelangst du direkt zu dem auf der entsprechenden www-Seite angebotenen Dokument.

Rechtschreibprüfung

Wenn du in einem Textverarbeitungsprogramm arbeitest, lassen sich Rechtschreib-, Tipp- und grammatische Fehler leicht erkennen und korrigieren. Dabei hilft dir die Rechtschreibprüfung, die du so einstellen kannst, dass sie dir schon während des Schreibens die jeweiligen Fehler anzeigt. Aber auch eine Überprüfung nach dem Schreiben ist möglich.

SMS-Nachrichten

Nicht nur über das Handy kannst du eine SMS (Short Message Service = Kurzmitteilung) verschicken, auch über einen E-Mail-Dienst im Internet ist das möglich. Dabei gibt es sehr unterschiedliche Angebote (manche sind sogar kostenlos), sodass sich ein Vergleich lohnt.

SPAM-Filter

Das Versenden von E-Mails, die wertlos („Müll") sind, nennt man „Spamming". Solche Massen-E-Mails (z. B. Werbemails) verstoßen oft gegen die Regeln des Anstands im Internet. Deshalb solltest du bei der Auswahl eines E-Mail-Dienstes darauf achten, ob er einen SPAM-Filter anbietet, der den Empfang unerwünschter E-Mails verhindert bzw. einschränkt.

Suchmaschine

Diese Webadressen helfen dir bei der Suche nach Informationen im Internet. Du kannst Begriffe, Themen oder Namen eingeben und erhältst dann eine geordnete Übersicht aller Internetseiten, auf denen du etwas zu deinem Suchwort findest.

Speicherkapazität

Dabei handelt es sich um die maximale Informationsmenge, die du in einem Speicher aufbewahren kannst. Sie wird in Bit/Byte (Megabyte, Gigabyte, …) gemessen, wobei diese Angaben zumeist auf dem binären System, und nicht auf dem dir vom Mathematikunterricht bekannten Dezimalsystem, beruhen.

Textverarbeitungsprogramm

Diese Programme ermöglichen dir das Schreiben und Verändern von Texten im Computer. Der von dir über die Tastatur eingegebene Text wird auf dem Bildschirm angezeigt. So kannst du während des Schreibens jederzeit zum Beispiel Wörter ändern, einen Satz an eine andere Stelle setzen, einen Text löschen oder an jeder beliebigen Stelle einfügen. Häufig ist auch eine Rechtschreibprüfung möglich.

Virenscanner

Elektronische Viren ermöglichen einen unerlaubten Zugriff auf andere Computer, tauchen als Unruhestifter in Form von E-Mail-Kettenbriefen auf (Hoax) oder werden unbemerkt in einem E-Mail-Programm installiert und als Datei-Anhang an alle Leute aus dem Adressenverzeichnis des E-Mail-Programms geschickt. Ein Antivirenprogramm (auch Virenscanner oder Virenschutz genannt) ist eine Software, die bekannte Computerviren sowie sogenannte Computerwürmer und Trojanische Pferde (Malware) aufspürt, blockiert und eventuell auch beseitigt. Zwar werden Virenscanner ständig weiterentwickelt, da dies aber auch für die Malware zutrifft, kann ein Virenscanner nicht hundertprozentig vor allen erdenklichen Viren und Würmern schützen. Deshalb solltest du als Computernutzer immer aufmerksam und wachsam sein, wenn du „online" bist.

Register

Textquellenverzeichnis

S. 14 Aus: Schnurre, Wolf Dietrich: Schnurren und Murren. Georg Bitter Verlag, Recklinghausen 1974; **S. 15** Aus: Schnurre, Wolf Dietrich: Schnurren und Murren. Georg Bitter Verlag, Recklinghausen 1974; **S. 16** Nach R. W. Brednich. Aus: Der Goldfisch beim Tierarzt und andere sagenhafte Geschichten von heute. Hrsg. von R. W. Brednich. Omnibus, München 1996, S. 137; **S. 17** Nach R. W. Brednich. Aus: Der Goldfisch beim Tierarzt und andere sagenhafte Geschichten von heute. Hrsg. von R. W. Brednich. Omnibus, München 1996, S. 81 f.; **S. 25** Aus: Richter, Jutta: Der Tag, als ich lernte die Spinnen zu zähmen. dtv, München 2002, S. 22 f.; **S. 28/29** Aus: Kilian, Susanne: Kinderkram. Kinder-Gedanken-Buch. Erzählungen und Texte. Verlag Beltz und Gelberg, Weinheim 1987, S. 34; **S. 36/37** Aus: Browne, Anthony: Der Tunnel. Übers. von Peter Baumann. Lappan Verlag, Oldenburg 1969; **S. 56/57** Petzold, Leander: Tom und der Neue. Hörspiel. Aus: Lesezeichen Grundausgabe. Ernst Klett Schulbuchverlag, Stuttgart/Leipzig 1982, S. 60 ff.; **S. 66/67** Aus: Maar, Paul: Eine Woche voller Samstage. Oetinger Verlag, Hamburg 1973, S. 89 ff.; **S. 70** Aus: Huneke, Hans-Werner: 120 neue Diktate 5/6. Ernst Klett Verlag, Leipzig/Stuttgart/Düsseldorf, S. 80. [bearbeitet für Übungen zur Rechtschreibung]; **S. 94** Fühmann, Franz: Die Geschichte vom kleinen Und. Aus: Geschichten 5/6. Hrsg. v. Kaspar H. Spinner. Diesterweg, Frankfurt a. M. 1990, S. 90 ff.; **S. 103** Aus: Neue Zürcher Zeitung vom 10.10.1994; **S. 105** Nach: Leipziger Volkszeitung vom 29. März 1995, S. 24.; **S. 106** Nach: Das fahrende Skelett. Aus: Die Spinne in der Yucca-Palme. Hrsg. v. R. W. Brednich. C. H. Beck, München 1990; **S. 134** Aus: Fidibus. Wörterbuch Deutsch. Ernst Klett Schulbuchverlag GmbH, Leipzig 2005, S. 21; **S. 140** Screenshot zum Suchbegriff „Spiele-sammlung" www.google.com; **S. 141** Screenshot „Spiele für die Jugendarbeit" www.felsenkirche-oberstein.de/spielekartei; **S. 148** Aus: War einmal ein Bumerang. Altberliner Verlag 1990, S. 20; **S. 149** Aus: Das große Heinz Erhardt Buch. Fackelträger Verlag, Hannover 1970, S. 82; **S. 150** Aus: Peter Hacks: Der Flohmarkt. Gedichte für Kinder. Kinderbuchverlag Berlin, 1965; **S. 151** Aus: Christian Morgenstern: Gedichte-Verse-Sprüche. Lechner Verlag, Limassol 1993; **S. 179** Aus: Christine Busta: Die Sternenmühle. Otto Müller Verlag, Salzburg 1959; **S. 152** Aus: Wolfgang Menzel (Hg.): Pusteblume. Das Lesebuch. 4. Schuljahr. Schroedel Schulbuchverlag GmbH, Hannover 1995, S. 28 (Originalbeitrag); **S. 153** Aus: Erwin Grosche: Der Badewannenkapitän. Gedichte und Geschichten für Kinder. dtv junior extra, Deutscher Taschenbuchverlag, München 2002, S. 62; **S. 154** Aus: Deutsche Balladen. Hrsg. v. Hartmut Laufhütte. Philipp Reclam jun., Stuttgart 2000, S. 66; **S. 156** Aus: Erich Kästner: Das verhexte Telefon. Atrium Verlag, Zürich 2000; **S. 160** Aus: DB mobil Nr. 01/2003, S. 63–69. [bearbeitet für Übungen zu s, ss oder ß]; **S. 166/167** Aus: JIMplus 2009; Autoren: Sabine Feierabend und Thomas Rathgeb. Hg.: Medienpädagogischer Forschungsverbund Südwest, c/o LFK, Thomas Rathgeb, Rotebühlstr. 121, 70178 Stuttgart; **S. 169** Nach: http://www.spiegel .de/panoramawetten-dass-kandidat-samuel-koch-ueber-wunder-sp… 06.09.2012 von Julia Jüttner; **S. 172/173** Aus: Hans Christian Andersens Märchen, Deutsche Übers. v. Thyra Dohrenburg. Hamburg: Dressler 1998; **S. 175** Aus: Brüder Grimm: Kinder- und Hausmärchen, Teil 1. Insel Taschenbuch, Frankfurt a. M. 1979, S. 33–39; **S. 176** Aus: Das große deutsche Märchenbuch. Hrsg. von Helmut Brackert. Albatros Verlag, Düsseldorf 2002, S. 218 f.; **S. 178** Aus: Tolstoi, Leo: Volkserzählungen. Übers. von Hans Klassen. Bauer, Stuttgart 1985; **S. 181** Aus: Das große deutsche Märchenbuch. Hrsg. von Helmut Brackert. Albatros Verlag, Düsseldorf 2002, S. 150 f. [für Übungen zur Rechtschreibung leicht bearbeitet]; **S. 182** Nach: Das Rübchen. Ein Märchen nach Alexei Tolstoi. Abel & Müller Verlag, Leipzig 1967; **S. 183** Auszüge aus: Kinder- und Hausmärchen, gesammelt durch die Gebrüder Grimm. Winkler Verlag, München 1990, 13. Auflage (Schneewittchen, Das goldene Schloss, Rotkäppchen, König Drosselbart, Das Waldhaus, Frau Holle, Siebenschön, Die Sterntaler). [bearbeitet für Übungen zur Sprachbetrachtung]; **S. 185** Äsop: Maus und Frosch. Übers. nach: Steinhöwel, Heinrich. Esopi appologisive mythologi. Originaltext zu finden unter: http://www.uni-mannheim.de/mateo/desbillous/esop/seite48.html (06.05.2009); **S. 186** Äsop: Die Ameise und die Taube. Aus: Inkiow, Dimiter: Aesops Fabeln oder Die Weisheit der Antike. Neu erzählt von Dimiter Inkiow. Franz Schneider Verlag, München 1991, S. 21–23 [leicht bearbeitet]; **S. 187** Äsop: Die Ameise und die Taube. Aus: Inkiow, Dimiter: Aesops Fabeln oder Die Weisheit der Antike. Neu erzählt von Dimiter Inkiow. Franz Schneider Verlag, München 1991, S. 21–23 [leicht bearbeitet]; **S. 188** Aus: Fabeln des Aesop. Nacherzählt von Rudolf Hagelstange. Otto Maier Verlag, Ravensburg 1976, S. 26. [vereinfacht und gekürzt]; **S. 190** Aus: Inkiow, Dimiter: Die Katze lässt das Mausen nicht und andere Fabeln des Äsop. Franz Schneider Verlag, München 1991, S. 120–122; **S. 191** Unter: http://www-user.uni-bremen.de/~griese/fabeln/aesop.htm ((dort Nr. 31)) [bearbeitet]; **S. 194** Der Rabe und der Fuchs. Aus: Lessing, Gotthold Ephraim: Fabeln. Verlag Philipp Reclam jun., Leipzig 1976, S. 52 [sprachlich vereinfacht]; **S. 195** Nach Grimm, Albert Ludwig: Die beiden Ziegen. Aus: Thiel, Hans: Kurze Geschichten zum Nacherzählen für andere sprachliche Übungen. Diesterweg, Frankfurt a. M.; Berlin; Bonn 1967, S. 114; **S. 197** Die Doppelfreude. Aus: Ebner-Eschenbach, Marie von: Ein Buch für die Jugend. Aus meinen Schriften. Paetel, Berlin 1922, S. 74; Anders, Günther: Der Löwe. Aus: Anders, Günther: Der Blick vom Turm. Fabeln. C.H. Beck, München 1984, S. 7; Aus: Wilhelm Busch. Werke. Bassermann Verlag, Stuttgart 1958; **S. 199** Aus: Edwards, Chris: Lust auf Inline-Skating. Dt. Fassung von Günther Görtz, Pietsch Verlag, Stuttgart 1997, Klappentext (Originaltitel: The Young Inline Skater, Dorling Kindersley Limited, London.); **S. 200** Aus: Edwards, Chris: Lust auf Inline-Skating. Dt. Fassung von Günther Görtz, Pietsch Verlag, Stuttgart 1997, S. 4. (Originaltitel: The Young Inline Skater, Dorling Kindersley Limited, London.); **S. 201** Aus: Edwards, Chris: Lust auf Inline-Skating. Dt. Fassung von Günther Görtz, Pietsch Verlag, Stuttgart 1997, S. 35. (Originaltitel: The Young Inline Skater, Dorling Kindersley Limited, London.); **S. 202** Aus: Edwards, Chris: Lust auf Inline-Skating. Dt. Fassung von Günther Görtz, Pietsch Verlag, Stuttgart 1997, S. 22/23. (Originaltitel: The Young Inline Skater, Dorling Kindersley Limited, London.); **S. 203** Aus: Edwards, Chris: Lust auf Inline-Skating. Dt. Fassung von Günther Görtz, Pietsch Verlag, Stuttgart 1997, S. 22/23. (Originaltitel: The Young Inline Skater, Dorling Kindersley Limited, London.); **S. 204** Aus: Saarbrücker Zeitung vom 24.10.2002; **S. 215** Auer Deutschbuch, Klasse 6, S. 139; **S. 216/217** Auer Deutschbuch, Klasse 6, S. 170; **S. 220/221** Aus: Henkes, Kevin: … und dann kam Joselle. Übers. von Eva Riekert. dtv, München 2002, u.a. Klappentext; **S. 223–225** Nach: Rainer Bohn, Ina Schreiter: Sprachspielereien für Deutschlernende. Verlag Enzyklopädie Leipzig, Leipzig 1989. S. 57 f. (Verlag gibt es vermutlich nicht mehr, ISBN ist: 3-324-00483-7); **S. 229** Aus: Leo 6, Ernst Klett Schulbuchverlag, Leipzig 1998, S. 40. [für Übungen zur Rechtschreibung leicht bearbeitet]; **S. 231** Aus: Schau mal– die Sterne! Ein Buch fürs Leben. Hrsg. v. Uli Rothfuss. Silberburg Verlag, Tübingen 1998, S. 148; **S. 232** Aus: Manz, Hans: Die Welt der Wörter. Beltz & Gelberg, Weinheim/ Basel 1991; **S. 234** Aus: Peter Härtling: Oma. Weinheim und Basel. Beltz Verlag 1991, S. 72–79, **S. 235** http://zitate.net/zitat_1070.html (28.09.2010); **S. 235** Aus: Das große Buch der Zitate. Hrsg. v. Hans-Horst Skupy. Wissen Media Verlag GmbH, Gütersloh/München 2008, S. 285; **S. 236** www.blinde-kuh.de: Ägypten. Nach: www.blindekuh.de/egypten/ (eingesehen am 18.04.2008); **S. 240/241** Nach: Hansjörg Martin: Die Sache im Supermarkt. Rowohlt (rotfuchs), Reinbek 1992

Schlaue Seiten

Grammatische Grundbegriffe (Übersicht)

Begriff	Erklärung	Beispiel
Adjektiv, das	Eigenschaftswort, Wie-Wort	*klein, groß, dick*
Adverb, das	Umstandswort	*heute, sehr, vielleicht*
Adverbialbestimmung	Satzglied; Umstandsbestimmung z.B. des Ortes, der Zeit, der Art und Weise oder des Grundes, antwortet auf die Fragen „Wo?", „Wohin?", „Wann?", „Wie lange?", „Wie?", „Auf welche Art und Weise?", „Warum?"	Er kam *dahin* (Ort). Sie treffen sich um 9 Uhr (Zeit). Es regnete *ununterbrochen* (Art und Weise).
Akkusativ, der	Kasus (Fall); Wen-Fall, 4. Fall	der Nachbar – *den Nachbarn* die Nachbarn – *die Nachbarn*
Akkusativobjekt, das	Satzglied, antwortet auf die Frage „Wen oder was?"	Sie traf *Paul* (Wen oder *was*) vorm Kino.
Anredepronomen, das	Anredefürwort	*du, ihr, Sie, Ihnen*
Artikel, bestimmter	Begleiter des Nomens, Geschlechtswort	*die* Frau, *der* Tisch, *das* Haus
Artikel, unbestimmter	Begleiter des Nomens, Geschlechtswort	*ein* Haus, *ein* Stuhl, *eine* Frau
Attribut, das	Beifügung, nähere Bestimmung eines Bezugswortes	ein *schönes* Haus
Aufforderungssatz, der	Satz, der verwendet wird, wenn man um etwas bittet oder wenn man jemanden zu etwas auffordert; steht mit Ausrufezeichen, selten mit Punkt, am Ende.	Gib den Ball ab! Lies den Text!
Aussagesatz, der	Satz, der verwendet wird, um etwas mitzuteilen	Sarah geht ins Kino.
Dativ, der	Kasus (Fall); Wem-Fall, 3. Fall	der Nachbar – *dem Nachbarn* die Nachbarn – *den Nachbarn*
Dativobjekt, das	Satzglied, antwortet auf die Frage „Wem?"	Sie gibt *ihm* (Wem?) etwas.
Deklinationsendungen, die	Endungen der Nomen in einem bestimmten Kasus/Fall	der Hund (Nominativ), des Hund*es* (Genitiv), den Hund*en* (Dativ Plural)
Demonstrativpronomen, das	hinweisendes Fürwort	*dieser, diese, dieses*
direkte Rede, die	wörtliche Rede	Peter sagt: „*Ich fahre mit dem Rad zur Schule.*"
Endbaustein, der	Wortteil, der bei zusammengesetzten Wörtern verwendet werden kann; steht nach dem Wortstamm	-bar, -ig, -isch, -lich, -los, -sam, -en, -eln, -ern, -er, -heit, -keit, -nis, -ung, -tum
Fragesatz, der	Satz, der verwendet wird, wenn man etwas wissen will, vgl. Entscheidungsfrage, W-Frage	Kommst du aus Frankreich? Wie komme ich bitte zum Bahnhof?
Futur I, das	Zeitform des Verbs zum Ausdrücken der Zukunft	ich *werde singen*, du *wirst kommen*
Genitiv, der	Kasus (Fall); Wes-Fall, 2. Fall	das Buch – *des Buches* die Bücher – *der Bücher*
Hauptsatz, der	selbstständiger Satz, kann für sich allein stehen	Das Haus dort drüben ist rot.
Hilfsverb, das	Verb, das auch zur Bildung des Perfekts verwendet wird	*haben, sein, werden*
Infinitiv, der	Grundform des Verbs, ungebeugte Form des Verbs	*gehen, schwimmen, spielen*
Kasus, der	Fall	Nominativ, Genitiv, Dativ, Akkusativ
Komparativ, der	1. Vergleichsstufe (des Adjektivs); Steigerungsstufe, Mehr-stufe	schön – *schöner* – am schönsten
Konjugation, die	Beugung des Verbs	ich *ging*, du *schwimmst*
Konjunktion, die	Bindewort, verbindet Satzteile oder Teilsätze	*und, oder, aber, sondern, denn, als, bis, weil, wenn, obwohl, dass*
Konjunktionalsatz, der	Nebensatz, der durch eine Konjunktion eingeleitet wird	Ich wünsche mir, *dass Paul mich heute abholt.*
Nebensatz, der	unselbstständiger Satz, kann nicht für sich allein stehen	Ich esse die Suppe, *die ich gekocht habe.*
Nomen, das	Namenwort, Dingwort, Hauptwort, Substantiv	*Lisa, Ankunft, Tisch*
Nominativ, der	Kasus (Fall); Wer-Fall, 1. Fall	Der Mann – *die Männer*
Objekt, das	Satzergänzung, Satzglied; vgl. Akkusativobjekt, Dativobjekt	
Perfekt, das	Zeitform des Verbs zum Ausdrücken der Vergangenheit; vollendete Gegenwart	ich *habe gesungen*, du *bist gekommen*
Personalpronomen, das	persönliches Fürwort	*ich, du, er, sie, es, wir, ihr, sie*
Plural, der	Mehrzahl	das schöne Haus – *die schönen Häuser*